事業の発展に伴う責任法の変容

安全配慮義務理論の有用性に関する一考察

露木美幸 著

専修大学出版局

はじめに

　近代以降の社会では，規模においても目的においても過去のどの時代にも例をみないほどに様々な事業が企てられ，そして個人はこれらの事業とやはり極度に多様に接触しながら，自己の生活を維持・発展させている。おそらく，この状況は，資本主義社会といわれる時代に生を受けた我々を，捉えて離さないだけでなく，益々その度合いを強めてゆくことにより，我々にそれを漕ぎ渡る力の鍛錬に向わせるところの一大潮流ともなっていくことは必然である。すると，このような流れが，我々に負わせる主要な課題は，次のようなものとなろう「我々は日常的にこれら多様な事業に様々な仕方で接触して暮らさざるを得ないが，かかる状況にあって企てられる事業がその性質上から多かれ少なかれ危殆化させざるをえない各人の生命・身体について，その完全性をいかにして守っていけばよいのか」。確かに，いつの時代にも，各人の生命・身体の保護という課題はあったであろうが，その普遍的なテーマについて，近代や現代が特有な問題として課すものこそ，資本主義社会に必然的な事業の発展と各人の事業との増大する接触という流れに対して，前述した普遍的課題を克服する仕方であり，それゆえに，責任法の焦点が次第にそこへと絞られることは，ある意味で自然だとさえいいうる。

　民法が定める責任法は，いうまでもなく契約責任法と不法行為責任法である。そして，前者は個人が利己心に基づいて発展させていく社会的分業

の帰結として，飛躍的に重要となった財産取引について，確実な履行へと促す責任体系を構築するものであり，後者は，各人に自由な活動（事業）を承認しつつ，損害の発生において道徳的非難可能性までがある場合に，それを填補するための責任体系として考えられてきた。これが，ヨーロッパ法から継受した古典的責任法であることは疑いないが，そこに特徴的なのは，およそこの責任法が顧慮する社会的接触といえるものは，各人が締結する契約に基づく関係だけだということである。しかし，発展した資本主義の社会にあって，ますますもって多様な事業が企てられ，各個人は，かかる事業と，これまた極めて多様な態様で接触しつつ生活せざるを得ない近代以降の社会にあって，契約関係という接触がある者同士に適用される責任法か，それとも契約関係による接触という範疇から除外される者同士に適用される責任法か，そのいずれかで生命・身体の完全性について規律し続けることは適切だろうか。むしろ，現代社会が，種々な事業を企てる者とそれに様々な仕方で接触する者との関係で成り立っているのなら，これらの者同士の多様な接触関係にも考慮して各人の生命・身体の完全性を実現する責任法へと導く理論が，どうしても必要なのではないか。

　一例をあげてみよう。現代社会においては，ある事業を実施するために，他人の労働力に依拠する場面が非常に多くなるが，大抵の場合に，この事業主体は他人と直接的に雇用契約をなしてその労働力に依拠するのみではそれを実現することができないほどに複雑な実情となっている。彼が，一部の事業を一括して誰かに請け負わせ，そして，その請負人が調達した労働力をもって，ある事業を実現させたりする場面。あるいは，派遣労働者により，ある事業を実現させたりする場面。あるいは，委託契約により，それを実現させたりする場面。しかも，契約は私的自治の原則のもとに自由になすことができるので，当事者同士の意思で，いかようにもアレンジメントすることが可能である。したがって，現代社会のような，多様な仕方で提供される他人の労働力に依拠しなければ，一つのプロジェクトを成

し遂げることが不可能となった社会においては，労働力提供者の生命・身体に関する安全の確保も，画一的に処理できるものではなく，複雑に交錯しあうのが常である。

このように，他人の労働力に依拠する場合に，現代のように複雑に交錯した関係が生じる社会にあっては，ある当事者間の関係だけに着目するのではなく，活動の全体構造を俯瞰的に観察する必要がある。また，その際には，他人を使用する者は，自らがその者の安全について作為義務を負う主体となるのか否か，また作為義務を負うとしたらどこまでの積極的行為をなしていれば免責されるのかという分析が必須のものとなるであろう。しかし，契約的関係の範疇に入るか否かだけの区別により規律しようとする古典的な責任法では，このような錯綜した接触関係に入る諸々の労働力提供者について，その生命・身体の完全性を適切に確保するための規律はほぼ不可能ではないか。

現代社会における，叙上の古典的責任法への疑問は，ドイツと日本の裁判所をして類似した対応へと進ませた。それはやはり，多様な事業を企てる者とそれと多様に接触する者との，千差万別な社会的接触関係にも顧慮できる理論の導入であり，より具体的にはドイツにおける Verkerspflicht（社会生活上の義務）に基づく責任法理論の，そしてわが国では安全配慮義務に基づく責任法理論の承認に他ならない。これらの理論は，まだ生成から発育へと進もうとする揺籃期に留まっていて，学説もそれの有用性について十分な検証をするまでにはいたってはいない。また，これらの新しい理論は，何の前触れもなく現れたのではなく，それは既に古典的な問題といってよい不作為不法行為および請求権競合の議論に連なるものである。本稿は，正にドイツと日本の裁判所で結実した前述の義務に基づく責任法理論の現代における有用性を検証しようとするものであるが，その際にはここに結実した理論がそこに連なっている「不作為不法行為」および「請求権競合」に関する議論の動向にも視野を広げて，近代や現代の責任

法が辿らなければならなかった道程を見出しながら，近時に判例において実を結んだ新しい義務に基づく責任法の構築に，これからどのような意義が付されていく可能性があるかについて論述することも併せて目標としたい。

　そこで，考察の順番は以下のようになる。最初に，わが国での不作為不法行為および請求権競合に関する理論の動向を取り上げ，それらがわが国のその後における安全配慮義務の登場にどう連なるのかを順番に検討したい。続いて，ドイツにおけるVerkehrspflicht（社会生活上の義務）が責任法のいかなる議論の中から承認されてきたかを，主要な判例と学説の考察において跡付けたい。そして，最後に，わが国の安全配慮義務の発展の経過，および今後に向けての意義・有用性について検討する。

目 次

はじめに　iii

第 1 章　わが国における不作為不法行為の生成と展開　1

　序論　3

　1.1　わが国における不作為不法行為の最高裁判決　5

　1.2　わが国における不作為不法行為に関する学説の展開　10

　　1）作為義務の未実現を「違法性」に位置づける見解　11

　　2）作為義務の未実現を「因果関係」に位置づける見解　12

　　3）作為義務の未実現を「過失」に位置付ける見解　14

　1.3　わが国における不作為不法行為の下級審判例　16

　　1）第一類型の判決　17

　　①鳥取地判　昭和48年10月12日（判時731号76頁）　17

　　②札幌地判　昭和60年7月26日（判時1184号97頁）　18

　　③大阪地判　昭和61年5月9日（判タ620号115頁）　20

　　④福岡高判　平成18年11月14日（判タ1254号）　21

　　2）第二類型の判決　24

　　①東京地判　昭和53年11月30日（判時939号68頁）　24

　　②東京高判　昭和59年9月13日（判タ544号136頁）　27

　　③大分地判　平成6年1月14日（判タ857号198頁）　29

　1.4　不作為不法行為と安全配慮義務との関係　32

　　①橋本教授の第一類型・・・法益関係型不作為不法行為　34

　　②橋本教授の第二類型・・・危険源関連型不作為不法行為　34

　　③橋本教授の第三類型・・・中間型不作為不法行為　35

第2章　わが国における請求権競合論の展開　45

　序論　47

　2.1　損害賠償請求権の競合を論じる意義　53

　2.2　請求権競合の学説の検討　55

　　1）　請求権競合否認説　55

　　2）　請求権競合肯定説　56

　　①請求権競合説　57

　　②法条競合説　61

　　③折衷請求権競合説　62

　　3）　規範統合説　64

　　①構造的規範統合説　64

　　②新実体法説（属性規範統合説）　65

　　③統一的規範統合説　67

第3章　ドイツにおけるVerkehrspflichtに関する学説と判例　75

　序論　77

　3.1　社会生活上の義務の発展に関するフォン・バールの説明　79

　3.2　社会生活上の義務に関する主要な判例　85

　　1）　RG　1908年4月24日（RGZ75,358）　85

　　2）　RG　1911年12月7日（RGZ78,239）　88

　　3）　BGH　1952年4月28日（BGHZ5,378）　90

　　4）　BGH　1953年4月28日（BGHZ9,301）　94

　　5）　BGH　1961年10月24日判決（NJW1962,31）　97

　　6）　BGH　1964年12月1日（VersR1965,240）　100

　　7）　BGH　1967年5月19日（VersR1973,2085）　103

　　8）　BGH　1975年9月16日判決（VersR1976,149）　107

　　9）　BGH　1976年1月28日（BGHZ66,51）　110

　　10）　BGH　1990年10月30日判決（NJW1991,921）　114

3.3 社会生活上の義務に関する主要な学説　120
　1）　フォン・バールの学説　120
　2）　ラーレンツ・カナーリス体系書の学説　135
　3）　メディクスの学説　139
　4）　ドイチュの学説　142

第4章　日本における安全配慮義務の生成と展開　149

序論　151

4.1 わが国での「保護義務」に関する学説の展開　153

4.2 わが国における安全配慮義務の学説の展開　159
　1）　安全配慮義務を不法行為責任ととらえる見解　161
　2）　安全配慮義務を契約責任としてとらえる見解　165
　3）　契約の履行との内的関連の有無に着目する見解　170
　4）　安全配慮義務を「中間責任」としてとらえる見解　171

4.3 わが国での安全配慮義務に関する最高裁判例　174
　1）　最判昭和50年2月25日（民集29巻2号143頁）　174
　2）　最判昭和56年2月16日（民集35巻1号56頁）　178
　3）　最判昭和58年5月27日（民集37巻4号477頁）　180
　4）　最判昭和58年12月9日（裁判集民事140号643頁）　186
　5）　最判昭和59年4月10日（民集38巻6号557頁）　189
　6）　最判昭和61年12月19日（判時1224号13頁）　196
　7）　最判平成2年11月8日（判時1370号52頁）　202
　8）　最判平成3年4月11日（判時1391号3頁）　206
　9）　最判平成18年3月13日（判時1929号703頁）　210

4.4 わが国の安全配慮義務に関する主要な下級審判例　216
　1）　契約関係がある場合の判決　216
　　a　請負契約の関する判決　216
　　b　委任契約に関する判決　219

　　　　c　シルバーセンターと会員という関係がある場合についての
　　　　　判決　221
　　2）　契約関係はないが雇用契約類似の関係があるかが問題とな
　　　った判決　223
　　　　a　出向先に安全配慮義務を認めた判決　223
　　　　b　転籍前の親会社の安全配慮義務を認めた判決　225
　　　　c　配属先に安全配慮義務を認めた判決　226
　　　　d　親会社に安全配慮義務を認めた判決　228
　　　　e　元請負人と孫請負人の被用者との安全配慮義務に関する
　　　　　判決　230
　　　　f　高齢者事業団からの派遣先に安全配慮義務を認めた判決　231
　　3）　その他の社会的接触において安全配慮義務が問題となった
　　　判決　233
　　　　a　労務提供関係が社会的接触の従たる関係である場合　234
　　　　b　社会的接触関係が契約関係の成立している事業主と顧客の
　　　　　場合　236
　　　　c　社会的接触関係が契約関係の成立していない事業主と顧客
　　　　　の場合　238
　　　　d　社会的接触が事実的契約関係に基づく事業主と顧客の場合
　　　　　　　239
　　　　e　社会的接触が売主・買主関係で売却物に起こりうる危険が
　　　　　問題となる場合　240
　　　　f　社会的接触が公園設置・管理者と来園者である場合　242
結　語　253
あとがき　261

第1章
わが国における不作為不法行為の生成と展開

序　論

　人は，「作為」だけでなく「不作為」によっても不法行為責任を負うのかという問題は，わが国の民法709条に関する理論的推移と密接に連なっている。より具体的にいえば，この条文が定める不法行為責任の根拠は，加害行為における道徳的非難可能性にあるのか，それとも法的義務として認めるべき損害回避義務の違反にあるのか，についての理論的変遷に深く関係しているのである。

　今あげた内の前者の理論は，過失責任主義と呼ばれ，近代国家の模範として成立したヨーロッパ諸国が採用し，わが国でも継受してきた理論であるが，この理論が前提としていたのは，各人の「行動の自由」を最大限に保障しようという目標であり，そのために他人の生命・身体・財産の完全性に配慮する法的義務を認めるのではなく―各人は自己の生命・身体・財産の完全性の確保に自ら努めるべきであるとし―，ただ加害者による加害行為に「故意・過失」という道徳的非難可能性がある場合に，それが根拠となって不法行為責任が成立すると説くものである。この理論は，他人の生命・身体・財産の完全性に配慮する義務を認めず，各人は自己のそれらに関する完全性を自ら確保せよとの価値観に立脚するのであるから，他人におけるかかる完全性の確保のために何かをしなかったこと（不作為）が道徳的非難可能性をもつと評価することはありえず，不作為による不法行為は成立しないとの原則に行き着くのは自然である。しかし，このような理論に支えられて，近代国家において顕著となった事業活動（主として経済活動としての）の発展は，やがてこの理論から生ずる負の帰結を広げていった。というのも，それによると，事業活動の主体は「行動の自由」を謳歌して，その事業により他人の生命・身体・財産の完全性に危害が生じ

ないように配慮する負担を免れ，逆に，他の者が事業によるそれらの危殆化から身を守る負担を背負い，さらには，実際に侵害された結果を甘受すべきことになるからである。わが国で，事業活動の周辺で暮す人々に悲惨な損害をもたらしてきた公害の問題，そして既に地球規模で生じ，未来世代にも及ぶはずの環境汚染の問題は，特に「不作為」による不法行為責任を原則として認めない点において，この理論がもつ致命的欠陥を証明している。

　主として事業活動の発展がもたらすかかる甚大な被害に直面して，わが国でも無過失責任を定める様々な特別立法がなされてきたが，「無過失責任」という以上はこれらの立法が課す不法行為責任の根拠は，道徳的非難可能性にあるのではないことは明らかである。そこで，不法行為理論にとっての大きな課題が登場する。それは，これらの特別法が課す不法行為責任の根拠は何か，さらにはこれらの立法はあくまで特別法であり，民法709条は依然として「過失責任主義」に立脚しているのかという問題である。この課題の探究において，次第に見えてきた道筋は，一般的に不法行為責任の根拠を，法が課す損害回避義務の違反に求め，そしてかかる義務を課している条文は，権利能力平等の原則について定める今日の民法3条だとする方向である。つまり，民法3条は，各人が出生とともに自己の生命・身体・財産の完全性についての権利を享有すると宣明しているのであるから，我々には，他人が享有するそれらの完全性を侵害してはならないという内容の損害回避義務があることになるのではないかとする方向—行動の自由はこの義務の範囲内で認められるとする方向—での理論付けが志向されてきている[1]。

　ところで，こうして登場してきた損害回避義務の理論は，「不作為」による不法行為責任の成立を認める結論へと連なることは自明である。なぜなら，この義務は，特に事業活動について，それをなす主体が，その事業の種類や態様に応じて，他人にもたらされる危殆化に配慮することまでを

求め，そのような配慮の欠如から他人の生命・身体・財産の完全性が毀損された場合には，損害回避義務違反として不法行為責任を負わせるために，確立されてきたものであることは，以上の経過からも疑問の余地がないからである。

　これまで述べてきた不法行為責任の理論的動向を念頭にしながら，以下では，わが国の判例と学説が「不作為」による不法行為責任の成立について，どのように考えてきたのかを概観することとしたい。

1.1　わが国における不作為不法行為の最高裁判決

　最初に，不作為不法行為の成立をはじめて認めた最高裁判所判決の事案を紹介したい。

最判　昭和 62 年 1 月 22 日（民集 41 巻 1 号 17 頁）

(事案)[2]

　原審までの事実認定によると，昭和 55 年 2 月 20 日に大阪府枚方市において，軌道上を進行してきた京都三条駅行急行電車が，レール上に置かれていた拳大の石を踏み，前部二両が脱線転覆し，これにより民家の建物等が損壊するとともに，乗客 104 名が負傷した。事故現場付近の軌道は複線であって，軌道敷に隣接して一般道路があり，この間に高さ約 1.2 m の金網を張った柵が設置され，この道路に近い方が京都方面行軌道，遠い方が大阪方面行軌道となっていた。事故当日に，一般道路上において，Y が中学校の友人である A，B，C，D と雑談している間に，電車軌道のレール上に物を置くことに話が及び，各自の経験を話したりしていたが，そのうち C と B が金網柵を乗り越えて軌道敷内に入り，レール上にガムを置く

などし，続いてDが同様にして軌道敷内に入ったうえ，軌道敷から拳大の石を拾って京都行軌道及び大阪行軌道のレール上に一個ずつ置いた。Yは，Aと共に，軌道敷内には入らず道路上にいたが，C，B及びDが軌道敷内に入り，かつ，Dが大阪行軌道上に置石行為をするのを見ていた。Yは，京都行軌道上の置石については認識していなかつた。Dは，YやAから置石行為をやめるように言われたが，置石をそのまま放置したため，Cが，大阪行軌道上の置石を見て危険を感じ，これを取り除いたものの，京都行軌道上の置石には気が付かず，これを除去しなかつたところ，その直後に列車が進行してこの置石を踏み事故が発生するに至った。X鉄道会社が，Y（Yの両親にも監督義務違反を理由として）に対しても，不法行為責任があるとして損害賠償を請求した。

原審は，以下のように判示して，Yの責任を認めなかった。

「認定事実からして，Dが置石をなしたのは同人及びYを含む五人の中学生グループの者が電車軌道のレール上に物を置くことの興味を話し合っていたことが動機となっていることは明らかであるが，Yないし右グループの者がDに対し置石をそそのかしたり，Dの置石によって自己の興味を満足させようとしたと認められる証拠はなく，かえって，右グループ内の一人はDに対して置石を止めるように言ったし，Cが現にその一つを取り除いているのであって，このような点からしても右グループの者らがDのなした置石につき共同の認識があったとか，これを容認していたとはいえず，ましてDのなした京都行軌道上の置石の存在を知っていたと認定しえないYについて，Dと置石行為を共謀したとか，Dの右行為を助勢したとか或いは右置石行為を容認してこれを利用する意思があったと認めることはできない。Yを含む右グループの者の発言がDに置石行為の動機を与えたとすれば，その言動の軽率さに対する非難は免れえないとしても，Yないし右グループの者の言動，認識が右の程度のものであってみれば，Yに

第 1 章　わが国における不作為不法行為の生成と展開　　7

おいて右グループの者の言動によってDが軌道上に置石をするかもしれないことを予見すべきであったとはいえず，ましてやDの京都行軌道上の置石そのものを知っていたと認められないYに対して，これを阻止ないし排除すべき義務があったとはいえない。そうだとすると，Yは，本件事故の原因となった京都行軌道上の置石行為を共謀ないし実行したものでなく，Dの右軌道上の置石行為を利用しようとしたものでもなく，その存在さえも事故直前まで認識していなかつたものであり，仮にYがその後本件事故原因となった京都行軌道上の置石を発見したとしても，その時にも既にこれを取り除くことが不可能であったと認められるから，Yに対して本件事故について故意ないし過失の責任を問うことはできないものといわざるをえない。」として，Yの責任を認めなかった。

　そこで，X鉄道会社が上告して，原判決が，Yには置石につき事故直前まで認識がなかったとの一時をもってその余の判断をする必要がないとし，Yの故意・過失の責を問えないとしたのは誤りであるなどを主張した。

(最高裁判決の概要)

　最高裁判所は，以下のように判断し，Yの責任を認めた。

　「およそ列車が往来する電車軌道のレール上に物を置く行為は，多かれ少なかれ通過列車に対する危険を内包するものであり，ことに当該物が石である場合には，それを踏む通過列車を脱線転覆させ，ひいては不特定多数の乗客等の生命，身体及び財産並びに車両等に損害を加えるという重大な事故を惹起させる蓋然性が高いといわなければならない。このように重大な事故を生ぜしめる蓋然性の高い置石行為がされた場合には，その実行行為者と右行為をするにつき共同の認識ないし共謀がない者であっても，この者が，仲間の関係にある実行行為者と共に事前に右行為の動機となった話合いをしたのみでなく，これに引き続いてされた実行行為の現場において，右行為を現に知り，事故の発生についても予見可能であったといえ

るときには，右の者は，実行行為と関連する自己の右のような先行行為に基づく義務として，当該置石の存否を点検確認し，これがあるときにはその除去等事故回避のための措置を講ずることが可能である限り，その措置を講じて事故の発生を未然に防止すべき義務を負うものというべきであり，これを尽くさなかったため事故が発生したときは，右事故により生じた損害を賠償すべき責任を負うものというべきである。

本件において，原審の確定した前示の事実関係によれば，Yは，本件事故発生の19分前ころから，中学校の友人である本件グループの雑談に加わり，各自の経験談をまじえ，電車軌道のレール上に物を置くという，重大事故の発生の危険を内包する行為をすることの話に興じていたばかりでなく，本件事故の発生時まで本件道路上にいて，Dら3名が順次金網柵を乗り越えて軌道敷内に入り，そのうちDが軌道敷から拳大の石を拾ってレール上に置くのを見ており，少なくともDが大阪行軌道のレール上にその石を置いたのを事前に現認していたというのである。そうすると，Yは，置石行為をすることそれ自体についてDと共同の認識ないし共謀がなく，また，本件事故の原因となった本件置石について事前の認識がなかったとしても，Dが大阪行軌道のレール上に拳大の石を置くのを現認した時点において，Dが同一機会において大阪行軌道よりも本件道路に近い京都行軌道のレール上にも拳大の本件置石を置くこと及び通過列車がこれを踏み本件事故が発生することを予見することができたと認めうる余地が十分にあるというべきであり，これが認められ，かつまた，Yにおいて本件置石の存否を点検確認し，その除去等事故回避のための措置を講ずることが可能であつたといえるときには，その措置を講じて本件事故の発生を未然に防止すべき義務を負うものというべきである。Yが本件事故の発生前にDに対し置石行為をやめるように言った事実があるとしても，それだけでは直ちに右注意義務に消長を来たすものとはいえない。また，Yの右注意義務の懈怠と本件事故との間には相当因果関係があるものといわざるを得な

い。以上のように，Yにおいて，Dの置石行為につき同人と共同の認識ないし共謀がなく，また，本件置石につき事前の認識がなかったとしても，Yは，Xに対し，本件事故によりX鉄道会社が被った損害につき賠償責任を負う余地があるものというべきであって，Yにおいて，Dの置石行為につき同人と共同の認識ないし共謀がなく，また，本件置石につき事前の認識がなかったことから，直ちに，Yには本件事故について過失責任を問うことができないとした原審の前記判断は，法令の解釈適用を誤り，ひいて審理不尽，理由不備の違法を犯すものというべく，その違法が原判決の結論に影響を及ぼすことが明らかであるから，右の違法をいう論旨は理由があり，原判決は破棄を免れない。そして，本件については，上の観点に立ってさらに審理を尽くさせる必要があるから，本件を原審に差し戻すのが相当である。」

　この最高裁判決は，事前に他人の生命・身体に危害を生じさせるおそれのある話し合いに加わり，また他の者により取り除かれたとはいえ，先行する置石行為を現認していたYに，そのような話し合い等がもつ他人の生命・身体に対する危殆化について，積極的にそれの実現を防止するまでの注意義務を要求するものであり，この点において，単なる道徳的非難可能性の見地からYの不作為を評価しようとする原審とは異なり，過失責任をほとんど損害回避義務違反による責任と同様に理解しているといえるであろう[3]。逆に言えば，もしこのような理解に立たなければ，「以上のように，Yにおいて，Dの置石行為につきDと共同の認識ないし共謀がなく，また，本件置石につき事前の認識がなかったとしても，Yは，Xに対し，本件事故によりXが被った損害につき賠償責任を負う余地があるものというべき」であるとの判示は出されなかったと思われる。
　ここに掲げた判決は，積極的な注意義務（実質的に損害回避義務に近似する注意義務）を課すことにより，不作為による不法行為の成立を認めた

のであるが，学説もほぼ同様な理論を展開してきた。次に，その学説に目を向けたい。

1.2　わが国における不作為不法行為に関する学説の展開

　わが国の民法709条は，「故意又は過失によって他人の権利を侵害した者は，これによって生じた損害を賠償する責任を負う」と定め，そこには不作為による不法行為の成立を否定させる文言は含んでいない。他方，学説は古くから，709条は「身体の意識ある挙動」から損害が生じたことを要件とするが，この挙動には積極的挙動（作為）だけでなく消極的挙動（不作為）も含まれるとしてきた[4]。しかし，「不作為ガ如何ナル場合ニ不法行為トナルカハ刑法ニオケルト同ジク頗ル議論アル問題ニ属ス」[5]との評価は正しく，それが「作為による不法行為と異質な成立要件に服させる必要があるのかどうかは，今日に至るも議論が続けられている。もちろん，その議論は多岐に別れるが，しかし，その流れの方向は，前述した不法行為責任の根拠を道徳的非難可能性から，法的義務としての損害回避義務違反に求める趨勢にほぼ沿っており，それゆえ，その根拠づけに関する議論の推移におおよそ併行させて，ここでの学説の議論を整理することが可能であるといえよう。

　過失責任主義の下で立法された709条の枠内で，しかし，実質的に無過失責任主義に近い解決を実現する方策として，わが国で次第に採られてきたのは，過失を道徳的非難に値する主観的注意義務違反とする理解から，客観的注意義務（損害回避義務）違反と理解する理論の確立であった。すると，そのような推移の中では，およそ「不作為」は「作為」よりも道徳的（主観的）非難可能性が低いことは否めないから（不作為は他人に対しても，無為―なにもしていない―を意味するから），不法行為の根拠が道

徳的非難可能性（＝主観的過失）を中心に理解されていた段階では，「不作為による不法行為」の成立は限られるとしつつ，例外的に法的な作為義務があるのにそれを実現しない「不作為」の場合にだけ成立するとの理論が自然に生じるであろうし，それはまた，過失ではなく法的作為義務違反＝違法性が例外的に中心的根拠となって不法行為責任が成立する場合であるとの理解にも無理なく連なるであろう。これに対し，自己の意思に服しているもの（例えば自己の行為や被用者および占有・所有する工作物など）によって他人に損害を与えない客観的注意義務（損害回避義務）違反（＝客観的過失）が根拠となって不法行為が成立するとの理論が確立されるにつれて，この根拠との関係でみると，不法行為責任の成立について，「不作為」が「作為」と区別されて例外的に扱われる理由はなんらないし，さらには，現実の不法行為において，区別できない場合が多いとの認識が普及するであろう。また，「不作為不法行為」では違法性が問題となり，「作為不法行為」では過失が要点となるとの理解も，自明ではなくなるであろう。そのような流れが実際に以下のようにして現れている。

１）　作為義務の未実現を「違法性」に位置づける見解

　民法が個人の「行動の自由」を原則として保障しているのだとすると，自由に無為を続けている「不作為」に道徳的（主観的）非難可能性があるとされることは限られるだけでなく，そもそも「不作為」には「違法性」がなく，例外的にそれが認められるためには「作為をなすべき義務」が存在することが要件となるはずである。そこから，「不作為不法行為」の成否に関するメルクマールを，先行する法的作為義務違反（違法性）に位置づける学説がまず主流となった。そこでは，「行為者ガ当該ノ作為ヲ為スベキ義務ヲ負ワザル場合ニハ義務違反タラザル点ニ於テ違法ノ要件ヲ欠ク」[6]とか，「不作為によっても不法行為が成立する場合があるが，不作

為が違法性があるかについてはその前提として作為を為すべき義務があることが必要である」[7]などと説かれている[8]。

また、この作為義務については、「此ノ義務ハ法律上ノ義務タルコトヲ要ス之ヲ分ケテハ（イ）法律ノ規定ニ基ヅキ作為ノ義務アル場合刑法ニ基ヅクト行政法ニ基ヅクト私法ニ基ヅクトヲ問ワズ（ロ）特別ノ法律上ノ権限特ニ債権関係ニ基ヅキ作為ノ義務ヲ負ウ場合其他形式上ハ法律上ノ義務ヲ負担シト云フヲ得ザルモ事実上作為ヲ為スベキコトヲ負担セルモノト認ムルコトヲ得ル場合モ亦之ニ属ス例ヘバ甲ガ乙ニ急流ニ水泳ヲナスベキコトヲ勧メ溺レントスル場合ニハコレヲ救フベシト約セル場合ノゴトシ。法律上ノ義務タルコトヲ要シ道徳上ノ義務アルニ過ギザル場合ニハ不作為ハ法律上ノ責任ヲ生ズルコトナシ例ヘバ水ニ溺レントスル者ヲ見テ之ヲ救ハザリシ場合ノゴトシ」[9]などがいわれていた。

しかし、注目すべきは、既にこれら学説の内には、作為義務の認定の範囲をできるだけ広げて、不作為不法行為が成立する余地を、「行動の自由」原則の限度内ではあるが、可能な限り拡大しようと試みる見解が見られることである。我妻教授は説く―「（不作為不法行為を）違法性の問題とするときは、社会共同生活の一員として、道義上の作為義務なるものを認定する余地があり、法令上の作為義務なき者の不作為もそれがあまりに道義上の義務に違反するときは、なお不法行為の成立を認める余地があることにもなる」[10]。

2）作為義務の未実現を「因果関係」に位置づける見解

1）の学説に対しては、既に早い時期から、作為義務の問題を「違法性」ではなく「因果関係」に位置づけるべきだとする有力な反対説があった。最も強く提唱したのは、石坂教授の説[11]を発展させた末弘教授である。この説によると、「作為」によって権利侵害がなされた時に「違法性」が

あるとされるのと同様に,「不作為」による権利侵害があったとされる時に「違法性」があるとされるべきで,後者の「違法性」を作為義務違反の要件で判断する必要はないとし,むしろ,この作為義務は,ある者の不作為が原因となって権利侵害が生じたのか否かという「因果関係」の判断に関わるものだとする。もちろん,「不作為」にあっては,不作為者がもし作為をなしたなら,結果を防止しえたはずであるとの観念上の条件関係が問題なのであり,「作為」のごとき現実の因果関係(現実的変動)ではない。それゆえ,「不作為不法行為」では,物理的観察だけで因果関係の存否を決しえず,法律上その結果に対する責任を誰に帰せしめるのが妥当かとの考慮に従って決すべきであるという。そのうえで,そうだとすれば結果の発生を事実防止しえたすべての者を原因者と解するのは広きに過ぎ,日常の通念に反するから,結果の発生を法律上妨害すべきであった者がその防止をなさなかった場合に,その結果に対する原因者として責任あるものと解すべきだとして以下のように説く。「而シテ其因果関係ノ基礎タル義務ハ苟モ法律上ノ義務ナル以上其種類如何ヲ問ワザルコト勿論ナルガ故ニ(一)直接法律ノ規定(其法律ノ種類如何ヲ問ハズ)ニ基ク義務ナルト(二)契約等特別ノ原因ニ因リテ生ジタル義務ナルトヲ問ハズ,(三)又先ヅ一定ノ作為ヲ為シタルガ為メ其結果トシテ生ズル防果義務ニテモ可ナリ。即チ一定ノ作為ニ因リテ損害ヲ生ジ得ベキ危険状態ヲ惹起シタル者ハ之ニ因リテ損害ノ発生スルコトヲ妨止スベキ作為義務ヲ負担スルモノニシテ此義務ノ違反ハ又不作為ノ因果関係ヲ成立セシメ得ルモノトス。(四)反之単純ナル道徳上乃至礼儀上ノ義務ハ因果関係ヲ生ゼシムルコトナシ」[12]。

　安全配慮義務理論の有用性を検証しようとする本論文にあって,まず注目すべきは(三)の部分の叙述である。作為義務の問題を単に不作為不法行為が前提とする先在義務としてだけ捉えるのではなく,当該の結果についての責任を法律上誰に帰せしめるのが妥当かという判断のメルクマールへと移すことで,(三)のような場合には,危険状態を惹起している者に,

その危険からの結果発生を防止すべき義務を認めることによって，それをなさない場合に，それについての責任を帰せしめるのが妥当との考察に行き着いており，このような考察が，後述する安全配慮義務理論に基礎を提供することは明らかだからである。

より一般的に注目に値する点として，この学説は，「作為」であれ「不作為」であれ，それによって権利侵害がなされたと判断できる場合に「違法性」が存在すると説くのであるが，このような理論の前提には，既に不法行為責任の根拠に客観的注意義務（法が各人に課す他人に対しての損害回避義務）を見ているとの評価も可能であろう。確かに，これから述べる最近の学説は，過失責任主義に立脚する民法709条の枠内で，実質的に無過失責任に近い解決をもたらすために，客観的注意義務（損害回避義務）違反を客観的過失の問題と位置付けるのであるが，故意・過失を主観的要件に戻して，それが必要な類型の不法行為（例えば自己の営業で他人の営業利益を侵害したとされるためには，主観的要件としての故意・過失までが必要であろう）の判断に活用しつつ，客観的注意義務（損害回避義務）違反は「違法性」の要件とすることも決して背理ではないであろう[13]。

3） 作為義務の未実現を「過失」に位置付ける見解

この説も，2）の説に引き続いて1）の説を批判するものであるが，「不作為不法行為」も，近時の学説が不法行為一般の成立根拠とする客観的注意義務（損害回避義務）違反としての過失によって根拠付けうるものであり，それゆえ，「作為不法行為」と基本的に同様であると主張する。いくつかの代表的学説をみよう。

中井教授は，「作為不法行為の場合の成立要件である過失は今日では，違法と評価される事実の発生することを不注意によって認識しないことであり，ここにいう不注意は，他人に対する注意義務の懈怠であるから，過

失は，また，違法な事実の発生を予見して防止すべき注意義務を怠ることである。すなわち，過失概念は，心理的要素を捨象し，注意義務の懈怠という客観的なものに変質としていると解するのが一般的である。」とし，過失＝客観的注意義務違反という定式を立てる[14]。そして，「不作為不法行為に言う過失は事故の発生を防止しうる状態にあるにもかかわらず，作為義務のあることを認識せずに，適切な行為をしなかったことをいうとされており，作為義務といっても，結局は損害を防止する義務である」とし，そのうえで「不作為における作為義務としての結果発生防止義務と作為の場合の注意義務としての損害防止義務＝回避義務とは果たして異質なものであるかどうかあいまいになってくる。すなわち不作為の場合の作為義務は違法性の問題であり，作為の場合の注意義務は過失の問題であるという区別はあいまいなものになる」と述べる。

円谷教授は，「不作為不法行為の作為義務であっても，それは結局，損害を防止する義務である。それでは，作為義務としての「損害を引き起こすべき危険状態を招いた者に対して社会観念上課せられた」結果発生防止義務と注意義務としての損害防止義務・回避義務とは果たして異質・異種のものなのだろうか」と述べる[15]。そして，「作為義務違反→違法性，注意義務違反→過失という公式は誤りであり，作為義務と注意義務を別種のものと考える必要はないということとなろう」[16]と述べる。

平井教授は，「行為は不作為を含むけれども，不作為に対して不法行為責任が課されるのは，作為すべき義務が存在する場合であるから，行為義務の存否という規範的判断の問題に帰着する。したがって，過失の要件としての行為とは，外界に対して何らかの変化をもたらした人の挙動ということに帰着する」とし，不作為不法行為の成否を過失一般論のもとで行為義務の存否という観点で論じている[17]。

「行動の自由」を最大限に尊重する原則を採用する民法では，「自由な無為」としての不作為には，原則として違法性も有責性もないことになろう。

しかし，主として自由な経済活動を謳歌する事業者の恣意的自由において，他の者の不自由を招来するかかる原則の反省に立って，各人の生命・身体・財産の完全性を互いに守りあえる社会の実現が目指されるにつれて，不法行為とならない積極的行為・作為の範囲に制限を課さなければならないのと全く同様に，不法行為とならない「自由な無為」「不作為」の範囲にも限度があるとの認識が一般化してきており，このことはこれまでの学説の展開にも明確に現れていた[18]。そして，わが国の下級審判例（後述）も，基本的に，3）説と同様に，不作為不法行為の成否を注意義務違反（過失）で判断することにより，不作為にも注意義務による制限を課すのが一般である。もちろん，この学説と判例の動向は，本論文が対象とする事業の発展に伴う安全配慮義務の有用性について，これを肯定させるものであることは疑いがない。そこで，次には，不作為不法行為に関する主要な下級審判例に目を向けながら，具体的事案との関係で不作為不法行為（作為義務違反による不法行為）がどのように解決されているかを概観し，そこからわが国で安全配慮義務に期待しうる機能についての検討へと進むことにしたい。

1.3　わが国における不作為不法行為の下級審判例

　ここに掲げる下級審判決は，すべてある事業や活動に伴う危険が不作為により実現してしまった事案である。これらの事案は，この危険が被害者を含む特定の者に起こらないように注意すべきであるとされたか，それともこの危険が不特定の者に起こらないように注意すべきであったとされたかの基準により，二類型に分けることができる。説明の便宜上から，この二類型を区別して，判決を列挙したい。

1）　第一類型の判決

①鳥取地判　昭和48年10月12日（判時731号76頁）
（事案）
　Y保育園は，園児の保育を目的として設立されたものであり，Aは保母として勤務し，園児の保護，監督指導に従事しているものであり，Xは同保育園にバス通園していたものである。Y保育園においては，予て園児の退園に際して，Aにおいて，Y保育園前バス停留所から園児を誘導してバスに乗車させ，A自らも同乗して次の停留所に到り，そこでさらに別方面行のバスに乗換させ園児の安全を確認して帰宅させることを常務としていた。
　Aは，事故発生当時2才から6才位までの13名の園児に付添い，バス停留所においてバスの乗換を誘導していたが，たまたま同時刻には各方面に連絡接続するバスが同時に四台集中し，多数の乗降客で混雑していた。Aは，3〜4才の年少者の手を取って降車させ，自分の傍を動かないようにしなさいと言い付けた後，最初に発車するバスにXを乗車させようとあたりを探したがXが見当らないので待合所等までXを探したが，Xは一人で降車したバスの後方から乗換バスに乗車しようと道路を横断中，折から進行して来た加害車に衝突されていた。

（判決の概要）
　Aの引率行為は，Y保育園の事業と密接に付随するものであって，なおY保育園の事業の範囲内にあるものというべく，又，Aは保母として園児を交通事故から護るため，園児らが自己の周囲を離れないよう充分配慮し，監護すべき義務があったというべく，もし，Aが園児一人一人を確認して下車させ，Xら年長組の園児にも，自分の傍から離れないようにいい聞か

せるなどの措置をとっていたなら，事故の発生を防止し得たであろうのに，年少園児のみに気を奪われて叙上の措置に出なかったのであるから，Ａの監護につき過失があったもので，右過失は本件事故発生の一因をなしたものと認めるのが相当である。そして，Ａの過失により本件事故が発生した以上，使用者たるＹ保育園に監督上の過失がないとはいえないというべきである。

②札幌地判　昭和60年7月26日（判時1184号97頁）
（事案）
　Ｙ１・Ｙ２・Ｙ３は剣道を通じて少年の非行防止，健全育成を図ること等を目的として昭和48年ころに結成された任意的な社会奉仕団体であるＡ少年剣道会で，児童，生徒に対する剣道の指導に当たっていた。Ｙ１は北海道警察署警察官としての職務のかたわら，指導員として小・中学生に対する剣道の指導に当たっていた者であり，Ａ少年剣道会の理事長を務めていた。Ｙ２は昭和53年5月から，Ｙ３は昭和53年6月からいずれも指導員として剣道の指導に当たっていた者であって，Ｙ２・Ｙ３は理事の職にあった。

　Ａ少年剣道会は，会員児童らに対する剣道指導の一環として昭和56年8月1日から一泊二日の旅行会を実施した。旅行会には，小学生20名，男子中学生15名，男子高校生2名，会員の父親2名，母親11名が同行し，Ｙ１・Ｙ２・Ｙ３がその引率を担当した。

　旅行先の海岸は，急深部が多く，遠浅の場所が少ないこと及び干潮時の引潮が強いことから遊泳禁止区域とされていた。Ｙ１はそのことを認識していたが，磯遊びを目的としていたためその事実をＹ２・Ｙ３に告げることをせず，Ｙ３は遊泳禁止区域であることについては立札を読んで認識していたものの，その理由について明確な認識はなかった。また，Ｙ２は，遊泳禁止区域であることの認識すらなかった。

8月2日午前9時ころ，A少年剣道会会員児童であるX′を含む会員児童三名が当初指示されていた区域よりも沖の方に向かって行ったので，それを発見した会員の中学生がX′らに対し危険であるから岸の方へ戻るよう指示したが，そのうち一人が右の指示に従って岸の方へ戻っただけで，X′ともう一人の児童はそのまま沖へ向かった。その結果X′ともう一人の児童は両名とも引き潮に足をとられて溺死した。

（判決の概要）

　Y1は，本件旅行会の計画・実行につき主導的に指導・引率をしていた者，Y2及びY3は，Y1を補佐し，会員児童の引率をしていた者で，本件旅行会の日程中，会員児童らの事故を防止するため，会員児童らを指導・監督すべき条理上の注意義務があったものと解するのが相当である。

　この点に関し，Y1らは，無報酬のいわゆるボランティア活動の一環として事実上本件旅行会の引率に当たったにすぎないこと及びこのようなボランティア活動の社会的有益性を理由に，Y1らに課される注意義務又は過失責任が軽減されるべきこと，さらには注意義務又は過失責任が免除されるべきことを主張するが，Y1らの活動が無報酬の社会的に有益ないわゆるボランティア活動であるということのみから，当該活動の場で予想される危険についての予見及び結果回避に必要な注意義務が軽減又は免除されるべきであるとの結論を導くことはできないから，Y1らの主張は採用しない。そして，本件旅行会のように，小学生を海岸で遊ばせる場合，引率者としては，児童が海で溺れることのないよう，海の深さ，海底の起伏，潮の流れの向き及び強弱等につき事前に十分な調査をし，その調査結果を踏まえて児童に対する注意と指導を徹底しておくこと及び児童が危険な行動に出ることのないよう常に監視と救助の体制を整えておくべき注意義務があるものというべきである。しかるに，Y1らは，この注意義務を十分に尽くさず，かつ被告らにおいてこの注意義務を十分に尽くしていれば本

件事故を未然に防止し得たものと認めるのが相当であるから，Y1らは民法709条，719条に基づき本件事故によってX′に生じた損害を賠償すべき責任がある。

③大阪地判　昭和61年5月9日（判タ620号115頁）
（事案）
　X′は，西長門海岸県立自然公園である右海岸及び付近の海の景観を利用した海士ケ瀬を含むホテルからの眺望を呼び物としているAホテルに家族と出かけた。
　Aホテルの経営者Yは，Aホテルの宿泊客以外の者のホテル敷地への侵入を防ぐため，ホテル敷地と町道との境界にフェンスを設けている。もつとも，フェンス南端の切れ目のところにはコンクリート階段が設置されており，右階段を通って外部からホテル敷地内に入ることは可能である。また，フェンスの北側からも海岸沿いにホテル敷地に入ることが可能である。事故現場は，海士ケ瀬と呼ばれ，響灘の黒潮と日本海とが出会い潮と潮とがぶつかり合って非常に波がたつところから，その景観が本件ホテルの呼び物の一つになっているが，潮の流れが非常に速いうえ，海底には直径10cmくらいの小石が集積して足元が不安定であり，特に水深50cm位のところでは小石に海草が生えていて滑りやすく，立っていることが困難であるため，海水浴には危険な場所である。事故当時，Yは，「天ケ瀬付近遊泳禁止区域」と記載した縦約30cm，横約40cmの立て札を設置していたが，X′らは右立て札の存在に気付かなかつた。また，Yは，夏の海水浴シーズンには監視船を海に配置し，海岸にはアルバイトの監視人を置いていたが，本件事故の前日に監視人を期限切れで解雇しており，事故当時，海岸に監視人はいなかつた。また，Yは，事故当時，遊泳区域を示すブイ，ロープ，旗等は設置していなかつた。Aホテルの従業員はX′らを含むB一行を部屋に案内した際，Bらに対し，海士ケ瀬付近での遊泳が危険であるこ

とを告げたが，衆知徹底しなかつた。

　X´はAホテルに到着してからその兄（当時18歳），その従兄弟（当時15歳）他二名と共に当該ホテルの北側にある海水浴場に泳ぎに行った。X´らは，本件海水浴場中央付近の膝位の水位のところまで入っていったところ，潮の流れが異常に速いうえ海底の岩が滑りやすいため，五分もたないうちに足をとられて立ち上がることができなくなり，岸に戻ろうとしたが潮の流れに阻まれ，その兄，その従兄弟はかろうじて岸に泳ぎ着いたが，X´は潮にのまれて水死した

(判決の概要)

　Yは，フェンスを設けてAホテルと海岸を外部から遮断し，右海岸をAホテルの経営に利用していたのであるから，Aホテルの敷地に接する本件海水浴場を含む海岸の土地及び海は，事実上，Yの支配，管理下にあり，その一部をホテル利用客の海水浴場に供していたと認めるのが相当である。そして，本件海水浴場には，海水浴に危険な海土ケ瀬があるのであるから，Yは，Aホテルを利用する海水浴客の生命，身体の安全確保のため適切な措置をとるべき注意義務を負っていたと解すべきところ，Yが海水浴客の安全確保のためとっていた措置は極めて不十分なものであるから，Yには右注意義務を怠った過失があったと言わざるをえない。そして，このため，X´は危険個所の存在に気付かず本件事故に遇ったのであるから，YはX´に対し不法行為責任を負い，X´の損害を賠償すべき義務がある。

④福岡高判　平成18年11月14日（判タ1254号）
(事案)

　X´は，平成11年6月5日，熊本大学医学部1年生であり，熊本大学大学院教授であるY1が部長を務める学友会漕艇部Aに所属していた。X´は6月5日に開催された漕艇部Aの新入生歓迎コンパの翌日に死亡した。

漕艇部Ａの新入生歓迎コンパの一次会は，中華料理店で午後7時から9時まで行われたが，これは食事が主体でありアルコールはビールのみであったから，さほど高度に酩酊する者もいなかった。引き続いて，一次会のあった中華料理店近くの居酒屋で二次会が催された。二次会は，午後9時45分にキャプテンＹ２により乾杯の音頭がとられ，新入生の自己紹介時などに焼酎等の早飲み競争が行われるなどした。そのころからＸ´が意識状態，身体状態は急激に悪化し，意識をなくしたため，Ｘ´は二次会の途中の午後10時30分ころには会場から運び出された。

　Ｘ´が酩酊したときに，Ｙ３（前年度キャプテン），Ｙ４（最上級生で新入生部員の指導に当たっていた），Ｙ５，Ｙ６，Ｙ７（自動車を保有していたために，酩酊した新入生の搬送役を割り当てられていた）らはＸ´を二次会場から運び出し，車に乗せる際，Ｘ´を医療センターに連れて行くという話が出た時にいずれもその場に居合わせたが，Ｘ´は医療センターではなく酩酊者の搬入先用に確保されていたアパートにＹ５，Ｙ６，Ｙ７によって運ばれた。Ｙ８はＹ５から宿泊場所見回りへの同行を依頼されたため同行した。Ｙ１及びＹ２は，Ｘ´の意識状態等の急激な悪化を直接確認してはいないが，Ｙ１及びＹ２のいずれも他の者からの報告でそのことを認識していた。

(判決の概要)

　二次会のかなり早い段階で高度に酩酊してしまったＸ´について，Ｙ４及びＹ３らが，Ｘ´を宿泊場所に搬送するべく二次会場から運び出して以後の関係者の判断及び措置については，Ｘ´の生命身体に対する安全の確保という観点からするときは，問題があったものといわざるを得ない。もっとも，これらの者は，Ｙ４，Ｙ３のように，たまたまＸ´の近くに居合わせた上級生（Ｙ４は最上級生であり，かつ，新入生部員の指導に当たっていた者，Ｙ３は前年のキャプテン）であったり，Ｙ５はＹ３からＹ７車へ

の同乗を指示された者，Y8はY5から宿泊場所見回りへの同行を依頼された者，Y6は2年生で新入生の世話係の役目を担っており，X´を宿泊場所に搬送するのを手伝った者，Y7は3年生であるにもかかわらず，自動車を保有していたために，酩酊した新入生の搬送役を割り当てられた者であって，いずれも偶然に酩酊したCとの関わりを持ったにすぎない。特に，Y4及びY3においては，上級生としての責任感ないしは酩酊してしまったX´に対する配慮の故に関わりを持ったものであるし，Y5及びY8の見回りについても同様のことがいえるのである。しかし，いやしくも一旦そのような関係が形成された以上，X´に対する安全配慮義務（保護義務）を負うものであり，同義務を全うしなければならない立場にあるものというべきである。

　Y1は，漕艇部の部長として，本件歓迎会についても最高かつ最終の責任を負うべき立場にあるものであり，Y2は，同部のキャプテンとして，学生側の最高責任者としての責任を負うものである。そして，Y1・Y2らにおいて，早飲み競争をさせるなどして新入生を酩酊させるというような意図があったとは認められないことは，既に見たとおりであるが，二次会において現に早飲み競争が行われるなど，いささか羽目を外した飲酒の仕方がまかり通っていたことも事実である。それ故に，被控訴人Y2及びY3らのように，そのような二次会における飲酒の在り方に危惧を抱いていた上級生もいたし，Y1においても同様の危惧を抱いていたものである。そこで，Y2は，本件歓迎会当日に行われた練習後ミーティングの際に，新入生に対して注意を喚起し，同様に，Y1は一次会の終了時にわざわざ二次会における飲酒の在り方について注意を与えたのである。しかしながら，Y2の注意は専ら新入生に向けられたものであるし，Y1のそれも主としては新入生に対するものであって，その意味において，これらの注意は不徹底なものであったといわなければならない。真に上記のような危惧を払拭したいということであれば，むしろ新入生に酒を勧める側の上級生

らにこそ注意を促すべきであるし，より根本的には早飲み競争とそれに伴う一気飲みそのものを禁止すべきだったのである。然るに，Y2及びY1の折角の注意も上記のような不徹底なものにとどまったため，二次会においては，従前どおり，早飲み競争が当然の如くに行われ，それについて制止や格別の注意が与えられることもなかったのである。もちろん，新入生らは，このような場を通じて，自己の酒量の限界を身をもって知り，節度ある飲酒の仕方などを身に付けて行くという側面もあることが考えられるから，羽目を外した飲み方をすべからく否定したり，禁止すべきであるとも言い難いのであるが，そのような乱暴な態様の飲酒を伴う場を提供した者としては，それによってもたらされる新入生らに生じることのあるべき危険性に十二分に思いを巡らせ，およそ飲酒による事件事故が発生することのないよう万全の注意をもって臨まなければならないものというべきである。

2） 第二類型の判決

①東京地判　昭和 53 年 11 月 30 日（判時 939 号 68 頁）
（事案）
　社員が僅少の小規模企業体の有限会社であるY1会社は，昭和 37 年頃から東京都台東区の鉄筋コンクリート造屋根付三階建なる甲ビルの一階を賃借してそこに作業所を設けて，皮革服の製造卸売業を営んでおり，皮革服製造のための型紙としてセルロイドを使用していた。しかし，昭和 42 年ごろにセルロイドを余り使用しなくなったことから，Y1会社の代表取締役Y2の指示に基づいて，Y1会社の従業員が当該セルロイドの型紙約 60 枚(重量約 5 kg)を積み重ね，この中にボール紙の型紙も混入させたボール箱（縦 97 ㎝，横 58 ㎝，高さ 11 ㎝）を甲ビルの一階部分にある中二階（約 30 ㎡）の倉庫（間口 3.2 m奥行 4.4 mの約 14 ㎡で天井との高さは 1.53 m）

の南側の床面に置いて、その後長年月放置していた。昭和51年8月25日午前11時55分頃右セルロイドが高い気温と湿度により自然に分解して発熱し、瞬時に爆発現象を起し、甲ビル二階で勤務していたＸ１，Ｘ２，Ｘ３は、当該爆発の熱風により火傷を受けた。

(判決の概要)

　Ｘ１，Ｘ２，Ｘ３は、セルロイドの貯蔵については、消防法及び危険物の規制に関する政令、又は東京都火災予防条例の適用ないし準用があり、これら法令等に基づき所轄官庁の許可又は届出を要し、貯蔵場所等につき厳格に規制されている旨主張する。しかし、右法令又は条例が適用されるのは一定の数量以上のセルロイドの貯蔵（右法令の場合は同法２条７号別表５類により1500kg以上の重量、右条例の場合は当裁判所に顕著な同条例58条により30kg以上の重量）についてのみであり、Ｙ１会社が貯蔵していたセルロイドの重量はわずか約５kgにすぎないので、右貯蔵については右法令又は条例の適用はなく、右法令又は条例のセルロイドの規制対象重量に比して右貯蔵重量が余りにも少ないことを考えると、この場合右法令又は条例の準用があるものとは云い難い。そうすると、Ｘ１らの前記セルロイドの貯蔵につき右法令又は条例の適用ないし準用があることを前提としてのＹ２に過失がある旨の主張は失当である。

　しかしながら、Ｙ２の指示に基づきＹ１会社が前記セルロイドを貯蔵していた状況は、小さなボール箱にセルロイドを積み重ねて入れてこれを狭い場所に長年月（約10年間）放置していたものであること、セルロイドはその原料がニトロセルロースに樟脳を加えたものであって、セルロイドを長く貯蔵していると空気中の微量の水分の作用によってニトロセルロースがセルロースと硝酸に分離され（加水分解）、その分解生成物間の酸化反応によって発熱し、その熱の放散が良くない場所では、発生した熱が次第に蓄積されてこれによりセルロイドの熱分解を惹き起し、次第にセルロ

イド内部の温度が益々上って分解が急激に進んで遂に発火（発火温度は摂氏 165 度から 170 度）し，密閉された開口部の狭い所で発火した場合は爆発現象を起すこと，このようなセルロイドの自然発火はそんなに珍しい現象でもないし極めて稀な事故でもなく，東京都内におけるセルロイドによる火災の半数近くはセルロイドの自然発火によるものであり，セルロイドの自然発火による火災は，7，8月にかけて頻発し，前日又は当日の最高気温が摂氏30度を超していた場合が殆んどであるが，それ以下の気温でも摂氏20度を超すと起る場合があることが認められる。ところが，Y1会社がセルロイドを貯蔵していた高橋ビルの一階にある中二階の倉庫は一階居室が天井を利用した室で，前記爆発事故発生当時は，内部には四段スチール製の棚を並べてY1会社の服装生地，皮革材料及び商品が置かれており，この倉庫の開口部は北及び東側に出入口扉，南側に窓があったが，右南側の窓は床面と同一の高さに取付けられているため窓を常時開放していても通風が不足であり，また右スチール製の棚等で通気が阻害されやすいため熱気がこもりやすい構造になっておったばかりか，前記爆発事故発生日の前日に雨が降ったため，Y2が右倉庫に雨水が入るのをおそれて右南側窓を閉めたところ，右倉庫内の温度が上昇するとともに湿度も上昇することになり，これらが前記爆発事故発生の重要な原因になったこと，爆発事故発生当日（昭和51年8月25日）の東京都内の気温は，最高摂氏23.3度，最低同20.9度（平均同22.1度），その前日のそれは，最高同35.4度，最低21.3度（平均28.1度）であって，右前日来から降雨があって，セルロイドの自然発火が起りやすい気象条件があったこと，セルロイドが自然発火する前兆としては二，三か月前から変色し始めること，Y2は，皮革服の製造卸売業には精通しているが，セルロイドについては火気により発火しやすいことの知識はあったものの自然発火することの知識はなく，そのため，前記セルロイドの貯蔵については昭和42年頃前記倉庫にセルロイドを入れた前記ボール箱を置いたままその後一度もこれを開け

ず放置していたことが認められることなどを考え合すと、成程、Ｙ２は、セルロイドが自然発火する知識はなかったが、セルロイドが発火しやすいものであることの知識はあったし、社会においてはセルロイドの自然発火事故はけっして稀な例でもないばかりか、前記セルロイドは枚数約60枚、重量約5kgで比較的多量でもあり、これがＹ２の指示で前記ボール箱に入れて前記倉庫に置かれているものであるから、Ｙ２としては、これを長年月放置せずに時々右ボール箱を開けてセルロイドの状態を点検すべきであり、もしＹ２が右点検を実行しておれば、セルロイドの自然発火の前兆である変色に気付き、これを廃棄する等の処分をなし、前記爆発事故が事前に防止されていた筈であるものと考えられる。しかるに、前記認定のとおり、Ｙ２は、昭和42年頃Ｙ１会社の従業員がＹ２の指示で比較的多量の前記セルロイドを、前記ボール箱に入れて、前記倉庫に放置していることを知りながら、これが危険物であるとの配慮を殆んどせず、約10年間もの長年月に亘って、右箱を開けて右セルロイドの状態を点検したことは全くなくこれを放置していたものであるから、Ｙ２が前記セルロイドを前記ボール箱に入れたまま前記倉庫に放置していた点には過失があり、これに因り前記爆発事故が発生したものといわなければならない。

②東京高判　昭和59年9月13日（判タ544号136頁）
（事案）

　Ｙ２は、東京都三鷹市に所在するＹ１が所有し管理するアパートに居住していた。Ｙ１が所有し管理するアパートの敷地内には、焼却穴（直径が70cm位、深さが40cm）があったが、ただ地表面を凹めただけの単純な穴であり、特にこれに対応した危険防止の設備はなかった。Ｙ２は焼却穴をごみ焼却のため利用しており、昭和54年4月13日じゆうたんの切れ端などを焼却するためにそのゴミ焼却穴を利用したが、付近に人影がなかったので焼却後の残り火が完全に消火するのを確認しないままその場を離れ

た。昭和54年4月13日午後1時30分ごろ、生後2年余の幼児Xが、サンダル履きで三輪車に乗り、Y1が所有し管理するアパートの敷地内に入り込んで遊んでいたところ、焼却穴に落ちて火傷をおった。

(判決の概要)

本件焼却穴は、直径が70cm位、深さが40cm位、或いは直径、深さともそれ以下のものであつて、いずれにしても、それ自体は周辺で遊ぶ幼児にとつても特に危険な存在とはいえない程度の規模のもので、ただ地表面を凹めただけの単純な穴であつたと推認できるところ、このことに加えて、その穴の所在場所、使用方法、使用状況等叙上説示認定の諸事情にも照らし考えると、本件焼却穴が民法717条にいう「土地の工作物」に該当するものとはいいがたいし、また、本件焼却穴でごみ等を焼却する場合危険は火の使用によってこそ生ずることにかんがみ、焼却関係者がその責任と負担において、焼却を終えるまで監視を続け、焼却後完全に消火して、火による事故の発生を未然に防止すべきは、社会の通念に照らし、もとより事理の当然であるから、ごみ等の焼却をした者が消火をしないままその場を離れることを予測し、これに対応した危険防止の設備や措置を施すべき注意義務がアパート及びその敷地の所有者ないし管理者であるY1に存するものともいいがたい。なお、この観点からすれば、仮に本件焼却穴が「土地の工作物」にあたるとしても、本件焼却穴につき、その設置、保存に瑕疵があるとはいえないことは明らかである。他に、Y1にX主張の過失があると判断すべき特段の事情の主張立証はない。したがつて、本件事故について、Y1に民法709条、717条の責任がある旨の原告の主張はいずれも採用することができない。

Y2は、Xら幼児が時折り本件焼却穴が所在する空地で遊んでいたことを知っていたのであるから、じゆうたんの切れ端などを焼却してその場を離れる際、たとえ付近に人影がなかつたとしても、Y2が立ち去つたのち

に幼児等が右焼却穴に近付き，不測の事故が発生する可能性もあることが予見できたはずであり，したがつて，Y2には右焼却後の残り火が完全に消火するまでこれを監視すべき注意義務があつたものといわざるを得ない。しかるに，右注意義務を怠ったY2の過失により本件事故が発生したものというべきであるから，Y2は，民法709条に基づき，右事故により生じた原告の損害を賠償すべき責任がある。

③大分地判　平成6年1月14日（判タ857号198頁）
（事案）

　Y2会社は，Y1県から，昭和61年12月28日から昭和62年2月13日までを工期として，本件マンホールを含む合計10箇所のマンホールの新設，据替工事等を請負った。昭和62年1月28日午前中に，Y2会社は本件マンホールの周囲を一辺2mの正方形（深さ10cm）に掘削し，マンホールの口環（直径79cm）を据替えた上，掘削部を30mm以下の砕石で埋め戻して展圧し，アスファルト舗装の路面と同一の高さにした。さらに，昭和62年1月28日午後5時ころ，機械で展圧し直した後，防護柵を設置することなく一般車両の通行の用に開放した。工事部分の砕石は，機械により展圧したのみであり，交通量の多い道路において，約15時間にわたり大型車両を含む一般車両の通行の用に開放された結果，この工事部分の周囲には砕石が散乱し，アスファルト舗装の路面と砕石の敷かれた路面との間には段差があった。

　Xは，昭和62年1月29日午前8時5分ころ，原動機付自転車を運転して，バイパス道路を進行中に，工事部分の手前約50mのところにある交差点を，対面の信号機の表示が黄色から赤色に変わるころさしかかり，一旦速度を落とし停止しかけた後，加速進行し本件工事部分付近を通過したところ，上下に揺れ重心を失うようにぶれて転倒し，頭部を打ち脳挫傷の傷害を負った。なお，その際，Xの車両の周囲には他の車両は走行して

いなかった。

(判決の概要)

　本件工事部分の砕石は，機械により展圧したのみであり，交通量の多い道路において，約15時間にわたり大型車両を含む一般車両の通行の用に開放されたのであるから，徐々に砕石が飛散していったものと推定され，事故当時，アスファルト舗装の路面と砕石の敷かれた路面との間には段差が生じていたものと認められる。そして，二輪車が平坦なアスファルト舗装の路面から砕石の敷かれた路面に進入し，しかもそこに段差が存在した場合，少なからず揺れを生じハンドルをとられる可能性があることは否定できず，Xの転倒状況や事故後に認められたブレーキ痕の状況を合わせ考えると，Xの転倒は，右段差や路面状態の変化によるものと言わざるを得ない。

　もっとも，右段差が具体的にどの程度のものであったかは，事故後，工事部分にアスファルト舗装がなされ，また本件事故現場の状況を記録した資料も残っていないため明らかではない。右段差は展圧された砕石が車両の走行により飛散して徐々に生じたものであるから，段差としては大きなものではなく（Xの主張によっても3cmから最大で5cm），また均一なものでもなかったと考えられるので，本件道路の安全性については，さらに検討を要する。

　道路の安全性は，その構造や場所，利用状況等諸般の事情を総合して判断すべきところ，本件道路については，本件工事部分に段差が認められる他，本件道路がアスファルトで舗装整備された平坦な直線の道路であり，二輪車を含め多数の車両が高速で走行することが予想される場所であること，本件工事部分の位置，大きさは前記認定のとおりであり，二輪車が直進車線を走行する場合には，本件工事部分上を通過する可能性が高いこと，その場合には段差の存在や路面状態の変化が，四輪車に比べて安定性に乏

しい二輪車の走行に少なからず影響を与えると思われることを認めることができる。

　なお，Ｙ２らは，本件マンホール工事の安全対策として，掘削部を砕石で埋め戻すほか，工事中である旨を示す看板及び「お願い」等と書かれた看板を設置していた旨主張している。証人によれば，Ｙ２会社は，本件事故前日，砕石の埋戻しが終了した際，工事中に掲示していた右看板を片付け，やはり工事中に使用していた防護柵とともに交差点付近の歩道上にまとめて置いていたことは認めることができるが，これは通行車両に注意を喚起するために設置されたものでも，また走行車両から目につきやすいように考えて置かれたものでもなく，工事の中断に伴い歩行者の支障にならないように歩道の広い部分にまとめて片付けていたものに過ぎず，Ｙ２会社が危険を回避するために安全対策を施したものとは認められない。

　したがって，本件道路には，原動機付自転車等の走行にとって，通常有すべき安全性が欠如していたものと認められ，Ｙ２会社は掘削部を砕石で埋め戻し，展圧しただけでは，砕石が一般車両の通行により飛散して段差が生じ，同所に進入してくる二輪車の走行には危険な状態となることを予見して，工事部分を速やかにアスファルトで舗装し，あるいは工事部分が存在することを示す看板等を設置するなどして，通行車両に危険が生じないようにすべきであるところ，このような措置を行わなかったのであるから注意義務の違反があったといわざるを得ず，Ｙ１県についても本件道路の設置管理に瑕疵があったというほかない。

　第一類型にも第二類型にも共通するのは，加害者の過失の判定の仕方であり，すべて積極的な加害行為をしたことを問題としているのではなく，ある事業や大小の活動に伴う危険の発生が予測できたのにもかかわらず，適切な危険回避措置を取らずに，その危険を実現させたことが問題とされている点である。それゆえ，これらの判決を，単なる「不作為不法行為」

の成立要件という範疇で把握することはもはや適切ではない。なぜなら，これらの判決では，単なる不作為・先在する作為義務の違反を問題としているのではなく，事業や大小の活動をなす者のそれらに伴う危険の実現を回避する義務が問われているのであり，しかも，それは，契約やそれに準じた関係で結ばれている特定範囲の者にも（第一類型の判決），そのような関係のない不特定な範囲の者にも（第二類型の判決）認められており，事業や活動の種類や態様に応じてしかも多様な場面で予測される危険が対象となる義務といえるものだからである。もちろん，これらの判決は，確かに危険回避を怠った者に不法行為責任を負わせる理由付けとして注意義務違反による過失をいうのであるが，それは，過失責任主義の下で実質的に無過失責任を実現させようとする方策の限界からくるのであり，むしろ，各人には，他人の生命・身体・財産の完全性に対してそれを侵害しない法的義務があり，行動の自由はその制限内で認められることを正面から認め，それによって損害回避義務違反を本来そこにあるべき「違法性」に位置付けるとすれば，広義における事業へのこの法的義務の適用として，ある事業や活動をなす者にはそれに伴う危険の実現を回避する義務として安全配慮義務があるとする理論は，多様な事業がなされ，そして個人がこれと多様に接触しなければならない現代において，各人の生命・身体・財産の完全性を保護する大きな足がかりとなることは確かであろう。そこで，次に，従来は不作為不法行為で論じられてきた領域に，安全配慮義務理論をどのように導入することが可能か，またその導入にはいかなる意義があるのか，などについてより詳細な検討を行いたい。

1.4 不作為不法行為と安全配慮義務との関係

安全に配慮しない事業行為や活動によって事故が生じた場合の責任は，

「不作為」から生じた不法行為とみなければならないのだろうか。損害回避義務を法的義務として認めるのなら，今の場合にこの義務に違反しているのは安全に配慮しない「事業」や「活動」から不法行為が成立すると考えるべきではないか。わが国の学説では，既にこの疑問に答えようとする試みもなされている。

　伊藤教授によれば，不作為による不法行為は，三つの類型に分かれるという。一つ目の類型は，先行行為がまったく存在せず権利侵害を回避できたであろう積極的行為をしなかったことのみが原因である場合である。二つ目の類型は，第三者や動物などの別の事実が原因である場合である。三つ目の類型は，自己の先行行為が存在する場合である[19]。そして最初の二つの類型は不作為不法行為でしか処理をすることができないが，三つ目の類型が，観点を異にすることにより，作為不法行為としても構成可能であるという。そして，そのような場合には，作為不法行為と構成しても不作為不法行為と構成してもどちらでもよいのではないかという[20]。

　この問題に，より詳細な検討を加えるのは，橋本教授である。橋本教授によると，何らかの原因から法益侵害に向かう因果系列に関して，当該因果関係を放置する不作為をもって加害者の責任を追及するについては大別して2つの構成がありうると言う[21]。第一の構成は，何らかの原因からの因果系列においてある法益が侵害されることに関して，加害者が法益侵害を放置する不作為を取り上げて不作為不法行為責任を追及するという構成（法益関係型）である[22]。第二の構成は，何らかの法益侵害に向かう因果関係がある危険源から発することに関して，加害者が危険源を放置する不作為を取り上げて不作為不法行為責任を追及するという構成（危険源関係型）である[23]。この2つの分類は，ドイチュ（Deutsch）の類型化[24]を応用したものであるが[25]，橋本教授はさらに，ドイチュの第一類型と第二類型の間にさらに中間型を設け，法益関係型[26]，危険源関係型[27]，中間型[28]という独自の三類型で不作為不法行為を検討してい

る[29]。以下において，橋本教授の類型論を概観しながら，それを手がかりとして従来は不作為不法行為で論じられてきた領域に，安全配慮義務理論をどのように導入することが可能か，またその導入にはいかなる意義があるのか，などについて考察したい。

①橋本教授の第一類型・・・法益関係型不作為不法行為

　法益関係型の不作為不法行為とは，何らかの原因からの因果関係においてある法益が侵害されることに関して加害者が法益侵害を放置する不作為である[30]。橋本教授は，この類型をして，何らかの原因から法益侵害という結果に向かう因果系列に関して，法益がまさに侵害される最終段階をして不作為責任の対象とするものであるとする[31]。橋本教授は，この類型をさらに三群に分類する。

　第一群は，傷病・危難のためにある人の身体が侵害されることに関して，その人の監護者やその人が従事する活動ないし滞在する場所の管理者らが必要な救護救助措置を講じてこれを阻止することをしなかった事案群である[32]。

　第二群は，傷病の増悪のために患者の身体が侵害されることに関して，患者の診察に当たる医師らが必要な診療措置を講じてこれを阻止することをしなかった事案群である[33]。

　第三群は，何らかの危難のためにある人の身体が侵害されることに関して，自らの行為によってその人を当該危難にあわせた者が，必要な救護救助措置を講じてこれを阻止することをしなかった事案群である[34]。

②橋本教授の第二類型・・・危険源関連型不作為不法行為

　危険源関連型不作為不法行為とは，何らかの法益侵害に向かう因果系列がある危険源から発することに関して，加害者が当該危険を放置する不作為である。橋本教授は，この類型をして，ある危険源が法益侵害の高度の

危険をはらむ場合に,当該危険源から法益侵害に向かう因果系列に関して,危険源から原因が発するという初期段階をとりあげて,不作為責任の対象とするものであるとする[35]。つまり,危険源から法益侵害に向かう因果系列に関して危険源から原因が発するという初期段階をして不作為責任の対象とするものであり,これは不作為不法行為責任による法益保護の前倒しに該当するという[36]。橋本教授は,この類型をさらに四群に分類する。

第一群は,それ自体として危険な物・場所が原因となって他者の身体を侵害することに関して,物・場所の管理者が必要な管理措置を講じてこれを阻止しなかった事案群である[37]。

第二群は,物・場所における異常状態が原因となって,他者の身体を侵害することに関して,物・場所の管理者が必要な管理措置(整備・監視による異常発生の予防・発見,異常発生時の復旧・隔離による対応)を講じてこれを阻止することをしなかった事案群である[38]。

第三群は,危険判断・自己統御の能力の不十分な人が,またはある活動に従事する人が,当該活動に関連して他者の身体を危殆化・侵害する行為に出ることに関して,その人の監督者または当該活動の管理者が必要な監督命令を行ってこれを阻止することをしなかった事案群である[39]。

第四群は,他者加害の危険をはらんだ物・場所または人が原因となって,他者の身体を侵害することに関して,自らの行為によって当該の物・場所または人に危険をはらませた者が,必要な危険除去措置を講じてこれを阻止することをなかった事案群である[40]。

③橋本教授の第三類型・・・中間型不作為不法行為

中間型不作為不法行為とは,ある法益が高度の危険にさらされている場合に,当該法益の侵害に向かう因果系列が当該危険から発して進行することに関して,加害者がこの法益を放置する不作為である。橋本教授はこの類型をして,法益が高度の危険にさらされている場合につき,当該危険か

ら当該法益の侵害に向かう因果系列を取り上げて，その中間段階を不作為責任の対象とするものであるとする[41]。そして，中間型不作為不法行為は，法益が高度の危険にさらされている場合について，当該危険から当該法益の侵害に向かう因果関係を取り上げて，その初期中期段階を不作為不法行為責任の対象とするという[42]意味で，危険源関係型と類似しつつ，法益関係型と連続する概念であるという[43]。

橋本教授は，この類型に該当する判例群を，さらに三群に分けている。

第一群は，ある人が事故に対する危険に対して，自ら十分な防御措置を講じることができない場合に，何らかの危険が原因となってその人の身体を侵害することに関して，監護者が必要な防御措置を講じてこれを阻止することをしない事案群である[44]。

第二群は，ある人の身体が事故に対する危険をはらむ場合に，当該危険が原因となって，その人の身体を侵害することに関して，監護者・医師らが必要な防御措置を講じてそれを阻止することをしない事案である[45]。

第三群は，ある活動場所が従事者滞在者に対して特有の危険を伴う場合に（ある種の労務・スポーツ・催し・施設・建物など），当該危険が原因となってある従事者・滞在者の身体を侵害することに関して，活動・場所の管理者が必要な防御措置として，従業者・滞在者および当該活動・場所に対する管理措置（監督命令・指揮指図，活動・内容方法の指示，場所の整備・監視，物的整備・人的体制の配備など）を講じてこれを阻止することをしない事案である[46]。

橋本教授が「不作為不法行為責任による法益保護の前倒し」により，危険源の初期・中期段階を不作為不法行為の対象とする第二類型と第三類型については，危険源からの損害発生の回避に配慮しない管理・運用行為自体を不法行為の対象とするともいえ，そこに安全配慮義務の理論が導入される余地は十分にあろう。そして，実際にも，第三類型の第三群には主として労働関係の中で安全配慮義務違反が問題とされた多くの裁判例が含ま

れている。そして，橋本教授自身も，使用者の設営する場所・設備・器具が問題となる場合には，土地工作物責任としての処理が可能であるが，使用者の設営する場所・設備・器具以外の原因が問題となる場合には土地工作物責任としての問題解決を図ることができないため，安全配慮義務によって問題を解決せざるを得ないと主張している[47]。

確かに，「不作為」から生じた損害についての賠償が，契約関係やそれに準じた関係がある者の間で問題となれば，それらの関係の中で明示・黙示の合意により安全配慮義務を負っているとする構成が可能であるが，そのような関係に立たない者の間で問題となる場合には，自己の意思に服しているもの（自己の行為・被用者・占有や所有する工作物・動物など）により他人に損害を生じさせないようにする損害回避義務の応用として安全配慮義務を認めることにより，単なる「不作為不法行為」としている以上の法益保護が可能となり，そして，これは正に，不作為不法行為の対象を「前倒し」して，安全に配慮しない事業や活動を対象とした不法行為責任の成立を認めることに他ならない。

しかし，最近のわが国の学説でも，安全配慮義務はあくまで契約上の義務であり不法行為上の義務とまではできないとして，安全配慮義務違反の責任は債務不履行責任としてしか成立しないとするものがある。

国井教授は，「安全配慮の懈怠を不法行為とするためには作為義務を要するところ，先行行為に欠ける場合，安全配慮義務（契約上の義務）を不法行為上の義務に充てるという操作なくしては作為義務を措定しえない。殊に第三者が惹起した事故の場面は，不法行為上因果関係の中断の問題となるため，防除措置を規範的に要求することが困難である」と述べる[48]。

また，奥田教授は，「不法行為規範は自己の行為または支配領域から他人の法益の侵害を生ぜしめないという消極的な不可侵義務を負わせるにとどまり，他人の行為・支配領域に積極的に介入して他人の法益を保護すべ

き積極的保護措置義務まで負わせるものではない」[49]とし，不法行為法の射程範囲と，契約法の射程範囲の観点から，安全配慮義務違反による責任に対して不作為不法行為としての性質を否定する。そして，特に，「労働関係において第三者による侵害に対する物的人的配備や被用者の健康管理労務管理といった積極的保護措置義務は本来安全配慮義務違反（契約規範）としてのみ成立しうる」[50]とし，義務の内容の観点からも，安全配慮義務の不作為不法行為としての性質を否定する。

　しかし，このような理論には疑問がある。はじめにも述べたように，今日の発展した資本主義社会にあっては，多様な事業が企てられるとともに，各個人はまたこれらの事業と多様に接触していかなければならないのであるから，この事業から個人に損害が生じた場合にも，事業主体と被害者との多様な接触関係に応じた解決が必要であり，そのような観点からは，契約関係があるかないかで大きな差異のある責任法で個人の生命・身体・財産の安全を図ろうとするのは適切でない。「行動の自由」の保護を基本とする民法であれば，事業活動の自由を制限する安全配慮義務は契約によってだけ負担されるとする理論も妥当するであろうが，これまで事業が生じさせてきた公害や環境問題，そして最近の原発事故による広範で多様な被害に直面することにより，個人の生命・身体・財産の安全がまず保護され，「行動の自由」はそれを侵害しない限度で保護されるとすることを原則としなければならない今日，不法行為の根拠は，各人が他人に対して負う損害回避義務の違反にあるものとし，その応用として，広義の事業をなそうとするものは，それに伴う危険により，他人に損害を与えない一般的義務があるとすることが是非とも要請されていると考える。だが，この要請を理論面から実現するためには，どうしても「請求権競合」の問題を避けて通ることができない。そこで，次には，わが国の学説が，ドイツ学説を参考として繰り広げてきた「請求権競合」の問題を取り上げ，この理論が契約関係ある場合とない場合の双方において安全配慮義務を考えることを許

容するのか否かについて考察したい。

注
1) 平井宜雄『債権各論 II 不法行為』41 頁（弘文堂・1992 年），山本敬三「不法行為法学の再検討と新たな展望—権利論の視点から」法学論叢 154 巻 4・5・6 号 292 頁，山本敬三「基本権の保護と不法行為法の役割」民法研究 5 号 127 頁，石井智弥「人格権保護の基礎理論」私法 73 号 148 頁。
2) 本判決については，以下の評釈等がある。篠原勝美「レール上の置石により生じた電車の脱線転覆事故について置石をした者との共同の認識ないし共謀のない者が事故回避措置をとらなかったことにつき過失責任を負う場合」ジュリスト 890 号 59 頁，篠原勝美「レール上の置石により生じた電車の脱線転覆事故について置石をした者との共同の認識ないし共謀のない者が事故回避措置をとらなかったことにつき過失責任を負う場合」法曹時報 41 巻 12 号 190 頁，神田孝夫「仲間のレール上への置石と不作為の不法行為責任」ジュリスト 910 号 85 頁，中井美雄「レール上の置石により生じた電車の脱線転覆事故について置石をした者との共同の認識ないし共謀のない者が事故回避措置をとらなかったことにつき過失責任を負う場合」判例評論 364 号 50 頁，宮崎幹朗「仲間のレール上への置石と不作為の不法行為責任について」愛媛法学会雑誌 16 巻 4 号 51 頁，長谷川貞之「不作為不法行為の成立要件—遊び仲間のレール上での置石と不作為の不法行為責任—」駿河台法学 4 巻 1 号 203 頁，池田真朗「レール上の置石により生じた電車の脱線事故と不作為の不法行為責任」法学セミナー 395 号 100 頁。
3) 当該判例は平成 9 年 5 月 26 日ニフティサーブ事件・第一審（東京地判平成 9 年 5 月 26 日判時 1610 号 22 頁）に引用されている。当該裁判は，パソコン通信を利用したフォーラムを運営・管理するシステム・オペレーターは，フォーラムの電子会議室に他人の名誉を毀損する発言が書き込まれたことを具体的に知った場合には，その地位と権限に照らし，その者の名誉が不当に害されることがないよう必要な措置をとるべき条理上の作為義務を負うとされた事例である。そして，本事案においては，システム・オペレーターに，フォーラムの電子会議室に他人の名誉を毀損する発言が書き込まれたことを知りながら必要な措置をとらなかった作為義務違反があるとして，不作為不法行為を認めた。世界中の不特定の人間同士と社会的接触をすることが可能となった IT 社会において，ソーシャルネットワーク上の問題が今後も発生することは想像に難くない。その意味で，この不作為不法行為の概念は，電子商取引の法規制やプロバイダー責任にかかる法規制の一般法となる法理である。この法理は，今後迎えるソーシャルネットワークシステムの時代における人格権侵害にかかる諸問題に影響を与える法理であることは想像に難くないといえよう。
4) 例えば，鳩山秀夫『日本債権法各論下巻』851 頁（岩波書店・1924 年)，我妻栄『事務管理・不当利得・不法行為』110 頁（日本評論社・1937 年）など。

5) 鳩山秀夫『日本債権法各論下巻』851頁（岩波書店・1924年）。
6) 鳩山秀夫『日本債権法各論下巻』852頁（岩波書店・1924年）。
7) 加藤一郎『不法行為（増補版）』133頁（有斐閣・1986年）。
8) 同旨の学説として，我妻栄『事務管理・不当利得・不法行為』110頁（日本評論社・1937年），前田達明『民法Ⅵ不法行為法』109頁（青林書院・1980年）など。
9) 石坂音四郎『日本民法第三編債権総論上巻』309頁（有斐閣・1916年）。加藤教授は「この義務は必ずしも法令上の義務に限られないが，個人の自由を基礎とする今日ではあまり広げることはできないとする（加藤一郎『不法行為（増補版）』133頁（有斐閣・1986年））。前田教授も「作為義務は（1）法令に基づくもの，（2）契約・事務管理に基づくもの，（3）公序良俗からくるものなどが考えられるが，私的自治原則から考えてあまりに安易に作為義務を認めることは望ましくないという（前田達明『民法Ⅵ不法行為法』109頁（青林書院・1980年）。
10) 我妻栄『事務管理・不当利得・不法行為』110頁（日本評論社・1937年）。
11) 石坂音四郎『日本民法第三編債権Ⅰ』309頁（有斐閣・1916年）。
12) 末弘厳太郎『債権各論』1057頁以下（有斐閣・1918年）。
13) 四宮教授は「709条の過失を注意義務違反という行為義務に対する違反として捉えると，一行為が法秩序の命令に反するということはその行為が違法とされることに外ならないから—過失は，構成要件でありながら（正確にいえば，違法とみられる行為を定型的に示す限度において構成要件として機能するにすぎないが），違法性判断形式でもあることになる」（四宮和夫『不法行為』304頁（青林書院・1983年））としているのも，本稿での叙述が決して背理ではないことを示していよう。橋本教授は「不作為不法行為は，加害者が何らかの原因から法益侵害に向かう因果系列を不作為によってそのまま放置した場面で加害者の過失責任を追及するものである」とし，したがって，作為不法行為の課題は，「加害者の作為という原因から法益侵害という結果が発生することに鑑み，この因果関係を創出した過失責任にあるといえ，不作為不法行為は，加害者の放置という不作為が原因となって法益侵害という結果が発生することに鑑み，この因果関係を創出したことに過失責任を見出すことにあるいえる。」としている。この叙述には，末広説が次に述べる作為義務の未実現を「過失」に位置付ける説と，どれほど連なっているかを示すという意義も見出される。
14) 中井美雄「不作為による不法行為」『新現代損害賠償法講座1総論』110頁（日本評論社・1997年）。
15) 円谷峻「不作為不法行為と過失論」Law School 52号22頁（1983年）。
16) 円谷峻「不作為不法行為と過失論」Law School 52号22頁（1983年）。
17) 平井宜雄『債権各論Ⅱ不法行為』29頁（弘文堂・1992年）。
18) 伊藤教授によれば不作為による不法行為は，3つの類型に分かれるという。一つ目の類型は，先行行為がまったく存在せず権利侵害を回避できたであろう積極的行為をしなかったことのみが原因である場合である。二つ目の類型は，第三者や動物など

の別の事実が原因である場合である。三つ目の類型は，自己の先行行為が存在する場合である。一つ目の類型と二つ目の類型は不作為不法行為でしか処理をすることができないが，三つ目の類型が観点を異にすることにより作為不法行為としても構成可能である。そして，そのような場合には，作為不法行為と構成しても不作為不法行為と構成してもどちらでもよいのではないかと述べる（伊藤進・織田博子「不作為不法行為序説と判例の整理」Law School　52号6頁（1983年））。
19)　伊藤進・織田博子「不作為不法行為序説と判例の整理」Law School　52号5頁（1983年）。
20)　伊藤進・織田博子「不作為不法行為序説と判例の整理」Law School　52号6頁（1983年）。
21)　橋本佳幸『責任法の多元的構造』59頁（有斐閣・2006年）。
22)　橋本佳幸『責任法の多元的構造』59頁（有斐閣・2006年）。
23)　橋本佳幸『責任法の多元的構造』60頁（有斐閣・2006年）。
24)　Deutsch, Allgemeines Haftungsrecht, 2 Aufl.1996,S. 103.
25)　Deutschによる不作為不法行為の作為義務の類型化について，橋本佳幸『責任法の多元的構造』60頁（有斐閣・2006年），中井美雄「不作為不法行為と違法性論」Law School52号30頁（1983年），中井美雄「不作為による不法行為」新現代損害賠償法講座1総論113頁（日本評論社・1997年）が詳細な検討をしている。
26)　橋本佳幸『責任法の多元的構造』60頁（有斐閣・2006年）。
27)　橋本佳幸『責任法の多元的構造』80頁（有斐閣・2006年）。
28)　橋本佳幸『責任法の多元的構造』93頁（有斐閣・2006年）。
29)　橋本佳幸『責任法の多元的構造』60頁（有斐閣・2006年）。
30)　橋本佳幸『責任法の多元的構造』62頁（有斐閣・2006年）。
31)　橋本佳幸『責任法の多元的構造』62頁（有斐閣・2006年）。
32)　橋本佳幸『責任法の多元的構造』62頁（有斐閣・2006年）において，橋本教授が第一類型に該当するものとして挙げている判例は以下のとおりである。東京地判平成4年6月19日（判時1444号85頁），浦和地判平成12年3月15日（判時1732号100頁），大阪地判平成5年3月24日（判時1477号81頁）。
33)　橋本佳幸『責任法の多元的構造』64頁（有斐閣・2006年）において，橋本教授が第一類型に該当するものとして挙げている判例は以下のとおりである。最判昭和60年3月26日（民集39巻2号124頁），最判平成13年6月8日（判時1765号44頁）。
34)　橋本佳幸『責任法の多元的構造』65頁（有斐閣・2006年）において，橋本教授が第一類型に外とする者として挙げている判例は以下のとおりである。最判平成2年3月6日（判時1354号96頁）。
35)　橋本佳幸『責任法の多元的構造』80頁（有斐閣・2006年）。
36)　橋本佳幸『責任法の多元的構造』80頁（有斐閣・2006年）。

37) 橋本佳幸『責任法の多元的構造』80頁（有斐閣・2006年）において，橋本教授が第二類型に挙げている危険源関連型不作為不法行為の判例は以下のとおりである。大阪高判昭和41年11月28日（民集21巻6号1536頁），東京地判昭和53年11月30日（判時939号68頁），大阪地判昭和61年5月9日（判タ620号115頁）。
38) 橋本佳幸『責任法の多元的構造』82頁（有斐閣・2006年）において，橋本教授が第二類型に挙げている危険源関連型不作為不法行為の判例は以下のとおりである。東京高判昭和59年7月19日（判時1121号33頁），大分地判平成6年1月14日（判タ857号198頁）。
39) 橋本佳幸『責任法の多元的構造』83頁（有斐閣・2006年）において，橋本教授が第二類型に挙げている危険源関連型不作為不法行為の判例は以下のとおりである。最判昭和49年3月22日（民集28巻2号347頁），最判平成4年10月6日（判時法1454号87頁）。
40) 橋本佳幸『責任法の多元的構造』84頁（有斐閣・2006年）において，橋本教授が第二類型に挙げている危険源関連型不作為不法行為の判例は以下のとおりである。東京高判昭和59年9月13日（判タ544号136頁），最高判昭和62年1月22日（民集41巻1号17頁）。
41) 橋本佳幸『責任法の多元的構造』93頁（有斐閣・2006年）。
42) 橋本佳幸『責任法の多元的構造』93頁（有斐閣・2006年）。
43) 橋本佳幸『責任法の多元的構造』93頁（有斐閣・2006年）。
44) 橋本佳幸『責任法の多元的構造』93頁（有斐閣・2006年）において，橋本教授が第三類型に挙げている中間型不作為不法行為の判例は以下のとおりである。千葉地判平成5年12月22日（判時1516号105頁）。
45) 橋本佳幸『責任法の多元的構造』95頁（有斐閣・2006年）において，橋本教授が第三類型に挙げている中間型不作為不法行為の判例は以下のとおりである。鳥取地判昭和48年10月12日（判時731号76頁），札幌地判昭和60年7月26日（判時1184号97頁），最判平成7年5月30日（判時1553号78頁）。
46) 橋本佳幸『責任法の多元的構造』96頁（有斐閣・2006年）において，橋本教授が第三類型に挙げている中間型不作為不法行為の判例は以下のとおりである。福岡高判平成元年3月31日（民集48巻2号776頁），最判昭和59年4月10日（民集38巻6号557頁），東京地判平成4年4月28日（判時1436号48頁），東京地判昭和59年6月26日（判時1133号84頁）。
47) 橋本佳幸『責任法の多元的構造』101頁（有斐閣・2006年）。
48) 國井和郎「安全配慮義務違反の成立要件－契約責任と不法行為責任との比較」『現代民事裁判の課題7』176頁（新日本法規出版・1989年），國井和郎「第三者惹起事故と安全配慮義務」判タ529号204頁（1984年）。
49) 奥田昌道「契約法と不法行為法の接点－契約責任と不法行為責任の関係および両義務の性質論を中心に」『民法学の基礎的課題（中）』247頁（有斐閣・1974年）。

50) 奥田正道「安全配慮義務」『損害賠償法の課題と展望』39頁（日本評論社・1990年），奥田正道「契約責任と不法行為責任との関係—特に安全配慮義務の法的性質に関して」司法研修所論集85号44頁（1991年）。

第 2 章
わが国における請求権競合論の展開

序　論

　およそ法律効果というものは，ある生活事象が一定の法律要件を充たしたときに，一定の法律効果が発生するというように，要件をたどって形成されるものである。

　一つの事象が，唯一の法律要件を充たす場合には，唯一の法律効果しか発生しない。では，一つの事象が，複数の法律要件を充たした場合には，複数の法律要件の成立は可能となるのであろうか。また，複数の法律要件の成立が可能であるとするならば，複数の法律効果が発生することとなるが，このような複数の法律効果の成立—すなわち複数の法律上の効果が同一の原因事実より発生して併存すること（＝法律効果の競合）—は法理上可能なのであろうか。

　法律要件から発生する法律効果—権利義務の発生・消滅・変更—は，法がその発生を一定の事実に結び付ける一定の法律的観念であるが，もし法律上の観念が自然界の実在と同じ定式で理解されるものであるならば，法律効果の競合は生じないといえよう。しかし，もし法律上の観念が概念世界のものであるならば，自然界の実在と同じ定式では理解されえるものではなく，したがって，法律効果の競合が生じうる可能性は存在するのである。

　以上の点について大きな功績があったのは，ドイツで現れたキップ（Kipp）の理論である。キップはシュッペ（Schppe），ヴィントシャイト（Windscheid），シュロスマン（Schloßmann），ヘルダー（Hölder）の見解を例に挙げ，権利に関して，その発生・変更・滅失・消滅という言い方をする場合に，それは比喩的表現であることを認識すべきであるとする[1]。そして，法律効果の自然科学的把握により，結果として２人の人間に

対しては，同時に権利は発生しないということは，例えば，燃えている火を再び点火することができないのと同様に，発生している権利を再度生じさせえないことと同じ見方をするものであり，消滅した権利を再び消滅させることはできないと考えるのは，海底にある船がまた沈没することはないことや，死んだ人間が再び殺されることがありえないのと同様である[2]という考え方をとるといえるが，キップが否定したのはかかる理解の仕方である。これは，すなわち，法律問題の結論の導出方法において，これらの表現を，単なる比喩以上のものとしてとらえる傾向に対する否定である。つまり，キップは法律概念が，観念的で関係概念であることの本質を見忘れて，「実在」という点に着目して自然科学と同様に取り扱い，物質世界的な解釈—die körperweltliche Auffassung—によって法律学を捉えることは許されるべきではないとし，法律学的観察方法の形而上学的自然科学的傾向—die metaphysisch-naturwissenschaftlich Richtung—を否定し，法律概念を，比喩以上のものとして捉えることの否定を主張したのである[3]。この主張によると，法律学の対象は，自然科学の対象とは異なっているので，その対象認識の方法は，「実在」の世界の方法ではなく，「概念」の世界の方法でなすべきであるということになる。そして，かく解するならば，法律上の効果は，同時に生じうるといえるであろう[4]。

わが国でも，於保博士が，キップの法律学の対象認識に関して以下のように述べる—「キップの二重効論は，当時の通説が，無効と取消との効果が異なる場合には，不当な結果が生ずるにもかかわらず，無効行為の取消ということは，不必要である・無意味である・不可能であるというように，概念法学的形式論を押し通していたのに対して，これは，とりもなおさず，法律学における思惟を全く自然科学的方法においてなし，概念を物化するという傾向[5]に由来するものにほかならないとみて，自然科学的思惟方法・概念物化の傾向，及びその上にたつ形式的概念法学に対して，鋭い反駁を加えるためであった。このために，二重効論の実益またはこれを認めない

ことから生ずるといわれた不当な結果は，この理論を承認しない反対論者からも，理論の立て方・論証の方法は異なるにせよ，承認されるようになり，無効の取消は不可能だ，という概念的形式論が是正されるに至ったことはまずこの理論の功績であったといわなければならない。また，法律学が高度化し純化すればするほど，法律的概念法律的観念が客観化され物化せられる傾向を取ることは，イェーリング（Jhering），ツィッテルマン（Zitelmann）が既に指摘したように，法律学についても，他の精神科学と同様に，説明科学としてはやむを得ない傾向であるが，概念物化の結果，関係と本質・形式と内容とを誤るところまでゆくことは行き過ぎであるとして，物化的傾向・自然科学的思惟方法のみによろうとする傾向に対して，重大な警告を唱えた点もまた高く評価せられるべきである[6]。」とする。

これらの帰結から，法律概念が観念的概念であるということが承認されるのであれば，法律概念の同時存在―競合―という問題は当然に生じることであるといえる。現在は，この法律概念が観念的概念であるということは，当然に認識されており，法律概念の競合は，一般に認められているといってよいであろう。

民法典は，主として裁判規範であり，裁判官が民事事件を裁判するについて遵守すべき準則を定めたものである[7]。それゆえに，民法規範は尺度としての固定性を持っているといえる。その結果，民法には，法律行為が一定の法律要件を備えるときは，一定の法律効果を与えられるべき旨が定められている。しかし，これは，裁判規範に定められている図式を示すにとどまるのであり，実際の法律効果は裁判宣告があってはじめて付与されるのである。民法典が裁判規範たるゆえである。そして，裁判が法律によってなされる以上は，裁判は常に三段論法の形式をとらねばならない[8]。つまり，「大前提：一定の要件を充たしていれば，一定の効果が発生する。小前提：ある事実が一定の要件を充たす。結論：ある事実は一定の法律効果をもつ。」という形式である。

この観点に鑑みても,詐欺による取消ができる行為は一応有効であるが,取り消されれば無効であると実体法上で宣言していることは,裁判規範の中の概念構成として,取り消しできる行為は何もしなければ有効として取り扱われることもできるけれども,取り消されれば無効として取り扱われることを示すということを意味する。つまり,実体法上のこのような宣言は,詐欺を取り消さなければ有効である,詐欺を取り消せば無効であるという,裁判上の図式ないし型を定めたにとどまるのである。そうであるならば,これに要素の錯誤であれば無効であるという図式を加えても,これら3つは,それぞれ裁判上の図式ないし型にすぎないのであるから,これら三者は,なんら相排斥する性質のものではないともいえる[9]。つまり,民法が裁判規範であるという観点からも,錯誤無効と詐欺取消は競合しうるということがいえるのである。

　このように,錯誤無効も他の法律効果と競合しうるということが認められる状況のもとでは,二重効問題は,もはやこの錯誤無効のドグマの問題ではなく,むしろ競合する規範のどちらで解決するべきなのかいう,適用規範の妥当性が主要問題であるといえる。つまり,二重効問題という言葉の意味は,①錯誤無効のドグマに縛られた問題（いわゆる二重効問題）とそれを乗り越えた上での,②権利義務者間の法律関係はどちらの法条により処理されるのか（規範適用の妥当性の問題）の二つの様相をもっているといえよう。

　従来論じられてきたところの二重効問題は,無効と取消の共存可能性の問題—すなわち無効は取り消せないのか,それとも取り消せるのか—がその論争の中心であった。しかし,二重効問題とは,無効の取消可能性の問題のみならず,一つの事象が複数の法律要件を充たした場合に複数の効果が発生することになるが,その場合どちらの規範を適用することが妥当な結論を導くことになるのであろうかという規範適用の妥当性の問題も含んでいるのである。二重効の問題をかく解するのであれば,法規・法律要件・

法律効果の形式的論理的把握の点では，以下に述べる請求権の競合と同様の問題であるといえるのではないだろうか[10]。

次に，請求権競合問題について考えてみる。請求権競合問題とは，一つの生活事実に複数の異なる性質の請求権規範，すなわち請求権発生のための要件と効果を定めている規範が適用される可能性のある場合の問題である[11]。

ここで請求権自体が競合するのか，それとも法条が競合する結果として請求権が競合しあうのかは大きな問題である。従来の請求権競合問題では，請求権の単複の問題，すなわち同一内容の請求権は一つしか発生しないのか，それとも法律要件を充たした結果生じる法律効果として複数発生するのかがその論争の中心であった。このような請求権概念の単複の問題も，先に述べた法律概念の自然科学的考察の影響を受けていると思われる。

しかし，請求権競合問題は，請求権の単複の問題のみならず，一つの事象が複数の法律要件を充たした場合に複数の効果が発生することになるが，その場合どちらの規範を適用することが妥当な結論を導くことになるのであろうかという問題も含んでいるのである。つまり，請求権競合問題とは，請求権の発生に関する伝統的な理論―既存の一つの請求権規範の法律要件に該当する事実があればそこに一つの請求権が成立するという理論―によれば同一給付に向けられた複数の請求権が同一当事者間に併存することになる場合に，①請求権規範の数に対応する請求権の成立を認めるべきであるか（請求権の単複の問題），②認められるとすれば権利義務者間の法律関係はいかなる規範により処理されるのか（規範適用の妥当性の問題）といった問題であるともいえよう[12]。

奥田教授によれば，「請求権競合問題とは一つの生活事実に，複数の異なる性質の請求権規範，すなわち請求権発生のための要件と効果を定めている規範が適用される可能性のある場合の問題である」という[13]。そのように理解すると，請求権の競合の可能性としては，債務不履行と不法行

為の損害賠償請求権の同時発生のほかに，返還請求権の同時発生が考えられるが，本稿では損害賠償請求権の競合にのみ的を絞る[14]。

　古典的な民法理論によれば，債務不履行責任が成立する場合には，不法行為責任は追及し得ないと考えられていた。しかし，その後の判例・学説の展開は，このような制約を取り払う方向に向かったといえよう。そこから，契約関係にある当事者の一方が，契約債務の履行として行った行為が債務不履行の要件と同時に不法行為の要件をも充たす場合は，いったいどのような法的処理が考えられるであろうかという損害賠償請求権の競合の問題が生じたのである。四宮教授によれば，「請求権競合の問題とは，請求権の発生に関する伝統的な理論－既存の一つの請求権規範の法律要件に該当する事実があればそこに一つの請求権が成立するという理論－によれば同一給付に向けられた複数の請求権が同一当事者間に併存することになる場合に，①請求権規範の数に対応する請求権の成立を認めるべきであるか（請求権の単複の問題），②権利義務者間の法律関係は如何なる規範により処理されるのか（適用規範の問題）といった問題である」という[15]。そのようにとらえると，不法行為責任と債務不履行責任の競合の問題は，2つの問題点を含む。第一の問題は，請求権の単複に関する問題である。この請求権の単複に関する問題については本稿では詳しく触れないが，筆者の仮説としては上述したキップの主張してきたところの法律概念の「形而上的自然科学的」対象認識の方法が，請求権競合の場合の対象認識の場合にも及んでいたのではないかと考える。対象認識方法を自然科学的方法でとらえないのであれば，請求権が観念的に一つでなければならないのか，それとも要件を充たした効果として併存することができるのかという議論も，その帰結として当然併存することができるという結果となろう。しかし，この点に関してはあくまでも仮説であり，さらに一層の考察・考究を必要としなければならない。

　第二の問題は，規範適用の妥当性の問題である。つまり，どちらの規範

を適用することが，最も事案に即した解決を導出できるのであろうかという問題である。本稿においては，第一の問題は深く取り上げず，第二の問題であるところの規範適用の妥当性に関して考察する。すなわち，同一の法益を保護しようとするとき，どちらの法条とも採用できるのか，どちらかの法条を選択して解決するべきか，それとも双方を統合した理論を打ち立てるかである。

2.1 損害賠償請求権の競合を論じる意義

　不法行為責任と債務不履行責任は，双方ともある者に生じた損害を，その損害の原因を生じさせた者に負担させる制度である。その点では，不法行為責任も債務不履行責任も同じである。

　しかし，不法行為責任は，損害を被った者と，その損害の原因を生じさせた者との間に契約関係はない。不法行為責任は，損害を被った者と，その損害の原因を生じさせた者との間になんらの債務もない。つまり，不法行為責任は，その損害の原因を生じさせた者が，不法行為で定める一般的な注意義務違反（法的義務の違反と見るか道徳的義務の違反と見るかはひとまず置く）をしたことをもって，損害の原因を生じさせた者に責任を負わせる根拠とする。この不法行為が保護しようとする法益は，他人の財産的利益と人格的利益（完全性利益と呼ぶ者もいる，身体・健康・自由などの侵さざるべき利益である）であり，不法行為で定める一般的注意義務は「他人の財産的利益と人格的利益を害してはならない」という注意義務となる。

　これに対して，債務不履行責任は損害を被った者と，その損害の原因を生じさせた者との間に契約関係がある。つまり，債務不履行責任は，その損害の原因を生じさせた者が，当事者同士で締結した契約から生じた債務

の給付義務違反をしたことをもって，損害の原因を生じさせた者に責任を負わせる根拠とする。この契約が保護しようとする法益は，契約による債務の履行（給付の実現）であり，したがって債務不履行で要求されるものは「契約による債務の履行（給付の実現）を未実現に終わらせてはならない」という要請である。

　債務不履行責任と不法行為責任が交錯しないのであれば，たがいに独自の法領域における損害の救済を図る制度であると考えることができるが，この両者は重なり合うこともある。これらの場合に，不法行為責任と債務不履行責任の競合という問題が発生する。

　ところで，この請求権競合の問題も，民法が「行動の自由」（特に経済活動の自由）の保護を原則とするのか，それとも各人の生命・身体・財産の完全性の保護を原則とし，「行動の自由」はその枠内で認められるとしているのか，という主要問題に大きくかかわるように思われる。まず，前者の理解に立つと，自由な経済活動を保護するためには，契約遵守の原則は最大限に保護されなければならず，他方では，自由な経済活動を妨げるような一般的注意義務までを要求することは躊躇されることになる。その帰結として，債務不履行責任は不法行為責任よりも厳格な責任とされることから，両者の区別が強調されて，請求権の競合も否定される方向に傾く。他方，民法が原則として保護しようとしているのは，各人の生命・身体・財産の完全性に対する保護であるということになれば，契約責任（債務不履行責任）は契約関係ある者の間でかかる保護（例えば契約遵守の原則も契約当事者間で財産的損害を生じさせないための保護となる）をいかにしたらよいか，不法行為責任はそのような関係のない者の間でかかる保護をいかにしたらよいか，という問題に帰着する。そのように解すると，双方は，責任の厳格さに差異があるのではなく，加害者と被害者の接触（関係）の度合いに考慮した責任法という違いがあるだけだということになろう。すると，この接触（関係）の度合いへの民法による配慮を尊重すべき場合

には，請求権の競合を認める必要はないが，その度合いへの配慮は絶対的なものではなく，それを無視しても実現させるべき請求である場合に，それを拒否する必要はなく，請求権競合や請求権の統合による調整を認めてもよいという方向へと傾くであろう。さらには，契約関係ある場合について形成されてきた理論（例えば安全配慮義務の理論）を，不法行為にも調整して取り入れたり，その逆の道をとったりする理論も現れうるであろう。そこで，まず，この問題に関するわが国の学説の推移を辿ってみることにしよう。

2.2　請求権競合の学説の検討

　請求権競合問題に関しての学説は混沌としているが，まず大きくは，責任の競合自体が存在しないとする請求権競合否認説と，責任の競合自体は存在するとする請求権競合肯定説にわけられる。
　そして，請求権競合肯定説[16]は，さらに責任の競合を認めた上で，実際に双方の責任が発生するという説（請求権競合説），契約責任のみ発生するという説（法条競合説），双方を統合した一つの責任のみが発生するという説（規範統合説）に分けることができよう。

1）　請求権競合否認説

　請求権競合否認説とは，契約上の債務不履行により生ずる損害賠償請求権と，権利侵害による不法行為による損害賠償請求権は競合しないとする考え方である。
　岡村教授は，「試ニ通説ヲ度外ニ措キ虚心熟考スレハ由来同一ノ目的ニ付キ同一権利者ノ為メ数個ノ請求権ヲ認ムル必要アルコトハ之ヲ発見スル

コト能ハズ刑法ハ一個ノ行為カ数個ノ罪名ニ触ルルモ一個ノ刑罰権ヲ発生セシムルニ過キス。唯リ民法ニ於テ同一ノ事実ニテモ甲乙両条ニ該当スルトキハ甲条ニ依ル権利ト乙条ニ依ル権利トカ並ヒ発生スルモノトスヘキ必要アリトスルニハ有力ナル根拠ナカルヘカラス。而シテ甲乙両条カ一般法特別法ノ関係ニ立タサル場合ニ於テハ何レノ法条ニモ該当スルモノト云ハサルヲ得サルヲ以テ甲条ニ依ル請求権ト乙条ニ依ル請求権トカ発生シ両個の請求権競合スト云フモ何等形式論理ニ反スルコトナキカ如シト雖モ尚他ノ方面ヨリ観察シテ其競合ヲ認ムルコトカ一般ノ法理ニ反シ又ハ他ノ法条ニ抵触スルコトアル以上其競合ハ之ヲ否認セサルヲ得サル也」[17]と述べ，一般法と特別法の関係にある場合の他は，請求権の競合はありえないとする[18]。

平野教授は，利益の侵害に着目し，契約責任は契約利益（給付利益），不法行為は完全性利益（給付外利益）という別個の利益の侵害に対して成立するとして，債務不履行と不法行為はその侵害において異なるため，両要件を同時に充足する場合は全く存在しないとする[19]。また，平野教授は，不法行為責任と契約責任とを静的利益保護法（既存の利益秩序の維持・回復）と動的利益保護法（既存の利益秩序を変更することによって得られる利益の実現）との対立のもとに位置づけ，両法体系は，機能する次元を異にし，異なる次元で異なる利益の保護のための契約責任と不法行為責任との競合も有りえないとする[20]。両責任は，次元の異なる利益を保護するとすることにより，それらの差異を強調する説といいうる。

2） 請求権競合肯定説

請求権競合肯定説とは，契約上の債務不履行により生ずる損害賠償請求権と，権利侵害による不法行為による損害賠償請求権は，競合するとする考え方である。この説は，請求権の競合を認めた上で，実際にそれをどう

処理するかでさらに見解が分かれる。

①請求権競合説

　請求権競合説とは，契約上の債務不履行により生ずる損害賠償請求権と権利侵害による不法行為による損害賠償請求権との競合が現実に発生することを認める説である。この考えの根拠は，双方の請求権は，要件を異にするために，その効果が双方成立することを当然とすることにあるが，その背景には，はじめにも述べたドイツの一学説（Theodor Kipp）の影響があろう。ここでは，主な学説だけを紹介したい。

　三橋教授は，「損害賠償責任ノ発生原因ヲ大別スレハ債務不履行ト不法行為トニ分タルルハ論ナキ所ナルカ此二個ノ原因カ結合シ同一ノ行為カ時トシテ一方ヨリ観察スレハ債務ノ不履行トナリ更ニ他ノ一方ヨリ観察スレハ不法行為トナル場合ノ存スルコト亦疑ナシト信ス」[21] と述べ請求権競合を肯定する。そして，「斯ノ如キ場合ニ被害者ハ何レノ原因ヲ理由トシテ要償権ヲ行使スルカハ其自由ニ選択シ得ル所ナルヘシ」[22] とし，損害賠償請求権者は，債務不履行に基づく損害賠償請求権と，不法行為に基づく損害賠償請求権を選択できるとする。

　中島教授は，「契約上ノ請求権ト不法行為ノ請求権ト競合スル場合，此ノ点二付キテハ反対論少カラス曰ハク不法行為ニ関スル規定ハ従タル性質ヲ有ス法律ニ別ニ制裁存スル場合ニ於テハ不法行為ノ請求権ヲ生セスト即チ此ノ論ニヨレハ賃借人カ故意ニ賃借物ヲ毀滅シタル場合ニ於テハ契約上ノ制裁存スルカ故ニ不法行為ノ請求権ヲ生セス従テ請求権ノ競合ヲ来サスト云ハサル可ラスモ亦同趣旨ナリ然レトモ余ハ甚夕之ヲ疑フ契約上ノ債務不履行ニ付キテハ別ニ規定存ス不法行為ノ規定ヲ適用ス可ラサルハ多弁ヲ須ヰス即チ債務ノ不履行ハ不法行為ニ非サルナリ然レトモ此ノ場合ニ於テハ獨リ契約上ノ債務不履行ナル事実存在スルノミナラス別ニ所有権ノ侵害ナル事実存ス而シテ所有権ノ侵害ニ対シテハ不法行為ノ規定ノ適用アルハ

反対論者ト雖モ争ハサル所ナリ然ラハ即チ一方ニ於テハ契約上ノ債務不履行ヨリ請求権ヲ生シ他ノ一方ニ於テハ所有権ノ侵害ヨリ不法行為ノ請求権ヲ生ス可キハ見易キ理ニ非スヤ」[23)]と述べ，請求権の競合を認める。

　加藤教授は，請求権競合問題について，ドイツ民法における請求権競合の学説として，第一説として，同一の行為が契約違反であると同時に不法行為である要件を具備する場合であっても，契約違反が存在する以上はすべて契約上の侵害賠償請求権と見るべきであって不法行為上の請求権は発生しないという見解[24)]を挙げる。さらに，第二説として，一つの行為が契約違反であると同時に不法行為の要件を具備する外観的事実がある場合においても，一つの請求権のみが発生するという見解（請求権の競合ではなく原因の競合であると考えるFischerや特別法と一般法の見地から特別法のみ採用されると考えるHellwigに代表される）[25)]を挙げる。それから，第三説として，契約上の請求権と不法行為の請求権との双方が発生するという見解（Oertmannに代表される）[26)]を挙げる。その上で，加藤教授は，「予輩モ亦第三説ヲ至当ト信ス蓋シ法律ハ一定ノ事実ノ存在ニ因リテ一定ノ法律関係ヲ定メ之ヨリ生スル請求権ヲ認ム契約違反ノ請求権ト不法行為ノ請求権トハ全ク其請求ノ原因ヲ異ニス前者ハ既存ノ契約関係ニ加フルニ之ニ違反スル行為ヲ必要トシ後者ハ故意又ハ過失ニ因ル他人ノ権利ノ侵害ヲ必要トス縦令同一ノ行為カ契約違反トモナリ不法行為トモナルト雖モ之ニ伴フ他ノ事実トノ関係ヲ総合シテ考フルトキハ別個ノ債務原因ヲ為シ別個ノ請求権ヲ生スルナリ随テ二個ノ請求権ヲ生スルコトハ明カナリ唯ニ者共ニ同一ノ経済的損害ニ対スル請求権ナルカ故ニ債権者ハ二重ノ賠償ヲ得ヘカラサル結果トシテ何レカ一方ノ請求権ヲ行ヒ弁済其他ノ方法ニ依リ既ニ其損害カ満足セシメラレルルニ至ルトキハ他ノ請求権ハ損害ナキニ至リタル結果自ラ消滅スルニ至ルモノナリ」[27)]と述べ，請求権競合説を肯定する。

　これらの学説は，どちらの要件にも該当するのであれば，競合が認めら

れるとする以上の理由付けはしていない。しかし，その後は，より踏み込んだ考察をする学説が現れている。

鳩山教授は，債務者がその不法行為によって債権を侵害した場合に，債務不履行のみが生じるのか，それとも債務不履行と不法行為の双方が成立するのかについて，「債務者ノ行為ニ因ル債権侵害ハ其単純ナル債務不履行ナル場合換言セハ債権侵害ノ理由ニヨリテ不法行為タル場合ニハ不法行為ノ成立ヲ阻却セサルモノト言ハサルヲ得ス」[28]と述べる。また，「一個ノ社会的現象ガ二個以上ノ法規ニ依リテ請求権成立ノ原因ト認メラルル場合ニ於テ一方ノ法規カ他方ノ法規ニ対シテ一般法規特別法規ノ関係ニ在リ且其特別法規カ当該現象ノ全部ヲ包括スル場合アリ。此ノ如キ場合ニ於テハ唯其ノ特別法規ニ依リテノミ請求権ヲ生ズルモノニシテ請求権ノ競合ヲ生ズルコトナシ」[29]として，2つの法規を比較した場合に，特別法と一般法の関係に立つ場合には，請求権競合は発生しないとする。しかし，「二個ノ法規カ一般法特別法ノ関係ニ立タザル場合及ビ假令ソノ如キ関係ニ立ツモ当該ノ社会現象ガ総テ特別法規ニ依リテ包括セラレザル場合ニ於テハ一方ノ法規ニ依リテ請求権ノ認メラルルガ為ニ他方ノ法規ノ適用ヲ妨グベキ理由ナキガ故ニ二個ノ原因ニ因リテ同一ノ目的ヲ有スル請求権ヲ生シ茲ニ請求権ノ競合ヲ生ズルモノトス」[30]と述べ，請求権競合を肯定する。

末弘教授は，「一行為カ債務不履行タルト同時ニ不法行為タル要件ヲ具備スルトキハ（一）単ニ債務不履行上ノ請求権ヲ発生スルニ止マルベキヤ。（二）同時ニ競合的ニ不法行為上ノ賠償請求権ヲモ発生セシムベキヤ。（三）又ハ債務不履行ニ関スル規定ト不法行為ニ関スル規定トガ同時ニ適用セラルベキ一個ノ請求権ヲ発生サセシムルニ止マルベキヤ学者間ニ争アリ」[31]と述べ，双方の条文が適用され，双方の請求権が発生するのか，他方の条文のみが適用され，債務不履行請求権のみ発生するのか，双方の条文が適用されつつも一つの請求権のみが発生するという見解となるのかに関して争いがあることを前提として「吾人ハ第二説と同ジク債務不履行

ノ要件アラバ之ニ因リテ賠償請求権発生スルカ如ク同時ニ若シ不法行為ノ要件具ハラハ之ニ因リテ賠償請求権ヲ発生セシムベキハ素ヨリ当然ニシテ」[32]と述べ，債務不履行による損害賠償請求権と不法行為による損害賠償請求権の両立を認める。とはいえ，「唯此両請求権ハ其目的ヲ同ウスルガ為一方ノ弁済アルトキハ他方モ亦満足セラレテ存在ノ理由ヲ失フガ故ニ消滅ニ帰スルノ関係ニ立テルモノナリト解スルヲ以テ最モ適当ナリト信ズルモノナリ」[33]として，一方の弁済を受けられれば，他方の請求権は消滅することから，問題は生じないものとする。

　我妻教授は，「債務者が債務の本旨に従う履行を為さざることは債権の侵害に相違ない。然し，一般にこれは債務不履行と呼ばれる。債務不履行も権利の侵害なる点に於いては不法行為と差はない。然し，民法は債権者による債権の侵害は債務不履行として特別に取り扱うのであるから，債務不履行は特殊の不法行為として，法規の適用に当たっては特別の取り扱いを為すべくこの意味において，債務不履行を民法709条以下の不法行為から区別すべきである」[34]として，鳩山説と同様に，特別法の関係にある場合には債務不履行を適用するべきであると説く。そして，「然し，債務者の行為が債権を侵害するということだけでなく，さらに別個のそれ以上の権利侵害をも包含する場合に債務不履行の他に不法行為も存在するものと見るべきか否かはいわゆる請求権競合の主要な場合として困難な問題である。」[35]とし，債権侵害かつ債権侵害以外の権利侵害に該当する場合にのみ発生する問題であると説く。そしてその上で，「判例多数説に従い競合を認めんとする」[36]とし，請求権競合の立場に立つ。しかし，我妻教授は，「法律がその一方につき，責任を軽減または加重する規定を設けているときにはその趣旨を案じて他方の責任をもこれに準じて加重軽減すべきか否かを考察すべし」[37]と説き，不法行為と失火責任法の関係，不法行為と商法の高価品の特則について言及する。

　特に，我妻説は，契約責任は不法行為責任の特別法と理解し，そこから

契約関係あることに特別な配慮をしている契約法だけが適用されるが，契約関係の中で債権侵害以外の侵害がなされた場合には，請求権競合を認めるのであるが，かかる理論の基礎には，両責任には本質的な差異があるわけではないとの理解が読み取れる。

②法条競合説

　法条競合説とは，不法行為責任は市民間の法律関係を規律するものであり，一般的な内容を持っているのに対し，契約責任は，契約関係という特別の関係にある者の間の責任規範である。それゆえ，契約責任は契約の種類に応じた特別の危険配分がなされている。よって，債務不履行責任と不法行為責任が競合する可能性がある場合には，債務不履行責任しか発生しない。つまり，固有の契約法の範囲においては，契約法のみが支配し，契約がなければ妥当したであろうところの不法行為は，その限りにおいて排斥されるとする考えである[38]。

　川島教授は，「不法行為法は契約関係の有無と関係なしに契約から独立に存在するものではない。契約責任に関する規定は契約関係における責任を規律するものであるのに対し，両者は損害賠償という同一の目的に向かって互いにその適用範囲を分かち機能を分担する二個の制度である。」[39]とし，制度目的は同一であると述べる。そして，その上で，「契約関係は一般社会生活関係に対し一の特別な危険関係を構成し，その社会関係の特殊性は契約外の一般関係とは異なる特殊の規律を要求する。契約法はまさにこの特殊の規律としての機能を担当するものであるが，不法行為法の規定はかかる特殊な関係に適用されるのに適しないところの一般的標準的内容を有しており，このように解して初めて不法行為法と契約法の規定の差異の合理性を理解し得るのである。もしそうでなく不法行為法は契約関係の内外を問わず常に適用があるものとするならば明瞭に両者の間に矛盾を生じ，法の体系を破壊し，契約法の特異性，其の担当する特殊の

機能を実際上無意義ならしめるに至ることは明らかである」[40]と述べる。さらに，「両者はその支配する法域を異にし契約関係の事実には契約法の実が適用され，不法行為法の競合的適用を認め得ぬのである」[41]とし，請求権競合論を否定する。

川島説が，債務不履行と不法行為には目的において違いがなく，両者の差異は接触（関係）の度合にあるとしていることは明らかである。そして，その点の説明には，十分な説得力があるだけに，かえってこの接触（関係）上の差異が絶対的なものとまでする必要があるのか，それを無視した請求であっても認めるべき場合や，両者の適用を調整する余地はないのか，などの疑問が浮かぶであろう。

③折衷請求権競合説

田山教授は，請求権競合は，民法の各分野で生じる問題であるとし，財産法秩序との関連に留意して考察すべきであるという。田山教授は，近代法における財産法秩序は，財貨帰属秩序と財貨移転秩序から構成されているとし，物権編の規定の多くは財貨帰属秩序（いかなる利益がだれに帰属するかに関する秩序）に関するものであり，債権編の規定の多くは財貨移転秩序（財貨が契約等により誰に移転すべきかに関する秩序）に関するものであるという[42]。そして，その前提の上で，「不法行為と債務不履行は双方とも債権法（財貨移転秩序）の領域の問題であるから競合を認めてよいが，善意取得者の果実取得権に関する189条（財貨帰属秩序）と不当利得に関する703条（財貨移転秩序）の要件を双方とも充足した場合には，単純に競合を認めるわけにはいかない」[43]とし，債権法秩序の領域にある，不法行為責任と債務不履行責任の競合を認める。そして，「純理論的にみて請求権競合説と不競合説のいずれかが妥当であるかを判断すること自体が極めて困難な課題である。しかし，請求権不競合説に立つ場合には，①非専門家である被害者にも正しい法条の適用を要求するか，訴訟の場面で

は裁判官に常に正しい釈明権の行使を要求することになってしまう。また，②当事者にとって被害の具体的状況は様々であるから，常に特別法的規範の適用が妥当であるかは問題である。したがって，財貨秩序を越えた競合は認めるべきではないが，各財貨秩序の範囲内においては請求権競合を認めるべきである」[44)]と述べている。

石田助教授は，不法行為による損害賠償と債務不履行による損害賠償を比較し，故意・過失の立証責任[45)]，時効期間[46)]，相殺可否[47)]，失火責任法[48)]，寄託[49)]，の点につき両者の間には差異は存在しないと分析し，以下のように述べる。「不法行為による損害賠償請求権と債務不履行による損害賠償請求権の関連は，次のようになるであろう。まず，債務不履行法が不法行為法を排斥することが明らかな場合，債務不履行による損害賠償請求権の実が発生する。次に，債務不履行法が不法行為法を排斥することが明らかとはいえない場合，同一内容の2つの請求権が発生する。もっとも，被害者は，いずれか一方を行使して満足すれば他方を行使することができなくなる。また，被害者が一方を行使して敗訴判決を受ければ，その既に力は他方にも及ぶ」[50)]とし，双方の差異はないとし，法条競合説を前提としつつも，請求権が競合する可能性も否定しない。

大久保教授は，わが国においての請求権競合問題の解決について，次のような基本的提案をなし，請求権競合問題を保護法益により峻別する。そして，「より重要なのは，事態に最も適合した規範を発見（創造）すること―例えば，ある法益につきいかなる内容の義務が当事者間で設定されるかを突き止めること―」と述べ[51)]，重要なのは体系に拘泥し，依拠条文の要件効果に縛られるのではなく「事態に最も適合した規範を発見（創造）すること」であるとする。それ故，この説によれば，請求権競合問題の解決は画一的に処理しようとするのではなく，保護法益に対応して最も適合した規範を発見することによりなすべしという帰結になる。この見解は，次にあげる規範統合説にも連なる内容のものである。

3） 規範統合説

　規範統合説とは，債務不履行責任であっても，不法行為責任であっても，双方とも究極的には「損害賠償」という一つの目的に向かっていることに着目し，一方が他方を排除するのではなく，両者を統合し損害賠償に向かう一つの請求権を形成しようとする理論である。この規範統合説の代表的なものとして，奥田昌道教授が提唱する構造的規範統合説，上村明弘教授が提唱する属性規範統合説，四宮和夫教授が提唱する統一的規範統合説がある。

①構造的規範統合説
　奥田教授は，法条競合説を取り上げ，契約責任と不法行為責任とはその支配領域を異にしており，両責任は重なり合わないとする川島説に対して，「川島説が峻別論をとることによって達成しようとしていた結果（利益衡量）が導き出せるならば，法条競合論およびその帰結としての法域峻別論に固執する必要はないのではあるまいか」[52]と述べ，川島説が不法行為責任を排除し，契約責任を採用しようと試みた根拠たる利益衡量に着目し，その利益衡量が実現できるのであれば，あえて法律適用上導き出せる請求権を人為的に意図的に排除してまで法域峻別論に固執することに疑問を呈する。そして，「損害の発生した具体的事例において—できれば，これを類型化してとらえ—，そこで，どういう法律関係が誰との間で発生しているか，どういう法義務が侵害されているか，を分析することは有益である。筆者はこれを決して過小評価するものではなく，むしろ，次の作業（規範調整作業）の前提として不可欠であると考える。このように分析した上で，次に，これに適用する規範として，一律に既存の契約法規範か不法行為規範かのいずれかのみを択一的に選んで—いわばどちらかに無理にはめ込ん

で一処理するというのではなく，当該具体的事例に適合的な規範をそこに発見（創造）して，それによる処理を図っていくという道をとることが最善であろう。」[53]と述べ，事案に則した解決のために，規範統合を図ることを企図する。

そして，平井教授も，「社会的接触の増大することにより，紛争が多様化・複雑化し，損害発生の危険が高度化・広範化した現代社会にあっては，契約関係固有の危険領域と不法行為固有の危険領域の際は著しく不明確になってきたのではないか。」と説く[54]。そして，「両責任の基礎たる社会的基盤はもはや明確に区別さるべきものではない以上，両責任の関係は，契約責任と不法行為責任の双方が同一の紛争に関して訴訟上問題となった場合の処理方法如何，というすぐれて法技術的な側面にのみ求められるべきではないかと考える。したがって，これと訴訟物理論をどのように構成するかということとの密接な関連が忘れられてはならない。しかし，訴訟物理論をどう解しようとも，両責任の関係を実体法上どう解するのかという問題は言うまでもなく残るわけであるが，この問題も法技術的な側面からのみ考えられるべきである」[55]とし，規範統合の可能性を示唆する。

②新実体法説（属性規範統合説）

上村教授は，「ある生活事象が複数の法規のもとに包摂される場合でも，実体法秩序が特定の一個の給付の実を是認するに過ぎないときには，新に法的に保護すべき利益＝実体的請求権は，実は一個しか成立しないと考えられる。現在の法体系のもとで，請求権の基礎を常に個々の法規と観なければならぬという必然性はないのであり，むしろ実体法秩序がその基礎をなすとみることが可能である」[56]と述べ，実体法秩序が特定の一個の給付しか是認しないのに，基礎になる法規が複数存在するということから，ただちに複数の請求権を認めることは，請求権を処分対象としての面からみても，明らかに不都合であるとする[57]。そして，「複数の法規を基礎に

した単一の請求権が成立する場合，この請求権は複数の法規の構成要件のいわば共同の法律効果である。この場合，構成要件は複数の法規の抽象的構成要件を総括した者になるから，単一の請求権の成立はすべての法規の構成要件的要素が同時に存在することを前提とする。」とし[58]，単一の請求権の成立を志向する。その上で，「この単一の請求権は，実体法的に無色なものではなく，一定の属性（法的性質）を有する。複数の法規間に順位関係がない限り，その請求権の属性は，基礎をなす複数の法規の総体により決定される。もとより，そうした複数の法規の総体による属性の決定は，それぞれの法規の意味や目的にてらして，合目的的になされるべきであるが，同時にその属性決定は合法測定におこなわれる必要がある」と述べ，合目的的な統一的請求権の構築を示唆する[59]。そして，「請求権競合や形成権競合が論じられるケースにおいて，実体法上真に保護すべき法的地位は何かを明らかにすべきである。そして，法的保護の対象として一つの単位をなす法的地位を，一個の包括的かつ統一的な実体権として構成する可能性を吟味すべきである」[60]とする。

　加藤教授は，統一的請求権論を提唱し[61]，統一的請求権を縦型の統一的請求権[62]と横型の統一的請求権[63]に分け，不法行為と債務不履行の損害賠償請求権の競合を，横型の統一的請求権で処理すべきとする[64]。そして，「適用規範の偶然的な選択によって当事者間の規律が変わることを避けるためには，規範調整を常に行いうるよう，規範調整の必要があること自体を示すことがまず必要だと思います。そのためには複数規範の適用が可能な場合に，そのこと自体を示すよう，不法行為・債務不履行による損害賠償請求権，使用者責任に基く・自賠法3条に基く損害賠償請求権，不当利得返還・不法行為による損害賠償請求権等々の形で，規範競合の状況を明示することが考えられます」[65]と述べ，不法行為と債務不履行の統一的請求権の構築にはまず規範競合の状況を明示することの重要性を説く。そして，「横型の統一的請求権における規範調整は，縦型の統一的請

求権の場合とは異なり，法則性があるわけではないので，この規範調整の内容は各個別の場合に即して具体的に検討していくことが必要」とし，その意味で開かれた構成要件の性質をもつという[66]。

③統一的規範統合説

　四宮教授は，契約責任としての損害賠償の本質的目的は，債務者の契約義務違反により生じた債権者の損害を填補することにあり，不法行為によるそれの本質的目的は，社会人としての一般的法義務の違反により生じた損害を填補することにあり，両規範は類似する本質的目的を有すると認める。しかし，機能に着目する時には，不法行為規範はリスク配分を画一的ないしは大まかな類型によって処理するのに対し，契約責任規範は契約類型に応じた異なる取扱いや当事者の独自の決定により，リスクの配分が細かく分化しているなどの違いがあるとする。そこでまず，両規範は本質的目的が類似しているので，統合に適しているが，はるかにきめ細かなリスク配分をし，当事者の意思または推定の法規がリスクの配分を行っている以上は，契約責任規範によるリスク配分を優先させるのが原則であるとする。ただ，この原則には以下の限界があるという。第一には，不法行為規範が「権利保護機能」をもつことから，契約責任規範による権利の剥奪に対しての被害者に最小限の保護を保障する任務がこの規範に認められなければならないこと，第二には，契約責任規範が一定の場面を想定したリスク配分をなしているため，この場面を逸脱する場合に関しては，そのリスク配分の規制が及ばないこと，である。そして，四宮教授はこの認識に基づいて，両責任の競合が主として問題となる，契約上の義務者が債権者の人格権・財産権の安全について配慮すべき義務―「安全義務」―に違反した場合に，契約責任規範によるリスク配分がどこまで及ぶかを検討している。それによると，かかるリスク配分が原則として及ぶのは，当該契約の履行と「内的関連」を有する行為によって安全義務が侵された場合であり，

そのような内的関連のない「逸脱行為による場合」には，一般的法義務の違反に比して違反者に有利に定められることの多い契約規範は及ばないとする（もっとも契約上のリスク配分が義務違反者に不利に定められている時にはそれによるとされる）[67]。

以上の考察から明らかなように，わが国の請求権競合に関する学説は，次第に契約責任と不法行為責任に本質的区別があるわけではなく，接触（関係）の度合いの相違があるだけだとの認識で一致してきており，そして，その度合いへの配慮は，確かに重要であるが，しかし絶対的なものではなく，それを捨象しても実現させるべき請求である場合には，それを拒否することなく請求権競合を認めたり，進んでは，当該の事案に最も適切な規範を見出すために請求権の統合による調整を認める傾向が顕著になってきている。さらに，最近の学説では，本論文が検討対象とする安全配慮義務について，統一的請求権の形成が必要な場合について，以下のような重要な指摘がなされている。

山田教授は，契約上の安全配慮義務と不法行為に基づく損害賠償の請求権競合問題について，裁判官が価値判断により新たな法創造としての統一的請求権を作り出すことが必要な場合がある[68]とし，さもなければ，次のような不合理な結果が生じるとする[69]。

第一の不合理として，「安全配慮義務違反により負傷した本人及びその家族が原告となって，本人は安全配慮義務違反による損害賠償請求，その家族は不法行為による損害賠償請求を提起した場合，本人の損害賠償請求は債務不履行責任であるから遅延利息は催告時からとなり，家族の損害賠償請求は不法行為責任であるから遅延利息は事故時からとなって，不均衡な結果となり，遅延利息に限っていえば直接の被害者である本人の方が家族より遅延利息を取れる期間が少なくなるという不当な結果となる」と述べる[70]。

第二の不合理としては，「使用者Aの労働者Bが労災で亡くなり，Bの

遺族CとDが別個に訴訟を提起し，それぞれAのBに対する安全配慮義務違反と不法行為責任とを選択的併合で訴えた場合に，Cの訴えを担当した甲裁判所では安全配慮義務違反に基づく判断をし，Dの訴えを担当した乙裁判所では不法行為責任に基づく判断を示したときは，遅延利息の不均衡が生じるのみならず，Cは遺族固有の慰謝料請求・弁護士費用の請求が否定され，Dは遺族固有の慰謝料請求・弁護士費用の請求が肯定されるという不均衡な結果が生じる」と述べる[71]。

第三の不合理として，「労災事故に関し，従業員ないしその遺族が会社に対し安全配慮義務違反による損害賠償請求，会社の代表者に対し不法行為による損害賠償請求を提起した場合，会社に対する損害賠償と会社の代表者に対する損害賠償との間で，遅延利息の不均衡が生じるのみならず，遺族固有の慰謝料請求・遺族の弁護士費用の請求の可否をめぐっても不均衡が生じる」と述べる[72]。

第四の不合理として，「使用者の雇用契約上の安全配慮義務違反によりじん肺に罹患した元従業員が債務不履行責任と不法行為責任を根拠に損害賠償請求を提起した場合，不法行為における三年の時効が経過する前の元従業員の場合には不法行為責任を追及できるから遅延損害金は損害発生時から生じることとなるのに対し，不法行為における三年の時効が経過し債務不履行における十年の時効が経過する前の元従業員の場合には債務不履行責任しか追及できないから遅延損害金は催告時から生じることとなって，不均衡が生じるのみならず，従業員の遺族が債務不履行責任と不法行為責任を根拠に損害賠償請求を提起したのであれば，不法行為における三年の時効経過の前の遺族の場合には不法行為責任を追及できるから遺族固有の慰謝料請求・弁護士費用の請求が認められるのに対し，不法行為における三年の時効が経過し債務不履行における十年の時効が経過する前の遺族の場合には債務不履行責任しか追及できないから遺族固有の慰謝料請求・弁護士費用の請求が否定されるという不均衡が生じることになる」と

述べる[73]。

　最後に，第五の不合理として，「安全配慮義務違反による損害賠償請求に於いて，事故時から請求日までの遅延損害金・遺族固有の慰謝料・遺族の弁護士費用という損害の賠償を請求しえないから，同一の安全配慮義務違反によって発生した損害であるにもかかわらず，こうした損害に限ってのみ不法行為責任を用い，他の損害は安全配慮義務違反による債務不履行責任で追及するという素人からみると違和感のある技巧的な構成をとらざるを得ない」と述べる[74]。

　そして，山田教授は，安全配慮義務違反についての下級審の判例を詳細に分析し，これらの判決は「請求権競合を肯定し，かつ，債務不履行と不法行為の要件・効果を異にする判例の立場に無理があることを何よりも示すものであり，むしろ，これらの判決は，実質的には，債務不履行責任・不法行為責任を統合して統一的請求権である損害賠償請求権を認めようとする新実体法説への模索をしていると評価し得るのではなかろうか」と述べる[75]。

　少なくともこの学説には，契約関係ある場合について形成されてきた安全配慮義務の理論（例えば安全配慮義務の理論）を，不法行為の領域にも調整して取り入れたり，その逆の道をとったりすることに対して，抵抗感は全く見られないと評価することができよう。

　かくして，請求権競合に関する学説の検討からは，他人の安全に配慮して事業や活動をなすことへと促す安全配慮義務を，契約責任の領域でも，不法行為責任の領域でも認めることには，わが国における責任法の原理が何らの妨げももたらすものではないことが明らかとなった[76]。そこで，次には，この安全配慮義務を契約関係がある場合とない場合の両方で認めることにより，契約責任と不法行為責任を多様な接触関係に応じて成立させる可能性について，その模範となるドイツで発展した社会生活上の義務 (Verkehrspflicht) から学ぶことにしたい。

注
1) Theodor Kipp, Über Doppelwirkungen im Rechts, Festschrift für von Martiz,1911, S. 211.
2) Theodor Kipp, Über Doppelwirkungen im Rechts, Festschrift für von Martiz,1911, S. 220.
3) Theodor Kipp, Über Doppelwirkungen im Rechts, Festschrift für von Martiz,1911, S. 211.
4) このようなキップの考えを支持するものとして，Karl Peter, Die Möglichkeit mehrerer Gründe derselben Rechtsfolge und mehrerer gleicher Rechtsfolgen, Archiv für die zivilistische Praxis Band 132, S. 1ff, 1930; Hubernagel, Doppelwilkungen und Konkurrenzen, Archiv für die zivilistische Praxis, Band 137, S. 205ff; derselben, Doppelwilkung im Zivilrecht, Archiv für die zivilistische Praxis, Band 138, S. 224ff 等がある。
5) 筆者は，於保博士のいうところの「法律学が物化せられる傾向」を，法律学の対象が自然科学と同様の定式で認識される傾向として解釈している。
6) 於保不二雄「二重効について」財産管理権論序説 398 頁（1939 年）。
7) 末弘厳太郎『民法講話』11 頁（岩波書店・1958 年）。
8) 末弘厳太郎『民法講話』29 頁（岩波書店・1958 年）。
9) 舟橋諄一「取消と無効との二重効」民法の争点 55 頁（1985 年）。
10) 奥田昌道「二重効の意義」民法学 I 176 頁（1976 年）。
11) 奥田昌道「請求権競合問題について」法学教室 159 号 11 頁（1993 年）。
12) 四宮和夫『請求権競合論』1 頁（一粒社・1978 年）。
13) 奥田昌道「請求権競合問題について」法学教室 159 号 11 頁（1993 年）。
14) 田山輝明教授は，田山輝明『不法行為法』21 頁（青林書院・1999 年）において，「請求権非競合説にたつ場合には非専門家である被害者にも正しい法条の適用を要求することになり，裁判官は常に正しい釈明権の行使をすることになってしまう。当事者にとって被害の具体的状況はさまざまであるから，常に特別法的規範の適用が妥当であるかは問題である。したがって財産法秩序を財貨帰属秩序と財貨移転秩序に分けた場合に，各財貨秩序の範囲ないにおいては請求権の競合を認めるべきである。」とし，このような請求権の競合の場合を財産法秩序から考える。
15) 四宮和夫『請求権競合論』1 頁（一粒社・1978 年）。
16) 松本烝治博士の「失火ノ責任ニ付テ承前」法学新報 21 巻 11 号 15 頁（1911 年）における法規範競合に関するドイツの学説の分析によると，一行為が契約違反と不法行為とのいずれの要件をも具備する場合において行為者はいかなる義務を負うかの問題に関する学説は，大きく2つに分けることができるようである。松本烝治博士は，第一に，一行為は両法規にかかるものであるが，一個の請求権を発生するとするという法規競合説（Theorie der Gesetzeskonkurrenz），そして第二に，一行為は両法規

にかかるので，2個の請求権を発生するものとするという請求権競合説（Theorie der Anspruchskonkurrenz）にわける。そしてそれらは，さらに細分化される。つまり，法規競合説は，①競合している法規をあわせて適用し債権者に利益ある請求権を採用するべきものとする（Fischer）という見解，②競合している二法規が一般法特別法の関係に立つ場合には一般法の適用は除外されるとする（Hellwig,Endemann,Cosack,Dernburg）という見解に分かれる。請求権競合説は，③競合している請求権は全く独立しているのであり他方の請求権の成立と要件は他の請求権に影響を及ぼさないため，一方の請求権の達成は他方の請求権の消滅となるとする（Örtmann,Crome）という見解，④競合している請求権は互いに牽制しことに契約法上の責任の軽減は不法行為上の責任の軽減を生ずる（List,Engelmann）という見解に分かれる。当時の学説の主流は③であり，中島玉吉博士，加藤正治博士は③の見解を採用する。しかし，松本烝治博士は競合する場合と競合しない場合を過失の大きさで分ける見解（折衷請求権競合説）を採用する。これから挙げていくところの諸学説は奥田昌道教授の主張する構造的規範統合説・四宮和夫教授の主張する統一的規範統合説を除きほぼこの分類に属されうるといえる。すなわち，純粋請求権競合説は③，純粋法条競合説は②，修正請求権競合説は④，属性規範統合説は①である。

17) 岡村玄治「請求権の競合否認論」法学志林20巻9号141頁（1918年）。
18) 岡村玄治「請求権の競合否認論」法学志林20巻9号141頁（1918年）。
19) 平野裕之「契約責任の本質と限界契約責任の拡大に関する批判的考察」法律論叢58巻4・5号608頁（1986年），平野裕之「完全性利益の侵害と契約責任論―請求権競合論および不完全履行論をめぐって」法律論叢60巻1号43頁（1987年），平野裕之「利益保証の二つの体系と契約責任論―契約責任の純正および責任競合否定論」法律論叢60巻2・3号533頁（1987年）。
20) 平野裕之「利益保障の二つの体系と契約責任論―契約責任の純正および責任競合否定論」法律論叢60巻2・3号545頁（1987年）。
21) 三橋久美「損害賠償責任の競合」法学協会雑誌26巻12号75頁（1908年）。
22) 三橋久美「損害賠償責任の競合」法学協会雑誌26巻12号75頁（1908年）。
23) 中島玉吉「請求権の競合」京都法学会雑誌4巻2号41頁（1915年）。
24) 加藤正治「契約上ノ請求権ト不法行為ノ請求権トノ競合」法学志林13巻8・9号458頁（1911年）。
25) 加藤正治「契約上ノ請求権ト不法行為ノ請求権トノ競合」法学志林13巻8・9号459頁（1911年）。
26) 加藤正治「契約上ノ請求権ト不法行為ノ請求権トノ競合」法学志林13巻8・9号460頁（1911年）。
27) 加藤正治「契約上ノ請求権ト不法行為ノ請求権トノ競合」法学志林13巻8・9号461頁（1911年）。
28) 鳩山秀夫「債務不履行と不法行為との競合」法学志林18巻12号35頁（1916年）。

29) 鳩山秀夫『日本債権法各論下巻』950頁（岩波書店・1924年）。
30) 鳩山秀夫『日本債権法各論下巻』951頁（岩波書店・1924年）。
31) 末弘巌太郎『債権各論』1115頁（有斐閣・1918年）。
32) 末弘巌太郎『債権各論』1116頁（有斐閣・1918年）。
33) 末弘巌太郎『債権各論』1116頁（有斐閣・1918年）。
34) 我妻栄『事務管理・不当利得・不法行為』131頁（日本評論社・1941年）。
35) 我妻栄『事務管理・不当利得・不法行為』132頁（日本評論社・1941年）。
36) 我妻栄『事務管理・不当利得・不法行為』132頁（日本評論社・1941年）。
37) 我妻栄『事務管理・不当利得・不法行為』133頁（日本評論社・1941年）。
38) 川島武宜「契約不履行と不法行為の関係について－請求権競合論に関する一考察－」民法解釈学の諸問題129頁（1934年）。
39) 川島武宜「契約不履行と不法行為の関係について－請求権競合論に関する一考察－」民法解釈学の諸問題129頁（1934年）。
40) 川島武宜「契約不履行と不法行為の関係について－請求権競合論に関する一考察－」民法解釈学の諸問題130頁（1934年）。
41) 川島武宜「契約不履行と不法行為の関係について－請求権競合論に関する一考察－」民法解釈学の諸問題130頁（1934年）。
42) 田山輝明『不法行為法』21頁（青林書院・1996年）。
43) 田山輝明『不法行為法』21頁（青林書院・1996年）。
44) 田山輝明『不法行為法』21頁（青林書院・1996年）。
45) 石田穣「不法行為法の基礎理論」民法講義6　149頁（1977年）。
46) 石田穣「不法行為法の基礎理論」民法講義6　149頁（1977年）。
47) 石田穣「不法行為法の基礎理論」民法講義6　149頁（1977年）。
48) 石田穣「不法行為法の基礎理論」民法講義6　150頁（1977年）。
49) 石田穣「不法行為法の基礎理論」民法講義6　150頁（1977年）。
50) 石田穣「不法行為法の基礎理論」民法講義6　150頁（1977年）。
51) 大久保邦彦「請求権競合」新現代損害賠償法講座218頁（1997年）。
52) 奥田昌道「契約法と不法行為法の接点」於保先生還暦記念・民法学の基礎的課題中212頁（1976年）。
53) 奥田昌道「契約法と不法行為法の接点」於保先生還暦記念・民法学の基礎的課題中264頁（1976年）。
54) 平井宜雄『損害賠償法の理論』505頁（東京大学出版会・1971年）。
55) 平井宜雄『損害賠償法の理論』505頁（東京大学出版会・1971年）。
56) 上村明広「請求権と訴訟物」民事訴訟雑誌17号211頁。
57) 上村明広「請求権と訴訟物」民事訴訟雑誌17号224頁。
58) 上村明広「請求権と訴訟物」民事訴訟雑誌17号212頁。
59) 上村明広「請求権と訴訟物」民事訴訟雑誌17号212頁。

60) 上村明広「訴訟物理論の回顧と展望」岡山大学法経学会雑誌 21 巻 2 号。
61) 加藤雅信「請求権競合と「統一的請求権」論」判例タイムズ 514 号 213 頁。
62) 加藤雅信「請求権競合と「統一的請求権」論」判例タイムズ 514 号 224 頁。
63) 加藤雅信「請求権競合と「統一的請求権」論」判例タイムズ 514 号 224 頁。
64) 加藤雅信「請求権競合と「統一的請求権」論」判例タイムズ 514 号 225 頁。
65) 加藤雅信「請求権競合と「統一的請求権」論」判例タイムズ 514 号 225 頁。
66) 加藤雅信「請求権競合と「統一的請求権」論」判例タイムズ 514 号 225 頁。
67) 四宮和夫『請求権競合論』93 頁（一粒社 1978 年）。
68) 山田創一「安全配慮義務における請求権競合問題について」法学新報 105 巻 2・3 号 352 頁（1998 年）。
69) 山田創一「安全配慮義務における請求権競合問題について」法学新報 105 巻 2・3 号 350 頁（1998 年）。
70) 山田創一「安全配慮義務における請求権競合問題について」法学新報 105 巻 2・3 号 350 頁（1998 年）。
71) 山田創一「安全配慮義務における請求権競合問題について」法学新報 105 巻 2・3 号 351 頁（1998 年）。
72) 山田創一「安全配慮義務における請求権競合問題について」法学新報 105 巻 2・3 号 351 頁（1998 年）。
73) 山田創一「安全配慮義務における請求権競合問題について」法学新報 105 巻 2・3 号 351 頁（1998 年）。
74) 山田創一「安全配慮義務における請求権競合問題について」法学新報 105 巻 2・3 号 352 頁（1998 年）。
75) 山田創一「安全配慮義務における請求権競合問題について」法学新報 105 巻 2・3 号 353 頁（1998 年）。
76) 現在取組が進められている日本債権法現代化について，改正案【3.1.3.49】（人格的利益等の侵害による損害賠償の債権時効期間）の提案要旨においては，「本提案は，不法行為による生命侵害等の場合に限らず，債務不履行による生命侵害ノ場合のも妥当する」(民法（債権法）改正検討委員会「債権法改正の基本方針」別冊 NBL126 号 203 頁）とある。【3.1.3.49】では，保護法益が人格的利益の場合であれば，債務不履行による損害賠償請求権か，不法行為による損害賠償請求権か，その発生原因を問わず一律の時効期間を設定することを試みている。その意味において，本改正提案は，本稿が主張する完全性利益への配慮義務である安全配慮義務の侵害は，社会的接触の緊密さのある契約責任または社会的接触の緊密さがない不法行為責任としてその社会的接触の観点から処理するのではなく，当該義務を至上命題として契約責任・不法行為責任を超えた上位概念としてとらえるべきであるという主張と思想を同一にしているといえよう。

第 3 章
ドイツにおける Verkehrspflicht に関する学説と判例

序　論

　ドイツで社会生活上の義務（Verkehrspflicht）の理論が成立してきた直接の背景には，やはり「不作為不法行為」の問題がある。そして，間接的背景としては，危険責任の理論が過失責任主義の内へと進出してきた事情があって，前述したわが国の状況とも類似する。すなわち，不法行為責任の根拠を道徳的非難可能性に求めると，およそ人の行為の内で，「不作為」は他人に対しても「無為（何もなさない）」を意味するから，「作為」よりも道徳的（主観的）非難可能性が低いことは否めない。すると，「不作為による不法行為」の成立は限られるとされ，例外的に法的な作為義務があるのにそれを実現しない「不作為」の場合にだけ成立するとの理論が自然に生じるであろうし，それはまた過失ではなく法的作為義務違反＝違法性が例外的に中心の根拠となって不法行為責任が成立する場合であるとの理解にも無理なく連なるであろう。

　これに対し，次第にドイツでも実現されてきた事業の発展に伴って，自己の事業や活動（物の運用を含む）が蔵している危険によって，他人の生命・身体・財産の完全性を侵害したと認められる場合には，責任を負うとする理論がとられていくと，責任の成立について，「不作為」が「作為」と区別されて例外的に扱われる理由はなんらないし，さらには，現実の不法行為において区別できない場合が多いとの認識が普及するであろう。そして，従来とは異なり，「不作為不法行為」を「作為不法行為」と同じように広範に認めるためには，その前提となる作為義務を法律規定（ドイツでは保護法規と一般に言われている）がそれを定める時とする理論では対応できなくなって，それら法律も，それの現実的・立法的適用とみられるところの一般的な作為義務の理論が必要となるであろう。少なくとも，最

初にドイツで社会生活上の義務が生成してきた理由はそこにある（今日では「作為」による社会生活上の義務違反もありうるとされていること後述）。

　他方，ドイツにおいて，原始的に不作為に不法行為性を認める素地がなかったのかといえばそうではない。

　ドイツ民法第一草案では，704条において「何人も，故意又は過失によりなされた違法行為—作為又は不作為—によって，他人に対して，彼が損害の発生を予見した又は予見しなければならなかった損害を与えた場合には，損害の範囲を予見できたかどうかに関わらず，彼はその他人に対して，その行為によって生じた損害を賠償する義務を負う。何人も，故意又は過失により，違法行為によって他人の権利を侵害した場合には，損害の発生を予見できなかった場合にも，権利侵害によりその他人に生じた損害を，これに賠償する義務を負う。生命，身体，健康，自由及び名誉の侵害は，前述の規定における権利の侵害とみなされる。」と定められており，作為だけではなく不作為による違法行為の損害賠償に関して規律がなされていた[1]。この第一草案の条文内容をみると，第一草案が保護される地位の列挙をせずに，一般条項の様相を持っていたことがわかる[2]。

　しかし，第一草案704条は第二草案746条として新たに定められ，そこにおいて，「故意又は過失により他人の権利を違法に侵害し，あるいは他人の保護を目的とする法律に違反した者は，その他人に対しそれによって生じた損害を賠償する義務を負う。法律の内容によればその違反が故意過失（Verschulden）なくしても考え得るものである場合には，賠償義務は故意過失（Verschulden）ある場合にのみ生じる。損害賠償義務は，損害を与える行為が緊急事態において生じたことによって免れるものではない。」と規定された[3]。つまり，ドイツ民法第一草案の段階では，不作為による不法行為責任が認められていたが，ドイツ民法第二草案の段階で不作為という言葉が削除されたことにより，不作為による不法行為責任が明文で認められないこととなった。そして，裁判の判断の根拠とするべく法

律上の要件を列挙する形式を採用した[4]）。

　その後，修正第二草案 808 条において，「故意又は過失により他人の生命，身体，健康，自由，所有権あるいはその他の権利を違法に侵害した者は，その他人に対しそこから生じた損害を賠償する義務を負う。同様の義務は，他人の保護を目的とする法律に違反した者にも生じる。法律の内容によればその違反が故意過失（Verschulden）なくしても考え得るものである場合には，賠償義務は故意過失（Verschulden）ある場合にのみ生じる。」と策定され，権利侵害の内容が列挙される形式に修正されるも，やはり不作為という言葉が削除されたままとなった。その後，修正第二草案 808 条はそのままの形で第三草案 807 条となり，第三草案 807 条は帝国議会での可決を経て，1900 年に現行 BGB823 条として成立した。これにより，現在のドイツ民法の体系においては，ある者の不作為により，他人に損害が発生した場合に，ドイツ民法のどの条文で対応するべきなのかが明らかではないこととなった。ここで，不作為による他人の損害の発生の際に対応を図るべく発生した判例法理が Verkehrspflicht である。

　この Verkehrspflicht に関する問題の第一人者であるフォン・バール博士（von Bar）は，Verkehrspflicht の生成と展開に関して詳細な考察をしている。そこで，まず，この学者の説明によりながら，社会生活上の義務の生成が辿った経過を簡単に学び，続いてドイツ判例理論と現代の学説における議論の検討に進みたい。

3.1　社会生活上の義務の発展に関するフォン・バールの説明

　この義務の生成に関する説明の最初に，高等裁判所とライヒ裁判所の判断が分かれた二つの判決があげられる[5]）。最初の事件（RG 1902 年 10 月 30 日判決 RGH52,373）は，公道に立っていた被告に属する朽ちた樹木

が自然に倒れて原告の建物に損害を生じさせた事案であるが，高等裁判所は，第一草案の735条の理由書に全く一致する解決を採用して，BGBに基づいてはある倒壊する樹木の所有者にも占有者にも責任が導かれえないと判断した。しかし，ライヒ裁判所は，BGB施行後の法状況はローマ法の法原則とは異なるとして，高等裁判所判決を破棄しつつ次のように判示した――「なるほどBGB823条2項の意味における保護法規は欠けているが，それでも823条1項は適用される。違法な不作為に関する責任は，この規定の1項に従っても生ずる。その限りで，BGB施行後の法状況はローマ法とは異なっている。そのことは，BGB836条での規定が明瞭にするが，そこからは次の帰結となる。そもそも誰も，彼の物が他の人々や他人の物に蔵している有害な作用を減じるために，ある積極的行為を義務付けられないとする見解には，いまやこれ以上長く固執できないということである。BGB836条は，なるほどそこに立証転換が定められている限りでは特異な規定であるが，しかし，その外では，それを超える特異性を前提するいかなる説得的な理由もない。理由書は基準とはならない。BGB後の法状態は，諸利益の公平な考量においてローマ法のそれに劣っているということが，最も新しい法形成の意義であるなどありうるはずがない。なお責任義務の範囲に関しては，答責者に人の社会生活の中でお互いの配慮につき要求されうるものの尺度にしたがって，根拠ある非難がなされうるかどうかが大切である」。

　第二の判決（RG 1903年2月23日判決RGH54,52）は，被告W市が所有する，公的交通の用をなす石造階段でころんだ原告が，この階段は破損していて照明もないだけでなく，市は極度に滑りやすくなっていたのに，徐雪も塩撒きもしていなかったとして，市の責任を主張した事案である。高等裁判所の見解によると，原告が自ら事故を設置の荒廃した状態ではなく，滑りやすさに帰しているのであるから，既に階段の構造的状態が問題ではありえず，そして雪かきと塩撒きの不作為はBGBに従っての責任を

根拠付けないとされた。その理由の一つとして，所有権についてのライヒ法上の諸規定からも，階段の利用者にとっての危険に対し安全措置をなさなかったことでの答責性は導かれえないし，BGB823条2項に基づいても，市は同様に義務を負わないとされた。これに対し，ライヒ裁判所は，市がその不作為によって私法上の行為義務に違反したことを肯定しつつ，控訴審判決を破棄・差戻しとした。ライヒ裁判所はまず，所有権の諸規定から公共使用されているある公的な物の交通安全な状態についての直接の答責性は導かれないとする控訴審の見解を確かに適切としている。しかし，BGB903条以下に従って所有権者に賦与された排他性権能が，権利者の義務性における対応物をBGB823条に見出すとし，そこから所有権はBGB823条によって責任問題に関して次のような意義をもつという。それは，この権利がある物についてある処分権を賦与するのであるが，この処分権によって権利者は他人の権利範囲と接触し，そしてそれの行使が彼に他人の利益への考慮に対する義務を課しうるということである。また，同様の配慮の行使に対する義務は，所有権以外の権利に基づく処分権者に対しても存在しうるとし，問題はその当事者が彼の事実的・法的関係を力になすこの物の処分等に際して——法的社会生活におけるそれの運用や使用に際して——，第三者に対する何らかの配慮を払ったかどうかであるとする。結論として，いずれにせよ，彼の土地を公的交通に供する者は，交通安全について配慮する義務をまた負うとした。

　フォン・バールは，ここに導入的に繰り返し与えられた上告審判決が，今日では大体において承認されている慣習法的な規律を表明しているとの前提に立ちながら，次のような問題を提起していう。「容易に思いつく問いは，どうして二つの高等裁判所が，現在の法的見解によると非常に簡単に解決されうる事例を別異に判断したのかということであるが，しかしながら，この問いは我々をして，挙示されたライヒ裁判所の判決がBGB立法者の考えたところと一致せしめられるのか否かという問題の真只中にま

で導く」[6]。

　この学者によると，BGBが作成された頃は，過失責任あるいは原因責任（Kausalhaftunng）について，そして不作為の責任根拠化効力についての分析が活発に行われた時期だったという。そして，この両方の領域で，人的自由と一般公衆の安全の間に生ずる絶え間ない衝突の解決について，ドイツ法的見解とローマ法的見解の間での対立が明瞭に現れたのであるが，特に不作為責任に関するこの緊張関係こそ，交通安全義務の基本問題およびBGBの責任法におけるそれの地位について我々に一つの鍵を手渡すものであるとして，この対立に関する歴史的叙述に取り掛かる[7]。

　もちろん，歴史的考察を直接の目的とせず，現代における安全配慮義務（そしてドイツの社会生活上の義務）の有用性の検討を主目的とする本論文では，概略だけの紹介となることをお断りしておきたい。この学者は，「不作為に対する責任のローマ法的淵源からの離脱」と題されたセクションで以下のように説明している。パンデクテン法学により問題とされたのは，不作為についてアクィーリア法は適用があるのかどうか，そしていかなる状況のもとで適用があるのかということであるが，普通法の学説や法源では，積極的行為と不作為の区別を放棄して，専らそのことによって不作為自体が有責性があるのかどうかを問おうとする見解は拒否され，不作為者が法律によってあるいは契約によって行為に義務付けられている時に，ある責任が考慮されると考えられており，また不作為による危険招来（Ingrenz）についての責任を認めるか否かについては，一致していいなかったとされる[8]。ヴィントシャイト（Windscheid）は，不作為が損害賠償の義務を負わせるのは，ある先行するあるいは相伴う行為により作為が命じられている場合であり，そしてその場合のみであると叙述し，この叙述が多くの教科書でほぼステレオタイプに繰り返され，通説と表示されてよいものであったという。

　不作為に対する責任が予定されていた諸規定が，一貫して含められたの

は（行為命令における規定の差異を伴って），自然法法典化の中にであった。そして，この過ぎ去った18世紀のこれらの諸法典は，多方面から感じられた必要性に従って，過失責任の普通法上の原則を超えようとする努力がなされる際に，基礎として用いられたものであるとされる。例えば，バーデンラント法1383条では，「各人は彼が作為によって与えた損害の他に，彼の不注意あるいは無分別により他人に生じさせたそれをも賠償する責めを負う」と規定されており，バイエルンのマクシミリアン民法典では，「法律と命令に反して，自由な意思に基づき作為又は不作為すること，それは不法行動（Verbrechen）を意味する」と規定されていた。しかし，その後のプロイセン一般ラント法は，「その他人に負うある義務を，故意または重過失により怠り，それによってまさにその損害を惹起した侮辱も，償いに付される」と定めて，なお本質的に法律上の命令の存在に照準を合わせていた。ザクセン民法典も，普通法理論を表現して，「損害賠償への義務付けは，作為行為（Begehungshandlung）を前提とする。この義務付けは，ある者が，ある始められた許されている行為を，たとえ遂行へと拘束されていなくても遂行しないことにより，あるいは，ある許されている作為行為の加害的結果の回避のために，彼に義務付けられている予防措置を講じないことにより，損害を発生させた場合にも生ずる」と定めていた。また，債務法のいわゆるドレスデン草案もこれと一致する内容で，「誰も行為の不作為から生じている損害に対して答責性がない。ただし，彼がこの行為の実行に法的に拘束されていた場合にはこの限りでない」と定めていたとされる[9]。

　他方また，19世紀の末期における民事裁判所の判例は，本質的に普通法理論に固執するものであり，この裁判所にとって行為義務は，そのようなものが法律から，契約あるいは先行する危険な行為から導きうる場合にだけ生じたという。むしろ，交通安全義務に対する特別な役割を果たしたのは，ライヒ刑法典376条の軽犯罪規定であり，とりわけ，その12号が

近代法における交通安全義務の思想の最も早い仕上げを含む中心規定であるとされる。そこには，公衆交通と危険という二つの構成要素が含まれ，交通安全義務における交通の概念は歴史的には，BGB276条では全くなく，ずっとより狭いStGB376条12号の概念規定から発したものである。しかしながら，Verkehrの概念が両方の規定に現れ，一方の規定においては（BGB276条　法的社会生活），他方においてより（StGB376条12号　ある土地上の公衆交通）ずっと先へと進んでいる状況において，より後の社会生活上の義務の凱旋行進のための本質的に言語上の根拠が存していたであろうという[10]。

ライヒ裁判所は，この狭い定義をもつStGB376条12号―アクィーリア責任の意味での保護法規―との関わり合いにおいて，そこに含まれる思想を，後にStGB836条との関わり合いにおいて行われたほどには拡大することに抑制的な姿勢を示し，そして拒否していたとされる。その理由として，ライヒ裁判所には，StGB376条12号について，言語使用を超えて解釈する権能がないこともいわれていた。

しかし，前掲二判決によって，ライヒ裁判所は以下のような本質的に新しい思想を受け入れた―危険抑止義務はそれが契約によっても，法律によっても，ある先行する危殆化行為によっても根拠づけられ得ない場合にも生ずる。ライヒ裁判所はこれによって，不作為についての普通法理論からの方向転換を果たし，そしてこの新しい基礎の上に自らに余りにも狭いことが明らかとなった根源的に刑法的な基盤からもまもなく離れ，前記したように836条への類推によって交通安全義務を発展させた。そして，その発展につれて，今日ではほとんどあらゆる生活領域で，市民法上の損害賠償請求権を生じさせる社会生活上の義務に一般化されるに至っているとされる[11]。そこで次には，こうして発展してきた判例から学ぶために，その後に出された主要な判決を列挙したい。

3.2 社会生活上の義務に関する主要な判例

　最初に取り上げる事件では，ドイツ帝国の一部局としての運河局は，船長により署名された航行申請書に，運河内や，停泊地や，運河の係船場で受けた損害について無責とする記載が当該部局に対する業務命令にしたがってなされていた場合に，交通安全義務を免れるかということが争われた。

1) RG　1908年4月24日（RGZ75, 358）

（事案）
　1901年に，ブリュンスビュッテルコークの内陸港にあった原告所有の艀が運河の排水中に損害を受けたが，係柱が不十分な強度であったため，蒸気船がそこから離れ去って艀に衝突して生じたものであった。原告は，この原因は帝国運河局によって責任が負われるべきであるとして，被告（ドイツ帝国）に損害賠償を求めた。被告は責任を否定し，その理由としてカイザーウィルヘルム運河のために帝国運河局に発せられた業務命令の1条2項，および艀の舵主により署名された運河の航行申請書を援用した。その2条1項は，ドイツ帝国は，船舶が運河内や，停泊地や，運河の係船場で受けた損害についていかなる仕方でも賠償給付の義務を負わないとの内容であった。そして，申請書にはこの条文の1条が申請書に適合させて印刷された文言が含まれていた。控訴審判決は，被告の責任を認めたため，被告が上告。

(上告審裁判所の概要)

　上告審も被告の責任を肯定したが，艀の舵主が署名した申請書により責任が排除されないかについて，次のように判示した：そこで，営業命令1条2項は民事裁判官によって審理可能なのか否か，および民法上は有効なのか否かという法的問題は，以下の事実によって判断される。それは，運河が1886年3月16日の法律によって，公的交通道として開設された，という事実である。この法律とその立法資料においては，ある公道の開設に法によって結びついている法律効果が何かある点で排除されるべきだという示唆，特に運河船舶航行の損害について排除されるとの示唆は，最少限もみられない。反対にこの法律は，運河を利用する船舶が相応の使用料だけ負担すべきであること，この公道の利用から生ずる権利の更なるどんな制限も排除されるということ，を明らかにしている。この法律の今述べた目的は，北海とバルト海の間の船舶交通の容易化と促進に，スカーゲン岬を巡る従来の危険な交通を運河に転ずることに，公的で一般的な経済的目標にかかわっているが，これらは，運河の採算性を遙かに超えており，これを背後に押し去るものである。ある公的水路としての運河の開設から民法によって生ずる法律効果のなにかあるものの除外については，1886年3月16日の法律の立法に際していかなる側面からも考えられていなかった。何かある点での民法の効力排除は，それゆえ意図されていない。いかなる除外もなされていない限り，ある法律はその内容により要件付けられている法律効果のすべてを発生させる。実定的な法律の内容以上に，法律の編纂と目的が，運河船舶航行に必要で有利な法律効果には触れられず減少されないままであるべきだということ，運河の利用によって増大する私的利益に対する見返りだけが運河使用料となるべきだということを帰結する。ある公道としての運河の開設に結びつく法律効果は，民法上での原則，すなわち，公的交通のためにある道路を供し，設置する者は，道路とそれの利用に供されるすべての設備の規則に適合した機能安全な建造と

維持とに答責性があり，そしてこの私的義務の違反を理由にBGB823条で責任を負うとの原則の効力化である。帝国に公道としての運河の建造と管理を課したのは，私法のある条文ではなく公法のそれであったということ，そして運河の管理が義務としてかかる帝国の代表者が，公法上の規範によってこのために任命されているということは，重要ではない。欠陥ある設置によって害された第三者と，特に船長と，帝国は専ら私法の領域で向き合っている。上告理由は，艀の舵主により署名された申請書式を，運河航行のための運河局と船長の間の法律関係に関してはこの営業命令の規定が基準となるべきだとの少なくとも取り決めとみなしている。仮にこれが実際のところ一般的に取り決めを表しているとしても，そのような取り決めは無効であるだろう。なぜなら，それは，運河局が申請書式の契約形式を法律を無視するために選んだのだろうという意味においてではないとしても，法律に反するだろうからである。確かに，このあらゆる船長が従うことを強制される契約形式は，この法律の展開された規定を無効とさせ，経済的成果がもたらされる帰結とするが，それは，この法律が正に避けようと意図したものである。

　この判決は，帝国がなす公道の開設としての運河事業についても，それが利用者にもたらす生命・身体・財産への危殆化について，帝国は被害者と私法の領域で向き合いそして交通安全義務を負っていることを明らかにするとともに，この義務を除外しようとする業務命令に裏打ちされた申請書の記載も無効として，運河事業の収益性よりも利用者の安全を優先させており，やはり交通安全義務や社会生活上の義務の理論が進むべき基本的方向を確定したものと評価できる。この判決は，被告の責任の根拠自体は不法行為に求めており，原告と被告の間に運河利用の申請と受付があったことによる，より緊密な社会関係までには前掲2判決と同様にまだ言及していない。しかし，やがてその点に基礎をおいた交通安全義務が，判例の前面に続々と登場してくる。次の事件は，そのようなライヒ裁判所判決と

して，重要なものである。

2）RG　1911年12月7日（RGZ78,239）

（事案）
　　原告は，被告の百貨店ですでにいくつかの買い物をした後に，リノリウム絨毯を買うためにリノリウム倉庫に赴いた。彼女は，このことを，そこで働いていた行為補助者のWに告げ，そして，Wによって前に置かれた見本から，彼女がほしいと望むものを探していた。Wは，原告によって示されたロールを取り出そうとした時に，二つの他の何かのロールを脇に置いた。それらのロールが倒れて，原告と近くに来ていた彼女の子供に当たり，両者を床に押し倒した。絨毯の売買は，原告が言うように，転倒で極度の興奮状態となったために，なされなかった。原告は，被告に損害賠償を請求した。控訴審が，原告の請求を認容したので，被告が上告。

（上告審判決の概要）
　　ライヒ裁判所は，まずWに過失があることを認めた原審判決を正当とした後，Wの過失について，被告にも責任があるとした判断も正当として，以下のように判示した：被告は，Wの過失について，BGB278条に基づいて責任があるとの見解は，上告理由の非難に反して法的には異議を述べられうるものではなく，当部の判例にも一致している。Wは，被告とは代理に入り，原告とは売買の交渉に入っていた。原告は，彼女が吟味し買おうと意図するリノリウム絨毯の提示を要求した。Wは，ある売買を成立させるために，この要求に従った。絨毯の提示の委託とその委託の受入れは，売買の成立を，それゆえに，ある法律行為的効果の成立を目的としていた。これは，例えば純粋な行為が表すであろうような事実上の成り行きではなく，それは，その売買を準備する当事者間の法律関係を生じさせ，この関

係は，ある契約類似の性格を担い，そしてその限りで法律行為的拘束性を生じさせ，売主にも購買意欲のある者にも義務が生じるが，その義務は，商品の提示と品定めに際して，他方当事者の健康と財産に対し命じられる配慮を守ることである。類似した原則から，既に当部の諸判決が出発しており，そしてライヒ裁判所の判例において多くの判決で，契約関係あるいは債務関係から相手方の生命や財産に対しての配慮義務が生ずるということが承認されている。被告は，今示された購買意欲のある者に対しての拘束性の履行のために，Ｗを使用しており，それゆえに彼の過失について答責性がある。BGB278条の法思想は，ここでは完全に当てはまる。その思想とは，自ら必要な配慮をもってもたらす給付の債務を負う者は，彼がこのためにある補助者を使用するその時には，補助者の配慮ある給付を保証しなければならず，そして同様に，その給付がなされるべき他方の者は，より不利に置かれることは許されない。なぜなら，彼の相手方の方でそれを自らなさないで，ある補助者に委託したからである。もし，業務従業員が品定めのため，試飲するために等々で，商品の提示をするに際して，購買意欲のある者を不注意で害する事例において，営業主―購買意欲のある者と売買を締結しようと意図していた―は，BGB831条によってだけで，無条件に責任を負うのではないとしたら，それゆえに，被害者が免責の立証の成功の場合に，普通は無資力な従業員のところに行くように指示されるとしたら，それは一般的な法感情に反するであろう。

　契約はまだ成立していないが，その準備としての交渉をしている社会生活関係において，補助者を用いて事業をなしている者は，その交渉の相手方の生命と財産への特別な配慮義務違反について，選任・監督上の免責証明を許すBGB831条（使用者責任）によってだけではなく，補助者の過失について無条件に事業者が責任を負うこととなるBGB278条によって責任を負うとしたものである。社会生活上の関係からみると，百貨店事業

者が生命・身体・財産の完全性を守る配慮については，事業の内容をなす契約が成立している顧客か，まだ交渉中の顧客かで，区別して扱うことを否定した判決であり，この配慮義務については，社会生活関係の具体的内容に応じて，同一の配慮の対象となる人的範囲を決定しようとする姿勢が読み取れる。

　次の判決は，逆に交通安全義務（社会生活上の配慮義務）を負う主体についても問題となり，それと関連して，同時にまた被害者の父親によって締結されている契約に基づく配慮義務の違反を被害者自身が主張できるかの判断を迫られた判決であるが，ここでも権利関係によって配慮義務の内容が決められるのではなく，具体的な状況に応じて判断されている。

3）　BGH　1952年4月28日（BGHZ5,378）

（事案）
　原告の父は，被告妻の家屋内のある住居の使用賃借人である。この家屋は，戦争の影響により重大な損傷を受けたが，1948年から1949年の初めまでに，新たに改修された。建築指導者・建築士は被告夫であった。被告らは，法定夫婦財産制で暮している。1949年の7月に，原告は地下室の石造階段へと導く階段で，重症を負って見つけられた。事故は，階段手摺りが損傷していたことに帰され，被告らはこの状態を知っていたと原告は主張する。原告は，被告妻を所有者および使用賃貸人として，被告夫を建築指導建築士および被告妻の代理人として，契約と不法行為に基づいて責任があるとし，相応の慰謝料と，被告らが事故による現在と将来の損害のすべてを賠償する義務があることの確認を請求する。

　被告らは，事故が手摺りの状態に帰されうることを争い，被告夫は，建築指導建築士として家屋の再築のために一緒に仕事をしたAとBの立会いの下で家屋の検分をなし，その際には二階において二つの手摺りについた

曲がり木が離れているのを確認したが，しかし，秩序正しい利用であれば，子供の超出転落に対しても，滑り落ち自体に対しても，十分な保護となっていたとする。また，被告妻は，階段の手摺りの欠陥ある状態は全く知らなかったといい，被告夫は，見分の際に一緒に働いたBに依頼して，遅滞なく製造会社に苦情を申し立ててもらい，そして，苦情を確認した製造会社は，建築指導建築士としての彼により公平に期待され得たすべてをなしたと主張する。さらに，原告の父が彼の監督義務を十分に尽くしていなかったともいう。

　一審は，被告夫を完全に有責であるとし，被告妻に対しては半分でだけ主張されている確認をなした。ラント裁判所は，被告妻の不法行為に基づく責任を否定して，使用賃貸借契約に基づく責任だけを肯定し，原告の父の寄与過失を半分について考慮した。次に，被告夫の有責判決を，ラント裁判所は不法行為から導き，そして，彼に原告の父親の寄与過失の援用を理由付けに基づいて拒否した。被告が控訴し，原告が付帯控訴。控訴審は，被告らの控訴を棄却し，原告の付帯控訴を認容した。被告らが上告。

（上告審判決の概要）
　連邦最高裁判所は，被告夫について上告棄却としたが，被告妻について破棄・差戻しとした。それぞれが負う交通安全義務については，以下のように判示する：双方の配偶者の内の，誰が交通安全義務違反を理由に不法行為に基づいて責任があるのかという問題は，何度か最高裁判決の対象となってきた。社会生活上で，他人の危険に配慮する一般的義務は，危険源を作出する各々―例えば彼の土地上に人々のある交通の開設によって―が，そこから第三者に脅威となる危険の回避に必要な予防措置を講じなければならないとの思想に基づいている。この一般的義務は，しばしば保護法規に従って―例えば照明についての警察命令や塩まき義務等々―，特別に課される義務と並んで存在する。本件でのごとく，使用賃貸借にあたら

れている土地が民法典の法定夫婦財産制で生活している妻の持参財産に属する場合には，BGB1363条に従って，この者には原則としてあらゆる法的影響が拒否される。夫は，BGB1373条に従って単独の直接占有者となる。BGB1374条に従って，彼は，権利を持つだけでなく，持参財産を規則適合的に管理する義務も負う。妻は，規則違反的管理に対して，BGB1391条以下，1418条に従って保護されるだけである。夫が，彼の管理義務を規則適合的に履行しない時にも，彼女は夫に指示を与えるなんらの権利もない。夫は，妻に対して持参財産の構成部分として規則適合的な管理と，それに伴って，交通安全義務の履行に義務付けられるだけでなく，外へ向かって，第三者に対して，ある答責性ある家屋の管理人と占有者の地位をもつ。彼は，妻の除外の下で，ひとり警察法規適合的な状態の保持に配慮しなければならず，そして，それゆえに，また世帯主が答責性ある事故を保証しなければならない。全体としての土地の使用賃貸借契約の締結は，その空間においてある一般的な交通を，例えば，彼の営業のために開設する使用賃借人に対して，ある独立した義務が根拠付けられるが，しかしながら，所有者を安全義務から解放することはない。しかし，このことから，婚姻上の財産法の場合における責任について，いかなるものも導かれない。使用賃借人の責任と並んで，所有者の交通安全義務に対する責任が存在したままであることに対する正当化は，正に次のことから生ずる。それは，所有者が使用賃貸借契約を根拠として，使用賃借人が危殆化を除去しない場合に，所有者は彼に対して優先しうる，ということである。ここに，強制管理の場合や法定夫婦財産制を根拠にしてのごとく，所有者が土地の管理人に影響を与えるそのような法的可能性がなくなる場合との，基本的相違が存するのである。この法的判断が，基本法3条2項とも対立することはない。法定夫婦財産制の場合には，夫と妻の間の関係にはBGB831条は適用できない。なぜなら，夫は妻によってある管理へと任ぜられたのではなく，彼に法律に従って帰属する権利を根拠として，しか

も，妻の指示に左右されることなく活動するからである。控訴裁判所も，明らかにこの法的状況から出発している。裁判所は，被告らの間に夫の管理と用益からこの家屋をはずすような婚姻契約は締結されていないことを確認している。控訴裁判所は，被告夫の過失を，検分の後にある苦情を彼の従業員に委託することで十分とした点にみている。上告理由は，事故の時期にはまだ建築仕事が完了していなかったのであるから，社会生活上必要とされる配慮について，より少ない要請が設定されるべきだといっている。しかし，この抗弁はいずれにせよ，事故の場所に手摺りがまだまったく完成されておらず，この状況が事故に対して原因となったであろう場合に，注目されうるであろう。しかし，事実認定によると，手摺りは既に完成されていた。事故の原因は，未完成にあったのではなく，ある既に完成されて取り付けられた部分の事後になってからの離脱にあった。それゆえに，この状況は，被告夫の配慮の程度に対して意義があるのではなく，ともかくも後に傾聴されるであろう自己危険の行為あるいは寄与過失の抗弁に対して意義がある。ライヒ裁判所の判例との基本的一致にもかかわらず，控訴裁判所はラント裁判所と反対に，被告妻の交通安全義務とそれの過失ある違反を肯定した。控訴裁判所は，特別な状況を，夫の申し出に従って彼女に家屋の管理が委ねられていたこと，個別の使用賃借人との使用賃貸借契約が，彼女の名前で締結されているだけでなく，彼女は特にまた使用賃貸借の管理によって，事実上も法的にも家屋の社会生活適合的な状態を自ら作り出すのが可能な状況にあったということ，にみている。この考察は，被告妻の上告理由によって正当に非難されている。なるほど，基本的には，ある交通安全義務が互いに依存せず独立した複数の人々にかかるということはありうる。特に，法定夫婦財産制の場合に，婚姻契約がなくても妻が夫とならんである独自の交通安全義務を負うということはありうる。しかし，そのためには，ここでは原告によって証明されていない特別な状況の確定が必要となる。しかしながら，使用賃貸借契約が被告妻の名

で締結されていること，および，使用賃貸借収益が管理のために彼女に委ねられていたことは，交通安全義務を根拠付けるためには十分ではない。控訴裁判所とは反対に，ラント裁判所と一致して，被告妻の不法行為に基づく責任はそれゆえ否定されるべきである。そうではなく，彼女と原告の間に使用賃貸借関係があり，それに基づいて原告自身にもBGB328条に従って契約上の請求権が帰属するとういうことから考え始められるべきである。履行補助者の過失に対する責任も，BGB278条に従いラント裁判所の適切な理由づけに基づいて肯定されるべきである。

　原告と被告が従っていた法定夫婦財産制では，妻の持参財産については妻には法的影響が拒否され夫が管理すべきとされる事情から，この規則適合的な管理の義務を負う夫だけが不法行為の前提となる交通安全義務を負い妻は負わないとしたが，ただ妻は，被害者の父親と締結している使用賃貸借に基づいて原告・被害者自身にもBGB328条（第三者のための契約）—第三者への保護効を伴う契約の用語はまだ用いられていないが—に従い責任があるとしたものである。この最後の点を発展させる契機となった判決といいうる。

　これまでの判決では，要件ありとされる場合には契約法に基づく請求権も，不法行為に基づく請求権も，その独自の法律効果をもって併存することを前提とする判示がなされていた。以下の事件は，そのことの是非が直接に問われたものである。

4） BGH　1953年4月28日（BGHZ9,301）

(事案)

　原告はソビエトに確保されている区域から，西ベルリンへ物を運送してもらい，被告にイギリスで確保されている区域への更なる輸送を委託した。

第 3 章　ドイツにおける Verkehrspflicht に関する学説と判例　95

輸送困難を理由に，それらの物は，まず最初に，暫定的に倉庫目的で用意された建物が廃墟となった土地に置かれた。ここで，大部分の物が夜の押し込みで盗まれた。原告は，物の喪失を理由に契約と不法行為に基づいて，被告に責任ありと主張する。一審と控訴審は，この請求を理由について，正当であると判示した。被告が上告。

(上告審判決の概要)
　上告審が原判決を，以下の理由で破棄・差戻しとした：(最初に上告理由が述べた契約に基礎付けられた損害賠償は時効にかかっており (HGB407 条，390 条，429 条 1 項)，そして，原告は，―控訴審裁判所の見解とは反して―時効の抗弁に対して，「許されない権利行使」を援用することができないとの点について) 控訴裁判所によって示された見解，すなわち本件では，BGB823 条に基礎付けられた損害賠償請求は，BGB852 条の 3 年の時効期間ではなく，HGB414 条の 1 年の時効期間が適用されるべきであるとの見解は賛同されえない。控訴裁判所は，契約違反と不法行為に基づく損害賠償請求権の重なり合いについて請求権競合が問題であることは誤認していない。この請求権競合は，不法行為法と契約法が等価値において並立することから生ずる。それらは，不法行為の場合には，一般的な義務に対する違反が問題であり，他方で，契約的損害賠償請求権は，特別な契約に基づいた義務に対する違反から生ずるということによって区別される。ある出来事が，契約法の構成要件および不法行為法の構成要件を充足する場合には，各々の法律から一つの損害賠償請求権が生ずる。各々の損害賠償請求権は，それゆえ，その要件や，その内容や，その達成について，契約法に従ってか，あるいは不法行為法に従って判断されるべきである。これについては，控訴裁判所も適切に述べるごとく，基本的に各々の請求権はその独自の時効期間に従うということが維持されるべきである。控訴裁判所は，しかし，特別の法律関係に基づく請求権に

対して定められた短期時効期間の経過は，同様の事情—契約的関係と並んで特別に存在する状況の付加なしに—から導かれたそれ自体より長い時効期間をもつ不法行為に基づく請求権に対して援用されうると判示する。この問題の解決については，特定の契約関係のために定められた特別な短期時効期間の意味と目的から出発すべきだという。控訴裁判所は，確かに明示には契約と不法行為を基礎とする請求権競合のすべての場合により短い契約上の時効期間が唯一の基準とみなされるべきかについては未決としているが，しかし，本件では前述した観点が決定的であり，そして，商取引の経済的重要性を唯一正当に評価するという。当部はそのような判断が正当だとも，望ましいとも考えない。控訴裁判所の見解は，説得力のある根拠なしに，相違する法律上の構成要件に対して配される法律効果を無視するものである。控訴裁判所にとってうわべだけ決定的となったところの見解，すなわち，本件では不法行為が運送契約に基礎付けられた配慮義務違反に存し，それゆえ，契約違反と完全に重なり合うとの見解も的はずれである。このことには，なお他の関連で立ち入られうるであろう。当部は，ライヒ裁判所によって示された，ある不法行為の存在する場合にも，HGB414条に代わってBGB852条が適用されるとの見解に従う。

　商取引の経済的重要性を主たる理由として，契約関係に立つ一方当事者が，他方に負う財産の完全性を守る社会生活上の義務についても，控訴審裁判所は短期消滅時効を不法行為が前提とする一般的配慮義務に対し援用できるとするのであるが，連邦最高裁判所は，短期消滅時効にこの義務に援用できるまでの価値を認めなかった。やはり，生命・身体・財産の安全性を確保するための規律を，財産取引に関する規律と同列には扱えないとの姿勢を示す重要な判決である。

　生命・身体・財産の損害については，とりわけ立証責任が重要な問題となるが，社会生活上の配慮義務についてこれを事業者と顧客の実質的関係

に照準を合わせて，立証負担の転換の方法により被害者の負担を緩和して事業者の負担を増加させた有名な判決が出された。

5) BGH 1961年10月24日判決（NJW1962, 31）

（事案）

　当時58歳の原告は，被告の百貨店の800㎡から900㎡の大きさで，まだ賑わっていなかった繊維製品売り場の廊下において，床に落ちていたバナナの皮の上で滑って転倒した際に大腿骨骨折を招き，数か月の入院と2回の手術を必要とした。そこで，被告に対し，費用と逸失利益並びに慰謝料の賠償を請求し，更なる賠償義務の確認を求めた。一審は，被告が彼の態勢整備に従って，営業開始の際に，床の交通適合的状態を確立するためにすべてのことをなしており，指示された実行と監督にも欠けるところはなかったとして，原告の請求を棄却した。原告が控訴。

　控訴裁判所は，原告の給付請求を根拠につき正当に理由付けられていると判示し，また主張されている確認も行った。控訴裁判所は，同百貨店の食料品売場では，果物が売りに出されていたのに，すべてのより大きな売り場に案内表示板と並んでゴミ箱を設置することを怠ったと被告を非難し，その理由はかかる予防措置が事故危険を顕著に防ぐのに適切であり，事故原因となったバナナの皮が床に投げ捨てられていたことは，一見して容易にそれの欠如に帰されるからであるとした。被告が上告。

（上告審判決の概要）

　連邦最高裁判所は，原判決は思考規則と一応の証明（Anscheinsbeweis）の本質を誤解しているとして，破棄・差戻しとしたが，立証責任の転換の可能性があるので，原告の請求が棄却されるに熟しているわけではないとした。

まず，前述した高等裁判所の判断について，ゴミ箱の設置が事故危険を顕著に少なくするのに適しているだけでは，ある別のたぶん同様に顕著な事故危険の部分が，そのような措置によっては排除され得ない可能性は開かれたままであり，これだけではバナナの皮の危険は，この危険がゴミ箱の設置によって減少されたであろう部分の方に帰されるのか，ゴミ箱の設置によっても排除されないであろう方の部分に配されるのか，判断基準が欠けていること，また，一応の証明も，生活経験に従ってある特定の原因を指示し，ある特定の方向で推移するのが常である典型的な現象経過を前提としているが，本件でのゴミ箱の設置と床の清潔性の確保には，この前提がないことなどから，上告理由がいう思考規則と一応の証明の誤解をいう部分は正当であるから，原判決は破棄されるべきだとする。

　しかし，上告審は，他方で請求は棄却に熟しているのではなく，むしろある新しい事実審裁判官による審理を必要としており，以下に示されるものはその審理のためであるとしていう：判例は，契約上の保護義務および配慮義務の違反におけるある種の場合に，被害者のための証明負担の転換が故意・過失の問題に関して生ずることを，益々もって承認してきた。事業者の態勢整備領域や危険領域での客観的欠陥や社会生活上の違反性がある損害を発生させたと確認される場合には，特に雇用契約・請負契約・場屋契約については，事業者（経営者）が，ある故意・過失の非難は彼にそして彼のために行為する人々には当てはまらないことの証明を導かなければならないことが前提とされる。判例は，被害者を，彼にとって事業の態勢整備に認識不足でなべて挫折する証明遂行から解放するにあたっては，判例は，そのような契約関係の下では要求されるところの高められた信頼保護と社会生活上の保護を考慮している。確かに，判例はこれまで，BGB282条の条文による積極的契約侵害の場合の証明負担の転換について，なんらの一般的規則も提示せず，常に，契約関係の種類と損害の発生源の種類に意義を付与してきた。しかし，正にこの要素の考慮の下では，

故意・過失に関する証明負担の転換が，本件の特色にふさわしい。百貨店における活発な公衆交通は，事業者が特別な配慮をもって，頻繁に注意を脇にそらされている来訪者が床の滑りによって，あるいは床の上に存する物で事故に至らないように予防措置を講ずることを要求する。売り場の床に来訪者がその上で容易に危険な倒れ方をしそうなバナナの皮がある場合には，そのような危険源は，正に第一番に百貨店の危険領域・態勢整備領域に帰されるべきで，そうすることは，料理店の食堂に残飯があり顧客がその上で転んだのが，料理店主の負担とされたことに相応する。その場合に，証明負担の転換は，来訪者がまだ何の契約も締結しておらず，契約締結の目的でその空間に関係する場合にも正当とされる（culpa in contrahendo）。契約締結の目的をもって，百貨店により支配されている領域へと赴く顧客は，既に彼がそこにおいて百貨店に関わるその瞬間から，彼の人的安全の契約的請求権をもつ。これによると被告は，そのような事故の防止のために必要な態勢整備措置および監視措置が彼により講じられたこと，そして彼の履行補助者も物事の状況に従い要求されるすべての配慮をなしたこと，を証明しなければならないであろう。そこには，特に，営業時間の間も時間間隔ごとに果物の残りカス，あるいは他の物が床に散らかっていないことに注意されていたということも入る。店員が彼にかかる監視と片付けの義務を果たしたか疑いが残るときは，この疑念は被告の負担となる。請求が不法行為の法的根拠から導き出されている限りは，原告は反対に証明の緩和を一応の証明の諸原則から導きうるのみであろう。この領域では，証明負担の転換のさらに進んだ利益が彼に助力することはない。事実審裁判官が，その事故は被告の事業補助者の違法な不作為に帰されるとの確信を持つべき場合には，被告には，BGB831条の免責証明の道が残されている。この証明は確かに，その義務の怠りが可能的に事故に対して起因性があったところのすべての事業補助者に拡大されうるであろう。

この判決は，かかる立証責任の転換を図る上で，顧客の事業者に対する高められた信頼保護と社会生活上の保護が考慮されるべきであることを明言しつつ，被告である百貨店に対してそのような事故の防止のために必要な態勢整備措置および監視措置が彼により講じられたことそして彼の履行補助者も物事の状況に従い要求されるすべての配慮をなしたことの証明を課しつつ，具体的にそこには特に，営業時間の間も時間間隔ごとに果物の残りカスあるいは他の物が床に散らかっていないことに注意されていたということも入るとし，店員が彼にかかる監視と片付けの義務を果たしたか疑いが残るときは，この疑念は被告の負担となるとする。社会的接触の内容に応じて，事業者がなすべき立証負担を具体的に指示する，実務の定着に極めて大きな役割を果たした判決である。それだけでなく，この判決は，契約締結の目的をもって百貨店により支配されている領域へと赴く顧客は，既に彼がそこにおいて百貨店に関わるその瞬間から，彼の人的安全の契約的請求権をもつとして前掲2）判決とほぼ同様の立場を採るが，ただBGB831条の免責立証は，BGB278条においても可能と示唆し，2）判決と異なる立場であるように見える点も注目される。

　こうして，履行補助者を用いる事業者は，顧客に対し履行補助者に委ねた社会生活上の配慮義務について，BGB278条でも責任を負うことが明らかとなったが，不法行為上の（使用者責任に基づく）損害賠償請求権が時効にかかっている事案で，社会生活上の配慮義務に関して同条の履行補助者の範囲をどのような者までとするのかが争われた事件が現れた。

6）BGH　1964年12月1日（VersR1965,240）

（事案）

　独身の原告は，農場で母と生活し，農業と家事に従事していた。1949年5月27日に，原告は被告の食料品店兼雑貨品店で商品を買入れた。原

告が被告の家屋を立ち去ろうとした時—店舗への出入りは裏庭の上を通ってなされていた—，原告の体に板が当たったが，この板は年金生活者Wが家屋の天窓から外に投げたものであった。Wは，被告から屋根裏部屋に横たわっている板を，裏庭に運ぶ依頼を受けていた。原告は，体にぱっくりと口のあいた傷を，顔に傷害を，体に打撲傷を，そして脳震盪，さらに原告の主張によると—被告は争っている—加えて頭蓋傷害と脳挫傷を受けた。被告は，彼の損害賠償義務を認識して，1951年9月30日までに生じた損害のすべてを賠償のために支払った。原告は，訴えの手段で更なる営業損害と既に支払われた慰謝料の増額を請求し，この請求は認容された。

その後に原告は，補充的な年金請求を行使し，加えて被告の将来に対する賠償義務の確認を主張した。原告の申し立ては，天窓から投げおろされた板が体に当たったのは落下の只中であり，これによって重大な脳傷害を蒙ったので，永続的な就業不可能が帰結したというものである。

一審は，この最後の請求を棄却したので，原告が控訴。控訴裁判所において，被告は852条による時効の抗弁をなしていたが，高等裁判所は，大筋において原告の申立てにそう判断をなした。被告が上告。

(上告審判決の概要)

上告審は，一部破棄して差戻しとしたが，控訴審での時効の抗弁に関する判断は，以下の理由で維持した：控訴裁判所の見解によると，被告は事故の結果について，不法行為に基づいてだけでなく積極的債権侵害に基づいても責任がある。この売買契約は，被告において彼の営業場所への危険のない出入りに配慮することへの付随的義務付けをも含んでいた，そのように控訴裁判所は考える。BGB278条によって，被告は，不注意に天窓から板—この板が原告において店舗から中庭の上を通って立ち去る際に原告の体に当たったものである—を投げ落とした彼の補助者の故意・過失に対しても責任を負う。原告の積極的債権侵害の請求は，時効にかかってい

ない。これらの論述は，法的誤りを免れている。上告理由は，BGB278条の責任は，Wがこの規定の意味での履行補助者ではなかったから，考慮されないという。被告の交通安全義務は，誰に対しても—彼の店舗への裏庭の上の道を選ぶ者がそこでいかなる契約も締結する意図がなかったとしても—負う一般的法的義務として彼にとって存在するものなのだともいう。加えて，上告理由は，Wは被告から彼のために店舗業務において活動することは委託されておらず，むしろ，被告は単に家屋占有者としての彼の特性においてのみ，屋根裏部屋の取り片づけを，すなわち売買契約によって根拠付けられる債務関係の外にあったある活動を委託したのであるという。これらの見解には従いえない。BGB278条の意味での履行補助者とは，与えられた場合の事実上の関係に従い，債務者の意思でこの者に義務を負わせる拘束性の履行に際して，彼の補助人として活動する者である。その際の履行行為とは，債務を負わされた給付そのものの実行だけではなく，履行に関して債務者に義務を負わせる全ての行動もそうである。そこには，BGB242条に従って債務者に帰される保護に対する，特に加害をしないことに対する義務がそこに入る。なるほど，いかなる犯罪的行為もなさない一般的な法的義務や，他人の法的領域に一般的に違法に介入しない，それも，特にまた一般的な交通安全義務も，BGB278条の意味でのいかなる債務関係も発生させない。しかし，本件では，被告には一般的な交通安全義務と並んで，BGB242条に従い売買契約から生ずる原告に対しての契約上の義務，すなわち，売り場への裏庭の上を通る出入りから回避できる危険を遠ざけておく義務が負わされている。もし，被告が，Wに委ねた仕事を自ら実行し，原告の健康被害を惹起したとすれば，彼は引き起こされた損害に対し，不法行為に基づいても積極的債権侵害の観点からも責任があるであろう。このことからは，彼がBGB278条によって彼の補助者に委ねられた仕事の実行において損害を生じさせたこの者の故意・過失についても，責任があるということになる。Wは，被告により委ねられた仕

事の引受けによって，被告の彼の事業場への危険のない出入りに配慮する付随的義務に関して，それの履行補助者となった。被告は，売買の顧客から損害を遠ざけておく契約上の義務の履行のために彼を用いたのである。仕事の委託とともに，店舗場所の来訪と，立ち去りに際して業務上の顧客を危険にさらさない任務も彼に黙示に委ねられたのである。控訴審は，従って，まだ時効にかかっていない積極的契約侵害に基づく請求を肯定した。

　この判決は，本件の具体的状況から，信義則に関するBGB242条を根拠に，原告と被告の売買契約から売り場の裏庭の上を通る出入りから回避できる危険を遠ざけておく義務があるとし，もし，被告がWに委ねた仕事を自ら実行し，原告の健康被害を惹起したとすれば，彼は引き起こされた損害に積極的債権侵害の観点からも責任があるということから，そのような危険ある仕事をWに委ねてさせたのである以上は，Wがこの義務の履行を引き受けるとともに前述した付随義務の履行補助者となったとしている。事業主には，補助者に委ねる仕事が，自己の事業の顧客にどのような危険があるかにまで想到しながら，配慮する義務があるとする考えに依拠しているものと思われる。

　それでは，被害者が無権限で危険な場所の付近に立ち入った場合にも，事業者は社会生活上の配慮義務に違反して責任をおうことがありうるか。次の事件その点が争われた興味深い判決である。

7) BGH　1967年5月19日（VersR1973,2085）

(事案)

　1963年の12月に，原告は，被告の所有である彼のよく知るホテルレストランを訪れた。夜中の12時30分ころに，原告が携えてきて支配人である被告の娘婿が隠したウナギがいなくなっていることが判明した。レ

ストランの中でのウナギの捜索は無駄に終わったので，原告は外へと赴いた。彼が1時間後に帰ってきたとき，彼は右手に複雑骨折を負っていた。彼は，この骨折をその家屋の近くにある地下室への転落により被ったと主張し，それについては被告に契約と不法行為に基づく責任があるとする。原告は，訴えをもって，収入喪失と治療費用および相応の慰謝料の賠償，並びに被告が彼に対し将来の事故損害の一切について義務があることの確認を主張した。彼が述べるところでは，ウナギの捜索で，彼は射光をたよりに壁にそって前進したが，その際に，地面には注意していなかったという。突然に，彼は階段を転げ落ちその際に複雑骨折を受けたとする。被告は，この損害に対して答責性があるといい，その理由は，地下室の階段が安全ではなく照明もされていなかったからだとする。階段の上に備え付けられた電気ランプは，電源につながれていなかったという。既に以前から，そこでは複数の人が傷害を受け，営業監視官は，被告に何度か階段を安全格子により安全にすることを要請していたとする。一審と控訴審は請求を棄却した。原告が上告。

(上告審判決の概要)
　連邦最高裁判所は，以下の理由で，原審判決を破棄・差戻しとした：控訴審裁判所は，原告が，彼の手の傷害を地下室への転落に際して受けたのかどうかを未決としている。このことが事実だとしても，被告は彼の一般的交通安全義務の違反に基づいても，StGB367条12号と結合されたBGB823条2項に基づいても責任はない，と控訴審裁判所は考える。なぜなら，被告はその顧客に対して地下室を安全にすることや，暗闇のあたりを明るくすることの義務は負っていなかったからだとする。この見解は支持されえない。控訴裁判所は，当部の確固たる判例と一致して，レストラン経営主は彼の顧客が身体と生命に対する危険なしにレストラン空間並びに接近路と退出路を利用しうるように配慮をなす義務があるということ

から出発する。なるほど，経営主は，考えうるというだけでの損害発生のすべての可能性に配慮を講ずる必要はなく，むしろ，営業主は，ある思慮ある用心深い営業主なら，彼の顧客を損害から守るのに十分とみなすことが許される予防措置を講ずれば十分である。その際には，顧客がアルコールをたしなんだ後に，しばしば無分別に不用心に振る舞うということに注意されるべきである。顧客の好奇心も考慮に入れられなければならない。

しかしながら，控訴裁判所は，その判決に際してこの適切に示された諸原則に考慮を払わなかった。控訴裁判所は，ホテルの来訪者にとって，レストランの訪問に際してもその地所の立ち去りに際しても，レストランへの接近道から気付かないうちにはずれ，接近道から3.1 m遠ざかった地下室の危険な近接地へと迷い込む危険はないということに，決定的に依拠している。その際には，ある晩を，夜中に至るまで多かれ少なかれ過度にアルコール摂取しつつレストランにとどまる顧客は，様々な理由で一時的に席を辞し短い間であれ長い間であれ地下室に隣接している小空間にとどまりうる，ということが考慮されないままになっている。そのような顧客にとって，とりわけ過度のアルコール摂取の後には，深さ1.72 mで非常に不安全な，そこまで前述の小空間が2.40 mの幅で延びているところの地下室は，少なからない危険を意味している。また，飲酒した顧客が，その場所の最終的な退去の時に，その小空間にふと足を止め，そして，その際に地下室に近づくということもないとはいえない。このことを，営業主として被告は，認識しなければならなかった。控訴裁判所によって，正当とされたラント裁判所の見解に対して，すなわち，地下室の危険な近接地のレストラン客は，何ものも捜す必要などなかったという見解に対して，なんらの変更もしてはいない。危険な場所に無権限で立ち入るそのような人々に対しても，所与の状況にしたがって無権限者による立ち入りが予想されなければならず，処分権者がこれに対して彼になすことができた方策を講じていなかった場合には，交通安全義務が存在する。しかし，本件ではこの

事情が存在していた。被告の娘婿で，支配人の見ているところで，この者自身によって隠されたウナギを捜索するために席を離れた原告の場合には，いずれにせよ，危険な場所への無権限の立ち入りについてなんらの問題もありえない。支配人自身が，ウナギの隠し行為により，原告の捜索行為とそれに伴う危険を呼び起こしたのであるから，彼はむしろより高い配慮に義務付けられていた。彼は，原告に警告し，あるいは少なくとも，地下室の照明を電源に連結しなければならなかったであろう。支配人の振舞いについて，BGB278条および831条に従い，被告は責任負担しなければならない。被告は，BGB831条の免責証明を始めなければならない。被告は加えて，StGB367条12号と結合されたBGB823条2項に従って責任がある。この規定によると，地下室が人々の交通する場所にあることが決定的である。その際には，このことが権限あって生起したのか，それとも権限なしにかということは，いかなる差異も与えない。

　この判決でも，レストラン営業というそれ自体はもちろん適法な事業について，しかし，それがどんな危険をもつ事業であるか極めて具体的に考察されており，そこから本件のような位置関係にある地下室のアルコール摂取後の顧客の安全化にまで営業主の配慮義務が及ぶと判断されている。今日において，レストラン事業をなすことは，営業主に取っても顧客にとっても有益であることは誰も否定しないが，そのように，顧客にとっても有益な事業ではあるにせよ，それをなすには，この事業に伴う具体的危険（換言すれば当該レストランと顧客との間に成立する社会生活関係に伴う具体的危険）から顧客を守る具体的配慮をなすことが前提となることについて，事件の状況の細部にまでわたって検討しながら，確認した判決との印象を強くする。また，この判決は，5）判決と同様に，BGB278条の責任についてもBGB831条の免責証明が許されることを示唆しており注目される。

7) 判決について，今述べた印象は，百貨店営業に関する以下の事件で，益々もって強められる。この事件では，第三者の故意による行為が直接の原因となって事故が生じた事案であるが，これまた細部にまでわたった具体的な危険状況の検討により，百貨店の社会生活関係上の配慮義務違反を認めている。

8) BGH 1975年9月16日判決（VersR1976,149）

(事案)
　原告が，朝の6時50分頃に職場へと向かっていたが，被告のデパートのショウウインドーの展示品を眺めようとこのデパートに通じKの所有である通路を通った。その際に，原告は，地面に敷設され深さ5mから6mの通気立坑を覆っている10枚の格子蓋の一つが取りのけられているのに気付かず，開かれた立坑に転落して，重症を負った。その前の夜に，何者かが47kgの重さの格子蓋を取り外して，立坑に投げ入れていた。
　一審は，原告の被告に対する1万ドイツマルクの請求を認容した。被告が控訴し，原告が付帯控訴した。控訴審は，被告の控訴を棄却しつつ，原告の付帯控訴を容れて，慰謝料を1万2千ドイツマルクに高め，そして被告は原告に対し，将来の非物的な損害のすべてを，それらが今はまだ態様と範囲について不確かだがありうる事故の後遺症に帰されうる限り，賠償すべき義務があることを確認した。高等裁判所の判断によると，823条1項により被告に負わされている交通安全義務を根拠として，被告は，通気立坑の覆いを取り外しから守る責任があったとし，その理由として，権限なき者による格子蓋の取りのけは稀ではなく，また本件では，夜この接近路には外部からの見通しの悪さがあり，さらにこのデパートに近接した地域内に必ずしも穏やかであって思慮深いばかりではない顧客層を持ついくつかの飲食店があって，取り外しの危険が高められていたこと，交通に供

される構築物のない地面が交通に安全なものでなければならないとする公法上の規定が，施行命令によって，権限なき取り外しについてそれを予防することにおいて補充され具体化されており，従って，これらの諸規定は，民法823条2項の意味での保護法規ともみなされうること，などをいう。被告が上告。

(上告審判決の概要)

　上告審も，被告の定款による代表者が，通気立坑上の格子蓋を権限なき取り外しから守らなかったことにより，彼らの一般的な交通安全義務に有責に違反したので，被告は原告に823条1項により損害賠償義務があるとした原審判断は正当とする。その理由として，以下のようにいう：上告理由も明確に認める通り，交通安全義務は，ある第三者の許されない故意の侵害によって，まず生じている，そのような危険にも及ぶ。控訴裁判所は，あらゆる抽象的な危険が予防措置によって対応される必要まではない―あらゆる事故を排除する交通安全性は達成され得ないから―ことも見誤らなかった。必要なのは，思慮のある慎重な理性的限界内で用心深い人が，他人を損害から守るために十分だとみなしてよく，そして，状況にしたがって彼に要求しうる安全措置だけである。立坑覆いの利用から生じうる起こるかもしれない危険の防止のために，いかなる義務が被告に負わされるかは，なによりもまず，ある専門家の判断からは，もし安全措置が取られないままであるときに，他人の法益が侵害されうる当然な可能性が存するのか否か，いかなる程度で存するのかということにかかっている。控訴裁判所が適切に指摘するように，本件では非難されていない認定によると，格子蓋の取り外しに対する特別な予防がさし迫って当然となっていた。ともかくここでは危険が特別に大きかった。なぜなら，格子蓋によって覆われている立坑は5mから6mの深さで，すでにそれゆえに，転落の場合に大きな損害が懸念されなければならなかった。加えて，控訴裁判所は―ラン

ト裁判所と全く同様に―，次の点にさらに危険を増大させる状況を見出した。それは，被告のデパートの近接地に，必ずしもいつも穏やかで思慮深いばかりではない顧客層を持ついくつかの飲食店があった，ということである。控訴裁判所が，これについて，グループでの青少年が飲食店来訪後にアルコールの影響下で，粗野な狼藉を超えて，公衆に対する著しい危険を作出することが，程遠いものではないと考えた点において，なんらの法的誤りもない。これによって根拠付けられる，無権限者が格子蓋を取りはずすかもしれないとの懸念は，いつでも接近できるこの通路が通りからはほとんど見通されえず，その結果として，そこで夜間に格子蓋のそばでなにかごそごそやっている誰かが，観察や発見を予想する必要がないほどであることにより，さらに高められていた。控訴裁判所が，これらすべての状況の考量の下で，被告には格子蓋を守る義務があったとみなす場合に，これに対していかなる異議も法的に申し立てられえない。

　本件は，被害者と百貨店との間に存する社会生活関係の状況から，これを一般的な823条が前提とする交通安全義務違反として解決しているが，5）判決と本判決を合わせ読むと，百貨店事業の業務の内には，取引業務だけではなく，この事業と種々の社会生活関係に入る人について，その具体的関係に応じて生ずる危殆化からその人を具体的方策によって守る業務も当然に含まれるという帰結になるように思われる。
　既に，3）判決は，被害者の父親が締結している使用賃貸借に基づいて，その娘自身もBGB328条（第三者のための契約）―第三者への保護効を伴う契約の用語はまだ用いられていなかったが―に従い，責任があるとした。このことは，まだ契約が成立していない場合でも，第三者が保護効を主張しうる場合があるのかという，その点が争われた事件が以下のものである。

9) BGH 1976年1月28日（BGHZ66,51）

（事案）

　1963年の12月に，当時14歳の原告が，母親と一緒に小さなセルフサービスの店舗である被告の支店に赴いた。母親が，商品の選び出しの後に，なおレジに立っている間に，原告は，レジの周りを回って，母親のパッケージを助けるためにパッケージ場へ向かった。その際に，彼女は床に倒れ，右ひざにひどい関節血腫を負い，それが長い医者の治療を必要とさせた。彼女は，野菜の葉の上で滑って転んだとの主張により，原告は，被告に，交通安全義務違反に基づいて，事故により生じているそして将来的に生ずるであろう財産的損害の賠償を請求した。被告は，原告が野菜の葉のうえで滑ったことを争い，補助的に事故における彼女の過失を抗弁し，そしてこの他に時効を援用した。一審は，時効を理由に訴えを棄却した。原告が控訴。控訴審は，原告の4分の1の寄与過失の考慮の下に，現在と将来の財産的損害について原告の訴えを認容したので，被告が上告した。

（上告審判決の概要）

　連邦最高裁判所は，以下の理由で上告を棄却した：控訴裁判所は，原告がパッケージ場の近くで，床にあった野菜の葉で滑って転び，その際に，主張されている費用を必要とし，そして将来の損害も排除しない損傷を蒙ったことは証明されたものとみなしている。この認定は，法的欠陥を認めさせない。控訴裁判所の見解によると，被告は，彼の負っている次の証明を導かなかった。その証明とは，被告がその店舗場所において，交通安全義務に関してすべての彼に要求されるべき配慮を実行したということ，そして，事故はある他の顧客が野菜の葉を直前に地面に落とさせたことにのみ帰されうるということのそれである。この判示は，法的根拠からも異

議を述べられ得ない。この判示は、百貨店の交通安全義務に関して、そしてその限りにおいて、BGB282条に由来する契約締結に際しての過失—控訴裁判所がその判決をそれに基礎付けているところの—に基づく損害賠償請求権の場合における証明負担の転換に相応しており、連邦裁判所の安定した判例に合致している。被告は、それゆえに、控訴裁判所がそう判示したところでは、原告の寄与過失の考慮の下で生じている、そしてなお将来予期されるべき損害の4分の3について責任があり、しかも、不法行為だけでなく、契約締結の際の過失によっても責任があるとされ、なぜなら、被告は、セルフサービス店舗の開設によって、原告自身に対して引き受けられた契約上の保護義務と配慮義務に違反したからであるという。そのうえ、第三者のための保護効を伴ったある契約の観点の下でも、原告の損害賠償請求権が生ずるといい、というのも、その母は事故の間に被告との契約交渉の状況にあり、そして、原告は補助者としてこの契約類似の債務関係に入れられていたからであるという。また、契約締結に際しての過失に基づく請求権は、3年の時効期間が適用され、その結果として、その限りで訴え提起による適宜の中断がなされているという。これらの判示は、法的検証に屈しない—いずれにせよ帰結において—ものである。確かに、控訴裁判所の主要な考察には、第三者のための保護効を伴う契約の観点の引き入れが必要なしに、それでも被告は原告に対し直接に契約締結に際しての過失に基づいて責任を負うのかという疑義がある。本件のような場合に、交通安全義務違反に基づく、一般的不法行為に対して基本的に被害者をより有利な立場に置く—例えば強化された補助者責任（BGB831条に対するBGB278条）、より長い時効期間（BGB852条に対するBGB195条）、そして証明負担の転換（BGB282条）—契約締結上の過失に基づく責任は、規定された権利の補充として作られたところの、契約交渉の開始から生じ、契約の事実上の成立とその有効化に広範囲に左右されるわけではない法定債務関係に基礎を置いている。この債務関係から導出される保護義務の違

反に対する責任は，本件の種類の場合には，その正当化を被害者が契約交渉の目的で他方当事者の影響領域に赴いたこと，そして，彼の交渉相手の高められた配慮に誠実に信頼しうることに見出す。本件は，原告の母親が，売買締結の目的で被告の売場空間を訪れなければならず，そして，それによって，経験上は増加された公衆交通，とりわけセルフサービス店舗のレジ区域におけるそれが必然的にともなうような危険に身をさらさなければならなかったものであるが，このような本件は，今述べたことを確認させる。契約締結上の過失に基づく責任のための要件は，被害者が契約締結の目的をもって，あるいは業務的接触の開始の目的をもって―それゆえ多分まだ確実な購入意図なしでも可能的顧客として―，売場空間に赴いたような種類の売買では，常に存在する。その場合に，セルフサービス店舗における売買の特性に鑑みて，顧客が売場空間へと足を踏み入れた際に，最初は単に商品品揃えについて一瞥しそしてそれを通じて可能的に売買をなす気にさせられたとき，あるいは，さしあたり競合事業者との準備のための価格比較をしようともくろむ意思であった場合に，既に十分であるのかどうかは未決定であるかもしれない。いずれにせよ，セルフサービス店舗に足を踏み入れた人が，初めから全く何も購買意図を持っていなかった場合―例えば控訴裁判所によってあげられた店舗泥棒の事例から察知すると，業務空間を専ら天候の影響からの防護として訪れる意図の人あるいは他の通りへの通り抜けとして，あるいは一般的に待ち合わせ場所として利用しようとする人―には，不法行為を超えた契約締結上の過失に基づく責任に対しての十分な正当化が欠けている。この限界づけは，個別的事例においてとりわけ次の理由によって困難であるかもしれない。それは，この限界づけが，内的なそしてそれだからひとえに証明困難な意思方向にかかっているということである。しかしながら，本件では，原告が最初から自身で被告との売買契約を締結しようとする意図を持ってはいなかったこと，むしろ，ただ彼女の母親に随伴して母親の売買に際してこの者に助力しよう

と意図していたこと，は争われえない。それゆえ，原告に対して，契約締結に際しての被告の過失に基づく責任の直接的適用は除外される。だがしかし，控訴裁判所は，結果において正しいことが実証される。なぜなら，控訴裁判所の補助的考察がこの判決を支えているからである。もし，原告の母親が，彼女の娘と同一の仕方で傷害を受けたとしたら，被告の契約締結上の過失に基づく責任についてなんらの疑義もないだろう―上告理由も明らかにそこから出発している。その際には，以下のような学説で争われている問題に対するいかなる立場決定も必要ではない。その問題とは，セルフサービス店舗では，売買契約は，買主が彼に商品の並べ置きによってなされた申し込みを，レジでの選び出した商品の提示によって―この時点まで最終的な決定を留保している―承諾することによって成立するのかどうか，あるいは商品の並べ置きは単に顧客が彼の方でレジ係に対して提示によって交付するそしてレジ係がセルフサービス店舗のためのレジ打ちによって承諾するところの申込の交付にむけた誘因があるにすぎないのかどうか，というそれである。いずれにせよ，判決理由の脈絡は―控訴裁判所のこの方面での明確な確定は欠けているにせよ―，事故時点において被告と，売買のために予定された商品が，既に最終的に選び出した原告の母親の間に，契約締結上の過失に基づく責任を正当化する法定債務関係が存在したことを認識させる。この法定債務関係については，原告もまた彼女の契約的損害賠償請求権の正当化のために援用することができる。次のことは，長い間の確定した判例に，特に当部の判例に合致している。すなわち，特別な要件の外にあって，契約締結に自分では与っていない第三者でも，彼らにはなるほど第一次的な契約義務の履行へのなんらの請求権もないが，しかし契約を通じて提供される保護と配慮に対する請求権が帰属するという効果を伴って，契約の保護範囲に引き入れられるということ，そして彼らは，契約上のこの付随的義務の違反に基づいて，損害賠償請求権を自己の名で行使することができる，ということである。それゆえに，原告

は，直接に BGB195 条に照らして時効にかかっていない原告に対する損害賠償請求権が帰属しているのであって，非難されている判決は帰結において法的に異議を述べられえない。

　本判決は，まず立証責任の転換について，5）判決と同様の立場を確認している。さらに，本判決は，明確に「第三者への保護効を伴う契約」の理論を認め，これを顧客に同伴してきた子供に適用し，しかも，セルフサービス店で契約が成立していないとしても，契約交渉の目的でこの店を訪れた顧客と店との法定債務関係に基づいた保護義務・配慮義務にも，第三者のための保護効があることを認めた。顧客に同伴する子供とセルフサービス店との，社会生活関係に応じた配慮義務を考えると，このような帰結となるであろう。
　およそ来訪する顧客を伴う事業にあっては，平均的な顧客を対象として社会生活上の保護・配慮をなせば，それに対する義務は履行されたことになるのか，この点も問題とされている。

10)　BGH　1990年10月30日判決（NJW1991,921）

(事案)
　被告は，料理店の経営者であるが，そこの宴会場で銀婚式の祝典が挙行され，原告とその妻もそこに赴いた。原告は，長いこと強直性脊椎炎を患っていて，彼の右の股関節は強度の屈曲形状で硬化しており，そのために彼は身をかがめて歩行し，そして杖をついていた。宴会場の床はワックス塗りされた寄せ木張り用フローリングでできていた。周囲にはテーブルが置かれていた。それに付属する椅子は，金属製の滑り車が備えられていた。そこでは，パーティー仲間が食事をとり，会場の空き時間にはダンスもなされた。翌日の1時30分頃に，原告が行きずりに場所を変えていた後，

自分の椅子へと再びつこうとした時に転倒した。その際に彼は，首脊椎骨折を受け，横断麻痺の帰結となった。原告は，転倒に際しての負傷から，彼に生じたそして将来において彼に生ずるであろう彼の物的および非物的損害について，被告に賠償義務の確認を請求した。その根拠として，彼は主として次のように主張した。寄せ木張りの床は，テーブルの区域でも極度にすべりやすかったし，また，とりわけ椅子は，金属制スライド車の故に極めてすべり落ちやすかった。被告は，顧客にこのことから生ずる危険に対して，予防措置を講じなければならなかった，そう彼は考える。被告は，彼の交通安全義務の違反は存在しないとみなし，そして，原告の事故は，その身体障害と軽率にのみ帰されうると申述する。

　一審は，50 パーセントの原告自身の寄与過失を考慮して，被告は原告に彼の物的損害の半分と非物的損害を過去と将来について賠償すべき義務があることを確認した。双方が控訴。原審は，原告の控訴を棄却し，被告の控訴に応えて訴えを棄却した。高等裁判所の判断によると，ダンスのためにも利用される宴会場の寄せ木張りの床は，そこにある滑りが可能であるときに整備された状態にあり，またそのことは，テーブルや座席の区域でも妥当するという。さらに，椅子の足の滑り車も，椅子をずらす際に滑りうるように，そして寄せ木張りの床のワックス塗りを傷めないために，備えることが許されるという。そのうえで，滑らかさや椅子の特別なすべりやすさの故に生じうる警告義務の違反は，原告はそうでなくても転倒の前に気付いていたのであるから，損害原因的なものにはならなかったとし，続けて，高級料理店主としての被告の交通安全義務は一般的に高められているとはいえ，銀婚式祝典の顧客のかかる危険は制御されえないのであるから，滑りの危険に対し，被告は予防措置を講ずる必要がなかったという。原告が上告。

（上告審判決の概要）

　連邦最高裁判所は原判決を破棄・差戻した。そして，控訴裁判所がなした被告の交通安全義務の範囲に関する考察には，当部は従うことができないとして以下のように判示する：これまでの事実認定に基づくと，むしろ，特に椅子の滑りやすさにより顧客を脅かしている危険に対し，被告は，いかなる十分なそしてなすことのできた予防措置を有責に講じなかったのであり，この危険の実現により原告に生じている重大な健康被害に対する被告の原則的保証義務が帰結するとの前提から出発すべきである（BGB823条1項，BGB847条）。控訴裁判所は適切に，高級料理店主は顧客に料理店への来訪に際してアクセス周りや空間取りの状態によって彼らに脅威となる危険を回避する義務があるとの出発点に立つ。この保護義務は，料理店の内と周囲における交通の開設，およびそれが前提とする来訪者の身体と健康に対する危険回避のための受け持ちから生ずる。この料理店主の交通安全義務は，料理店の経営が自ら伴うところの典型的な危殆化によってそれの特別な刻印を受ける。それゆえ，料理店主は，顧客が彼らに開放された諸空間において，例えば，余りにすべる寄せ木張りの床が原因で転ぶかもしれないと恐れる必要なしに，移動ができるように配慮しなければならない。彼は，その際には，歩行障害のある人々や不器用な人々への備えを，それどころか彼の顧客が例えばアルコール飲料の摂取により無分別に振る舞うことや，アルコール摂取により歩行の安全性が損なわれうることにも備えなければならない。考量されるべき問題は，個別の事例において，顧客にとって脅威となる危険の回避に向けていかなる予防措置が講じられるべきかということである。

　本件では，被告料理店主は，これまでの認定の基礎の上で判断する限り，その交通安全義務でのこれらの諸要求について，正当に判断していなかった。当部は，宴会場においてパーティーを開いて楽しみ，ダンスをすることを望む顧客は，すべる寄せ木張りの床を受け入れるだけでなく，むしろ

期待し，そして寄せ木張りの床の上を歩いたり動いたりする際に，その床が滑るにもかかわらず，特別な用心なくまた祝典の際に通常の靴で歩かれうる限り，この滑りやすさから生ずる危険に備えている，とする控訴裁判所の見解に賛同する。その限りで，特別な警告はなお全く必要ではない。そのような寄せ木張りの床で整えられた宴会場に，そこで飲食されパーティー仲間がそこで歓談するテーブルと椅子が置かれるという場合には，確かにいかなる別の床被覆があることや，あるいは絨毯を使ってそれが施されることは必要がない。その限りでまた，顧客はこの区域での床を滑りづらくすることについて期待しておらず，そして他においても受け入れられ知られている床の滑りに彼らは備えている。

　しかしながら，ある通常のものを超える危殆化に対し，控訴裁判所もともかく原則において正しく認識しているように，予めの配慮が講じられるべきである。本件では，争われている判決から察知されるように，顧客は彼らの安全が追加して侵害された。なぜなら，テーブルについた椅子は，大部分がそれらを特別に滑りやすくする滑り車が備えられていたからである。そのような椅子は，利用者のより強いあるいは制御されていない動きに際して，とりわけ立ちあがりや腰掛けの際に，通常において予測される以上に滑り落ちやすくなるということによって，この危険は存在する。それによって，個別の顧客を脅かす危険はおろそかにされえない。というのも，そこで食事され飲まれるより長い祝典の間や一般的な歓談の間には，ある緩んだ雰囲気が現れ，それに伴って宴会参加者がダンスのために，洗面所への歩行のために，あるいは単に場所の変更のために，繰り返し繰り返し立ち上がったり腰かけたりすることも予期されるが，各人は常に椅子について，彼の椅子が特別に滑り落ちやすいということを絶えず明確に覚えていることは期待され得ない。争われている判決の認定からは，次のことが察知されうる。それは，原告だけでなく，実際には他の顧客も，金属滑り車を備えた椅子の特別な滑りやすさのゆえに難渋していたということ

である。

　対立する認定のない争われている判決から推及されなければならないごとく，この高められている危険に対する除去対策は，容易に，そしてなしうる手段によってもたらされえた。例えば，その椅子の脚が明らかに特別に滑りやすい滑り車で備えられているような椅子ではなく，滑りの補助のない椅子あるいはより滑りにくい素材による椅子が床に置かれえたであろう。当部は，どうしてそのような措置により，寄せ木張りの床にひっかき傷が付けられるのだろうか―控訴裁判所が考えたように―，実感することができない。

　控訴裁判所が考えた，部分的に金属製滑り車によって特別に滑りやすくされている椅子から生じている危険は，その銀婚式の祝典の顧客によって難なく制御され得たであろうその範囲において，そのことからこの状態の無懸念は結論されえない。個別事例において，ある存在している危険が現実化しなかったということから，それの脅威ある現実化に対して，いかなることも実行される必要はないとの帰結は生じない。特別に容易に床の上をすべる椅子が，正に利用者に対して，控訴裁判所自身が明らかに争おうとはしていないように，必然的に高められた危険を伴う。それらが既に，原告がここで主張したように，そして控訴裁判所もそこから出発しようとしたように，食事の間の肉の切断のような身体運動に際して滑り落とさせるという場合には，確かにそれは各々の顧客が具体的状況において予測しなければならなかったものの程度を超えている。その危険は，顧客が，警告がなくとも直ちに危険をはらんだ状態に気付きえ，そして彼の行動においてそれに備えたということから―控訴裁判所の認定によると原告自身が他の機会にはそれをなしたごとく―，既に除去されるものではない。正に，既に述べたように，料理店での祝典の間に，各々の顧客があらゆる時点で用意周到で用心深く振る舞うことはあてにされえないことであり，そして，そのことに従って，料理店主の交通安全義務の範囲が具体的場合に

争われている判決は，被告の交通安全義務の範囲について，上述の法的誤りある評価に基づいている。また，他の根拠づけによっても維持されえない。なるほど，原告には，転倒について彼自身が4分の1の高さで認めているなんらかの寄与過失が帰せられる。しかし，これまで明らかな範囲では，決して，原告の被告に対する損害賠償請求が消失するほどに高いとみなされることは許されない。

　本判決によると，社会生活上の配慮義務において考量されるべき問題は，個別の事例において顧客にとって脅威となる危険の回避に向けていかなる予防措置が講じられるべきかということであり，その例として，歩行障害のある人々や不器用な人々，アルコール飲料の摂取により無分別に振る舞う人々や，安全性が損なわれている人々にも備えなければならないとされる。

　今日の社会的分業が徹底した時代には，事業をなすことが不可避であり，この事業自体は適法とされなければならない。すると，事業主がそれ自体は適法な事業によって，違法に他人の生命・身体・財産の完全性を侵害したとされるためには，ある前提を満たしている事業が初めて適法なのであって，その前提を備えないでなしていた事業から損害が生じたという場合には，事業主が違法と評価される事業活動について責任を負わなければならないとうことになろう。この前提こそが，ドイツの判例で形成されてきた社会生活関係に基づく保護・配慮義務である。そして，判例によると，この義務の内容は，事業がなされる場所，周囲の状況，事業の種類，そして何よりも人々との様々な社会生活関係に応じて決定されている。このように，各々の具体的事業が適法とされる前提にまで高められた。しかも，多様な社会生活関係に応じた具体的義務を考えるに当たっては，例えば，客観的過失といった概念は，余りに一般的・画一的であり，それゆえに事

業者の損害回避に向けた具体的な取り組みを促進させるのには効果が薄いであろう。むしろ，ここでは直截に，当該の事業を適法とする前提としての義務を正面から取り上げることが必要である。おそらく，ここに，ドイツの社会生活上の義務がかくも有効に機能してきた理由があると思われる。

そこで，次には，ドイツの学説が社会生活上の義務をどのように理解しているかの検討に移るが，そこでは，それ自体が適法とされなければならない事業から生ずる損害がある場合の侵害を，間接侵害として理解し，かかる間接侵害を考える上でこの義務の存在意義が認められる方向にある。

3.3　社会生活上の義務に関する主要な学説

ドイツ民法において，判例により発展させられてきた社会生活上の義務は，どのような意義があるのだろうか。この問題の解明をリードしてきたのは，やはりフォン・バールである。この学者は，主たる目的として，かかる義務をドイツ不法行為にどのように組み入れるべきかという探究を進めるのであるが，そこにおいてこの探究の鍵となる，直接侵害と間接侵害の区別が登場する。ドイツの学説の展開を方向付けた，この学者の詳細な説明をまず掲げることにしたい。

1）フォン・バールの学説

フォン・バールはまず，ドイツにおいて不法行為法への社会生活上の義務の組み入れという問題がどうして生ずるのか，また，そのことを考える上で何が重要かについて説く。

> ドイツ不法行為法は，三つの類別構成要件，すなわちBGB823条1項，2項，そして826条によって機能している。この類別構成要件のいずれにも，社会生活上の義務は継ぎ目なく嵌め込まれえない。なにしろ社会生活上の義務は，BGBの外部でだけでなく，むしろそれの立法者の諸観念に反して発展せしめられたのである。これら構成要件の一つへの接合の試みは，それゆえに機能的に根拠付けられなければならない。従って問題は，どの規定の内部で社会生活上の義務は最小限の理論的破綻をもって定住させられうるか，という内容となる。その際には，単なる序列的観点ではなく，BGBの個別化された責任規範の実質的・形式的区別が重要なのである。この探究はその限りで初めからBGB823条の両条項に絞り込みうる。というのも，判例は少なからない不法行為法的な財産保護の構築との関連で826条を用いたが，同条は最初から支えとなる力はないように思われるからである[12]。

フォン・バールは，この探究の経過の中で普及した見解は，まだ注目されていないが重要だとし，その見解とは社会生活上の義務は，例えば客観的に規則適合的な行為である営業行為が，そこから相当因果関係ある損害が発生したとしても，どうして法適合的でありつづけうるのかを根拠付けるためにそこに存するところの，補充的でそして特別に重要な機能の充足に役だつというものであるという[13]。そしてフォン・バールは，次にはこの点の説明へと入っていく。

> 周知のごとく，第二委員会はどちらかといえば不幸にも草案に取り入れられた704条1項の一般条項を断念して，外国の法秩序の可能的模範から離脱しつつ，個別的構成要件の体系を選んだ。これによっ

て不法行為法の先頭におかれたBGB823条1項は，ある抜きんでたそして同時に過度に強調された意義を獲得した。BGBの起草者は，絶対的な権利と法益に，あらゆる人に対する保護そしてあらゆる相当因果関係ある侵害行為に対する保護を供与できると誤想していた。起草者にとっては，ある他人に属する絶対権のあらゆる侵害が違法であった。そのような主観的権利の概念には，あらゆる第三者が同一のことに注意しなければならず，そして侵害することが許されないということが存している。BGB823条1項は同時に，ある絶対的な権利あるいは法益の侵害が，その行為に関する違法性判断のための価値的要素として考慮されるべきである，ということから出発している。ある行為の違法性は，それによって生ぜしめられた法秩序に違反する結果の力を借りて確かめられなければならない―既にそれの実用性のゆえに良い印象を与える手続き。このことに基づく危険関連的違法性概念は，特に過ぎ去った20年間に多様な攻撃に身をさらした。BGHの大民事部は，BGB831条に顧慮しそして交通法の領域に限定して，我々の責任法の二軌道性というエッサー(Esser)理論の影響の下に，危険関連的違法性をある禁止関連的違法性―それがBGB823条2項，826条の根拠となっているごとく―によって取り換えた。不法行為法において道路交通と鉄道交通の回避しえない損害も違法な身体あるいは所有権侵害とみなし，そして欠如する有責性の観点の下でだけそれを否定するごとき見解は，危険責任構成要件を可能とした法発展と，もはや相容れないものである，とBGHは考える。法秩序は，危険に満ちた交通を許容し，そしてこの交通への参与者に個別的にいかに彼らがその行動を整えなければならないかを命じることによって，法秩序はこの規定の遵守の下でのある行動が法の枠内にあることを宣している。それゆえに，ある道路交通あるいは鉄道交通の参与者の交通上正当な（規則適合的な）行動については，違法な加害は存在しないと

いう命題が，立てられるべきである。古典的な違法性理論へのかかる部分的進入を次に部分的に追求し，部分的に目的的行為論の印象的な否定の下で交通正当的な行動の理論を全体的に民法に移項するきっかけとしたのは，とりわけニッパーダイ（Nipperdey）であった。ニッパーダイは，それ自体で許容されそして交通上正当に（＝社会的に妥当に＝交通に必要な配慮が伴って）営まれる活動は，単にそれの加害的結果の故にだけで，違法性の無価値判断が課されうるのではないとする。共同生活のすべての規則の遵守にもかかわらず生ずる不可避的な損害は，不法ではなく，それは不運にすぎないという。BGB823条1項によって保護される権利および法益のあらゆる侵害が法秩序への違反だというものではなく，むしろ常にある行為規範に対する違反が違法性の構成的メルクマールとして要求されるべきであるというのである。

　もっぱら行為関連的に構成される違法性理論は，社会生活上の義務にとって大きな意義がある。それに従うならば，社会生活上の義務を限局してそしてそれをある機能的考察方法の力を借りて不法行為法の基本的構成要件の一つに嵌め込まないまでも変えようとする試みは，広い範囲で挫折すべき運命にあったことになる。すなわち人は，その際には社会生活上の義務を，それのお陰でBGBの類別構成要件が，ある包括的な一般条項の部分的扇形として考えられるであろう要素として，考えることを余儀なくされる。BGB823条1項および2項そして最後に確かに826条も，社会生活上の義務の適用事例となるであろうし，その逆ではないであろう。適切にもラーレンツ（Larenz）は，ニッパーダイ理論によると，結局のところ823条2項と並んで823条1項が不必要になるであろうことに注意を喚起した。人は閉じられた構成要件をある一般条項に掘り崩すことが法適用にとって有益であるかを争いうる。実定法の角度からは包括的な一般条項のための

いかなる余地もない[14]。

　こうして，フォン・バールは，社会生活上の義務を不法行為の包括的な一般条項とする学説には与せず，伝統的な不法行為法の理解の枠内で，この義務をどのように理解したらよいかを検討するのであるが，フォン・バールは，その際に，重要な機能を果たす，直接侵害と間接侵害の区別の説明に進む。

　　危険関連的違法性と禁止関連的違法性を，適切に引き続き分け，そしてそこにBGB823条1項と2項の間の区別の一つを見出す伝統的な学説は，危険関連的な違法性の領域では，制限を承認しなければならなかった。損害付与可能性の多様さが，それの侵害がそれへと導く行為の違法性判断を支えるところの，絶対的な権利や法益の範囲に関する微調整を強いた。この微調整は，いわゆる間接的権利侵害の限界確定基準の助けで，成功した。絶対的な財産保護は，今日知られているように，あらゆる種類の不作為に対しても，あらゆる種類の作為に対しても意味あるものではない。ある修正の必要性に関する典型的な例は，不可避的に産業的製造物の生産に結び合される損害が与える。あらゆる自動車製造者，あらゆる武器及び薬剤の製造者は統計的確実性をもって，彼によって製造された対象物によって人間が損害を蒙るであろうことを知っている。かかる財物の産出が，それゆえ些少ではない仕方と方法で健康侵害や死亡事故の蓋然性を高めている。あらゆる相当因果関係ある法益侵害が違法とみなされるならば，これらの事例での財物生産は既にそのようなものとして許されないこととなる。なぜなら，その生産が侵害結果に対して相当因果的条件を設定するからである。しかしまた，相当因果性を否定するあらゆる試みもまた，助けとなる力がない。製造者の責任はそれゆえ常に第一に，彼が彼に

かかっている製造制御を怠り，結果として欠陥ある考案がなされた器具が市場に到達しえたその場合に考慮される。ここに全体を代表するその一部分として存立する商品生産の場合において，権利侵害はそれゆえ製造者の側である義務違反があるときに初めて与えられるのである。このことは，当該の法益が範囲，すなわちあらゆる遠く隔たった行為を禁止された危険な近接化とみなすほどには決して進まない範囲から帰結する。それゆえ直接侵害は常に，間接侵害は義務違反がある場合にだけ，違法なのである[15]。

　直接的侵害と間接的侵害は，行き渡っている見解によって分けられうる。結果がなお行為の経過に属している場合には，その結果だけでその行為がそれの客観的性質に従って何であったかは，初めから明らかにされる。そのときには，その行為は社会生活正当性を顧慮することなく違法である。その際には，正当防衛の要件から，既に直接的に間近に迫っているBGB823条1項の権利や法益の侵害は，許容されないものとして性質決定される。これに対し，もはや結果が行為の経過の枠組み内に存しない場合には，その侵害はある特定の行為の多様な中間的原因によって介在された遠い結果であり，それの防止が生じた損害を退かせておくのに適切であったところの，義務違反が付け加わらなければならない。それゆえ，勢子が不注意に撃たれた場合，塗装職人がバケツを手から落としそれが絨毯を荒した場合，などにある直接なそして同時にそれ自体で違法な権利（法益）侵害が存在する。間接的で違法な侵害が問題となるのは，百貨店の店員が投げ捨てられたバナナの皮を顧客から遠ざけておかなかった場合，家屋所有者が塩まきをしない場合，ある薬剤の使用書が十分に説明していない場合，射的場の営業者が安全規定をなおざりにしている場合，などである[16]。

　商品製造の出発事例は，間接的な権利侵害の他の事例と同様に，こ

> こでは社会生活上の義務違反が問題であることを明瞭にする。前記された意味での間接的権利侵害は社会生活上の義務である。それはドイツ不法行為法において間接的権利侵害との重なりで，部分的な一般条項として把握されうる。後者は構造的には不作為に対する責任と完全に同じである。不作為の場合には，被害者は第三者によって，自然力によって，あるいは自分自身によって，間接的に害される。直接に被害者に作用することなく，むしろ間接的にだけ最終的に損害へと導く作用に関与している誰かある人が，それに対して答責性がある。ここでは，強度に抽象的な危険の設定の事例と同様に，結果がそれだけでその行為が客観的性質に従って初めから何であったかを明らかにさせない。高速道路で不注意のゆえに他人と衝突する者は，後者の所有権を過失があって侵害し，それゆえ社会生活上の義務違反で行為したのではない。渋滞していて我慢できない運転手が緑地帯の上へと逸脱する場合には，連邦共和国の所有権が事故惹起者によって間接的に侵害され，渋滞を引き起こした者の責任は，それゆえ社会生活上の義務の方へと向かう[17]。

直接侵害と間接侵害との区別のかかる説明の後に，フォン・バールは本来の検討目標であった，社会生活上の義務の不法行為法への組み入れの問題を論じる。

> 間接的侵害に対する責任の部分的一般条項としての社会生活上の義務の解釈によって，もちろんまだ説得力のあるものではないが，組み入れ問題の解決に向けた最初の萌芽が獲得された。BGB823条の条項の一つへの社会生活上の義務の配属に対して決定的なのは，むしろこれら両方の類別構成要件の間の形式的・実質的な諸々の区別でなければならない。単なる序列問題は避けるのが妥当である[18]。

ある権利の範囲から導出された間接侵害の本質からは，両方の類別構成要件の機能的な管轄についての説得的な結論は導かれないのであるから，BGB823 条の両条項を残余において性格付けている諸々の区別と社会生活上の義務の比較が必要である。二つのどちらかといえば形式的な基準，そして四つの実質的な基準が挙げられうる。形式的なものに数えられるのは，BGB823 条 2 項は保護法規の概念によって，客観的法規範の違反に注意を向けさせるということ，そしてそれとともに変圧器的位置を占めるということがある。BGB823 条 2 項は他の法領域に由来する行為規範を民法に編入し，そしてそれによって他の専門的知識に切り口をあける[19]。

　実質的区別の内では，まず第一に BGB823 条 2 項によって単なる私的利益，純粋な財産的利益が行為規範の保護範囲の内に存する場合に，保護されるということが傑出している。BGB823 条 1 項と同様に，BGB823 条 2 項は，なるほど具体的危険規範（StGB222 条, 230 条, StVO1 条）を知っているが，しかしそれの主要な意義は，既に抽象的な危険規範に対する違反を違法性判断の基礎とするというところにある。これにはある重なりあうものが結び合される。損害賠償訴訟の問題の中心があるそのような抽象的な危険規範に対する違反にある場合には，故意・過失はなおその保護法規だけに関係し，権利（法益）侵害に関する故意・過失は必要がない。第四の区別は，そのときに故意・過失の証明負担に関して存在する。ある抽象的な行為規範に含まれる保護法規に対する違反が確定している場合には，故意・過失に関する証明負担は転換される。BGB823 条 1 項の場合には，それとは逆に原告に対して証明負担があるままである。社会生活上の義務の組み入れにために，この要素に注意が向けられると，ほぼすべての観点が社会生活上の義務を BGB823 条 2 項に配属することに味方する[20]。

法的現実は積極的行為によって違反可能な社会生活上の義務を知る。フォン・ケメラー（von Caemmerer）が最初にそれに気付かせた。彼は花火の玉を売ることや，二極仲介プラグを製造することの禁止をとりわけあげている。学説と判例ではすでに長い間に作為による社会生活上の義務違反が問題であるべき多くの事例が意識的にあるいは無意識的にあげられている[21]。これらをより詳細に見ると，判例はBGB823条2項を模範にならって—損害賠償訴訟の問題の中心があるそのような抽象的な危険規範に対する違反にある場合には，故意・過失はなおその保護法規だけに関係し，権利（法益）侵害に関する故意・過失は必要がないこととなる—有責関係の短縮により責任を強化したいところで，作為によってなされた社会生活上の義務違反をいっている[22]。ある過度の抽象的危険の設定を禁ずる一般的な習熟にまで濃縮された行為の決まりとの有責性関連は，作為によって違反された社会生活上の義務の第一の本質的な要素である。この実質的機能方法においてのみ，社会生活上の義務による禁止の正当化が見出される。他の場合にはそれは現実的意義のない言葉の遊びである。この作為による社会生活上の義務と他の過失があってなされた他の権利（法益）侵害は次のことを明瞭にした。それは，社会生活上の義務の下には具体的危殆化規範（保証義務，不作為による具体的危殆化）と並んで，抽象的危殆化規範も見出されるということである。今やまた，あるより広い観点の下で補充されうるように，不作為責任の領域でもそれが存在する。抽象的危殆化規範に結びつけられるのは，前述した有責関係の短縮である。そこにまず第一の，社会生活上の義務は全体において，BGB823条2項に配属されるべきであるということに対する第一の本質的な論拠がある[23]。

　ここに主張される社会生活上の義務をBGB823条2項に移動させるという見解は，広範囲で裁判官実務にも相応している。というのも，

> 判例は社会生活上の義務違反を名目上は BGB823 条 1 項で考察するが，内容から言うと保護法規と全く同様に既に繰り返し我々の責任根拠を論じており，またそうなる理由は，答責者に保護法規に従って多様に課される義務と並んでこの一般的な義務が存在しているからである。それによって繰り返し観察されうる社会生活上の義務の法規補充的な機能もあらゆる望ましい明確性において際立てられる[24]。

　こうして，フォン・バールは，社会生活上の義務を BGB823 条 2 項に組み入れるのであるが，既に前述した判例でも採用されてきた，契約的な社会生活上の義務について，今度はその位置付けが問題となる。この学者は，履行補助者について次のように説明している。

> 　社会生活上の義務は，履行補助者および他の補助人に免責的ではなく委譲することが可能である。営業主が唯一の法定債務関係の債務者であるところでは，BGB831 条は適用できない。なぜなら，補助者は既に彼の負担となる義務が欠けていて法定債務関係の相手方に対して違法に行為しないからである。これに対し移譲が彼においてもの責任を基礎づける場合には，BGB831 条は BGB823 条に従っての責任の程度になんらの影響も与えない補充的な請求根拠として考慮される。BGB664 条の規定におけるのと類似して，営業主には肩代わりの権利は帰属しない。彼自身に土地に対する処分権から，管理人または製造者としての彼の地位からかかるところの責任を，免責的に委譲することは，それ自体がすでに有責の非難を根拠付け，即ちそれは不可能である。そのことは，判例によって営業主のいわゆる一般的な監督義務や態勢整備義務の領域で承認されている。しかしそれは，この領域を超えてそれの発端が営業主の負担となる危険抑止命令についての補助人への移譲であるところの，すべての危険に対して妥当しなけ

ればならない。なぜならこの型の態勢整備・監督義務は独自なものではなく，営業主に前と変わらず存在している社会生活上の義務に由来する責任短縮機能のない任務だからである。根源的義務の内容は変わることなく，むしろ保証にまで高められた終わりなき営業主の監督義務の存在は，以下の原則の現れなのである。その原則とは，彼にかかる命令の履行を本人として受け入れる第一次的な安全義務者(営業主)の自身における機能不全と同様の範囲で，補助者の機能不全が責めに帰されなければならないということである。この帰結については，一つの用語法の問題があり―社会生活上の義務の法で頻繁なごとく―，それは，この帰結が故意・過失の図式に入れられるのか，あるいは危険責任の図式に入れられるのかという問題である。免責的移譲を有責な義務違反として解釈する場合には，前者の内にそれが保持される。履行補助者の介入の場合の営業主の無条件の責任が擁護されるときは，危険責任の用語法において話されていることになる。このことにおいては，後者の結論が理論的な説得力とならんで実質的にも正当とされる[25]。

　これまでは補助者責任と証明負担の分配の問題点が，権利（法益）保護を改善させる契約締結上の過失と第三者のための保護効を伴った契約の主要な発展根拠として，みなされえた。また，当事者の意思により給付義務にまで高められていない保護義務―それの違反が積極的契約侵害に基づく請求権へと導くところの―も，BGHが社会生活上の義務と契約締結上の過失をそれとして同様に性質決定した法定債務関係から生ずるところの，権利（法益）に関連する信頼責任のこのグループに所属する。しかしながら，不法行為法の補助者責任と証明分配は，契約的構成にいかなることにおいても劣っていない。これまでの探究は，社会生活上の義務法がいわゆる準契約的な義務に体系的な場所―「準契約的」という言葉がそこを指示している（不法行為法）

ところの一をあてがうために，丁度よい利用手段を用意しているということを明らかにした。現れとしてまた系統としてみると，そのつどの保護義務は完全に同一である。現れとしては不法行為の悲劇的素材としての骨折や死亡である。系統からみると，通例は不作為に対する責任が問題であり，そこに避難されるは契約的義務は，主として作為への拘束性が問題である。違法性の平面でも，それらの義務は重なり合う。契約締結上の過失，第三者保護契約，契約関係における給付に関連しない保護義務は，不法行為的社会生活上の義務と全く同様に，ある行為関連的な違法性判断に基づいている[26]。

この契約侵害は，法益侵害，保護法規違反，良俗違反の加害と並んで，第四の形式の不法行為である。しかしなんらの契約も締結されていなかった場合や，合理的な契約解釈が保護義務の認定までの正当化をしない場合には，契約違反は違法性判断を担いえない。判例はしかしながら，これらの事例で過失をある契約類似の義務に対する客観的違反にだけ関連付けており，そしてこの義務違反が違法行為の認定を正当化するのであるから，契約的とはここでは単に，契約外的ということだけを意味するにすぎず，ここでは我々は社会生活上の義務に関係しているのである。一般的な社会生活上の義務と契約的な社会生活上の義務との完全な同一性は，前契約的な信頼結合が不法行為的な行為義務の発生根拠とならせたときに，最終的に達成される。ここでは契約締結上の過失は，その違反が問題となる社会生活上の義務とである。契約的結びつきによる社会生活上の義務は，既に述べたように，保護される人的範囲を十分に広く拡大しようとするときには—判例は今日そちらに傾いている—，第三者のための保護効を伴った契約である。一方での契約締結上の過失と第三者保護契約および他方での社会生活上の義務は，その区別に結びつけられるべき高められた法律効果の背景の前でも，量的考察についても社会的接触の強度についても，

接触者の交差的ポジションが余りにも様々なので，有意義に区別されえない[27]。

さらに，フォン・バールは，時効の問題について次のように述べる。

BGB831条と282条についての問題と並んで，契約的な社会生活上の義務と一般的な社会生活上の義務の関係では，なかんずく時効の問題が解明されるべき残っている。これは第三者のための保護効を伴った契約の構成からほぼ完全に別れを告げることを躊躇させる唯一の点である。残余の問題では，その構成は時代遅れになった。なぜならその構成はその発展機能を失ったからである。財産保護に関しては，その構成は全く有害なことが明らかになった。示されうるごとく時効の問題にも同一のことが当てはまる。積極的債権侵害これに対して，給付義務の内容となっていない保護義務の場合にも，契約の解除権を根拠付けるために使用されるというその理由で既に，それの正当化を失わないであろう。契約締結上の過失は，それが意図されていた給付との内的関連に立つ限りでは，それゆえ契約交渉の破棄や，意思表示の適時の到達の妨害の場合において，ある法律上の形式欠如の多くの状態において，そして売買法の物の瑕疵責任の場合には，それの場所を主張しうるかもしれない。しかしながら，他方当事者の生命・健康・所有権が関係する限りでは，それは第三者保護契約と同様に，時代に即さない責任制度として放棄されるべきであろう[28]。

命じられる他方当事者の法益に対する配慮が，その時々の契約の内に合理的解釈によってもはやなんらの支えも見出さない場合には常に，不法行為法の社会生活上の義務だけが問題となる。このことは特に売買契約の場合に当てはまる。保護義務はここでは，財産取引に向けられた当事者意思と全く関係しない。当事者は彼らの財産を増加さ

せることを意図しており，それゆえに彼らの保持利益を契約の相手方の保護へと委ねることなど全く考えない。百貨店におけるリノリウムの束，バナナの皮そして野菜の葉は，非法律行為的な争いの状況の古典的な諸場合である。相応する制御義務も監視義務も訴求可能的にも法律行為的にも履行可能ではない。店舗の立ち去りの際にある板が，ある顧客の体に落ち，その板は店舗所有者から片付け仕事を委託された年金生活者が不注意に屋根裏部屋から投げ落としたものであったという場合に，BGB242条に従い生ずる原告に対する義務，中庭の上を売場へと導く接近路から危険を遠ざけておく義務が違反されたのではなく，不法行為の交通安全義務だけは違反されたのである。いかなる書面の作成された契約においても，ある相応する条項を載せられない。なぜなら，不法行為法の保護に身を委ねているからである。保護義務違反の不法行為としての専有的な性格に対する重要な徴表は，それらの頻繁に観察されうる一方向性である。百貨店や店舗所有者は契約的に責任ありとされる。これに反して顧客のある保護義務違反のゆえに従業員が損害を蒙るという場合には，初めから契約類似の請求権は論じられないままである。彼の家政婦に果物を買いにいくことを頼んだ私人は，家政婦がバナナの皮を落してその上で売り子が足を滑らせたので，家政婦が売り子を過失があって侵害したことが認定された場合に，百貨店に契約的に責任を負う必要はないのではなかろうか？これらの事例においてそれの利用手段が物的関係のバリエーションの分化に互いに許容しあうところの不法行為法の物保有責任が問題であることが明らかとなる[29]。

　より詳細な考察によると，前述した種類の準契約的な保護義務は，今日では本質的にBGB852条の時効規定を飛び越えるためにだけなお利用される。不法行為法上の社会生活上の義務（交通安全義務）に基く請求権は，この規定に従って時効にかかる。これに対し，類似す

る契約的な保護義務違反の場合については，30年の時効期間が妥当すべきである。百貨店事例に基づく1951年からの請求権は，これによると今日でもなお抗弁によって阻止されえないであろう。このことは大きな懸念に遭遇する。証明負担の転換と結ばれた長い時効期間は，百貨店経営者の立場を耐えがたい仕方で悪化させるに違いないとの異議に対して，BGHは調整方法として失効（Verwirkung）が考えられるということで対応したが，それの存在は確かに今日ではあらゆる手がかりを欠いている[30]。

以上の判断は説得的ではなく，30年の時効期間は利益考量的正当性がない。この期間は失効の手段によっても調整されえない。なぜなら，時効期間の最後におけるある請求権の行使だけでは，許容されない権利行使のための特別な前提を充足できないからである。契約締結上の過失に基づく請求権の時効に関しては，BGH自身が出来の悪い論拠を通用させようとは意図しなかった。その論拠によると，契約締結上の過失や積極的債権侵害，および第三者のための保護効を伴った契約は法律によって特別な時効期間が考えられていなかったので，それゆえにBGB195条の通常時効が適用されなければならないという。これらの制度はBGBによって全く規定されていないのであるから，それらの個別的で全く多様な物的状況に適切なある特定の時効規範に対する根拠付けられた指定のその時々における確立が必要である[31]。

こうして，フォン・バールは，社会生活上の義務はすべて不法行為法に，823条2項に帰属させようとするのであるが，そこには，生命・身体・財産の完全性保護の問題は，財産取引の確実性を保護しようとする契約法にはなじまないとの判断があるように思われる。類別構成要件という特徴をもつドイツ不法行為法にあって，多様な社会的接触に応じた社会生活上の

義務を不法行為の領域内で課すことが可能だとするこの学者の理論は，やがて，ドイツ学説の内に概ね受け入れられていった。しかし，この義務を823条1項に帰属させるべきか2項にかという理論的問題については，争いがある。

次には，ドイツ債務法の最も権威ある，ラーレンツ・カナーリスの体系書にこれらの点に関する動向を見ることにしたい。

2) ラーレンツ・カナーリス体系書の学説

この体系書も，社会生活上の義務が，直接損害と間接損害の区別に深く関わることに注目する。

> 長い間，社会生活上の義務は不作為問題の一つの特殊なものと信じられてきた。しかしながら，結果関連および行為関連の不法概念に関する議論の経過の中で，この義務は間接侵害に対しても中心的意義があるとの見解が認められてきた。実際のところこれらの義務は，本質的な点において不作為との強い類似性を示している。法事実的－現象学的にみると，なによりもこの共通性は最終的な侵害へと導く原因が，そのつど賠償義務者によって設定されたのではなく，被害者自身の行動に，あるいは第三者の行動に，あるいは外的な出来事（とりわけ自然力のような）にあるということにある。例えば製造者―間接侵害の典型事例から離れないために―が，ある欠陥ある商品を流通させたという場合に，構成要件適合的な侵害は第一に被害者あるいは第三者がその物を利用したこと，この物が外的な負荷に耐え得ないことによって生ずる。同様に，誰かが朽ちた樹木の伐採を怠っているその時には，被害者あるいは第三者がそれによじ登ること，ある嵐がそれをなぎ倒すこと等々によって構成要件適合的な侵害に至る。理論的観点におい

> てはそこから，そのつど危険の防止あるいは回避が問題であるということが帰結する。実際にそれの違反が間接的侵害の不法の内容を根拠付けるところの行為義務は，危険抑止義務を表している。なぜなら，欠陥ある製品を流通させる者は，武器を不安全に置きっぱなしにする者は，ビール瓶に毒性の液体を満たすものは，子供に花火の玉を売る者は，ある建造物を不正に構築する者は，ある物の修理を不十分に行う者等々は，義務違反的な仕方で危険源を作出し，そしてこの理由でおよそ生ずる損害について責任を負わなければならない。同様に，誰かある人が朽ちた樹木の伐採に，凍った階段の塩まきに，ある感染に対する警告に，等々に義務付けられている場合にも，危険の回避が問題なのである。従って間接損害は，ここでの決定的な点において，構造的には実際に義務に違反する不作為の場合に対応しており，そしてそれゆえに矛盾なく社会生活上の義務の理論に取り入れられうる。これに対しこの義務は，直接的侵害については特別な様相の例外事例においてだけ，ある役割を演ずる[32]。

　この体系書は，以上の考察に基づいて，社会生活上の義務の概念と機能についての検討に移っていく。

> 　以上のことにより，社会生活上の義務の概念と機能は，明確に規定されうる。この義務は，危険防止義務・危険回避義務を表している。それにかえてまた，危険抑止命令ともいわれうる。それゆえ危険の回避に実務的にも理論的にも社会生活上の義務の理論の中心的基準があるのであり，この基準がこの義務にその内的統一と理論的な基礎付けを与えるのである。これについては，単にある形式的・概念的な衣着せだけでなく，基礎にある物的問題の正しい理解も問題だということは，なによりもまず結果回避義務に対する区別について示される。直

接侵害の不法内容は，かかる義務の違反に基礎を置いている。また不作為の場合にもかかる義務はある全く類似した役割を果たす。例えば水泳教師が彼の目の前で突然に沈む生徒を水から引き上げなかった場合には，彼の行為の不法は単に彼がある危険を防止しなかったということにあるだけでなく―例えば朽ちた樹木を伐採しなかったり凍結の場合に塩まきをしなかったりした者のごとく―，むしろ彼がその結果を妨げなかったということにあるのである[33]。

具体的危険と抽象的危険の区別が，社会生活上の義務の理論においていかなる役割を演ずるかは，争われている。一部では，この義務は具体的危険の回避にだけ役立つと考えられ，一部では，抽象的な危険に対する保護も原則としてそれの機能領域に取り入れられている。この問題は，明確な言語使用の基礎の上でのみ，答えられうる。ある危険の回避がBGB276条の意味における社会生活上必要な配慮の命令であり，そしてある理性的で誠実な法構成員なら彼がその危険を知っていたであろう限りは，それを自発的に予防するであろう場合には，その危険は具体的なものとして表示されるべきであろう。これに対し，その危険がすでにBGB276条の尺度に従って阻止されうるところのリスクの前段階にある場合には，抽象的と呼ばれうる。ここからは，最初の提起された問題に対して，社会生活上の義務の場合には具体的危険に対する保護が問題であり，そして判例はこの側面の下では，抽象的危険回避命令を発展させる権限をもたないという帰結となる。なぜなら，社会生活上の義務は前提から，過失ある違法な侵害の構成要件を正確に規定することに役立つのであり，従ってBGB276条の意味での社会生活上必要な配慮の命令と解きがたい関係に立つからである[34]。

ここに主張された見解の，区別的観点からの対照については，単に用語上の区別の問題にすぎなのかどうかを，もちろんより詳細に検討

しなければならない。例えば，ある権利や法益が既に現実に脅かされているということは，ここで根拠付けられている用語法に従うと，ある具体的な危険の認定に向けての傾きを与えない。例えば霧の際に高速度で運転し，彼が突然に見うるようになる障害について，もはや適宜にブレーキをかけられなくなっている者は，あるそのような障害が偶然に現れず，それゆえにいかなる法益も脅かされていないという場合にも，彼は具体的な危険を設定している。しかし他方ではまた，全く価値がないというのではない。なぜなら，ある配慮のある交通参与者も何かあるあらゆる種類の危険な行動を慎む必要はなく，それについては基本的にある侵害の発生が予見しうるような行為だけを慎めばよい。この前提が欠けると，ここで用いられている用語法による具体的危険の抽象的危険に対する限界を超える[35]。

次に，この体系書は，社会生活上の義務を不法行為法のどの条文に組み込むべきかについて，フォン・バールとは異なり823条1項に配置すべきことを論ずる。

　同時に社会生活上の義務の位置は，BGB823条1項への結びつけから生ずる。学説では，一部にはこの義務をBGB823条2項に移住させうるとの見解が主張されている。なぜなら，この義務は構造的にこの規定の意味での保護法規に対応するからだとされる。これに対し判例は，社会生活上の義務を本源的にBGB823条1項に位置づけている。原則的にそこに保持されうる。この主張されている観点からは，それに基づいて社会生活上の義務は発展史的に見ても理論的に見ても，BGB823条1項の意味での過失ある違法な侵害という概念の具体化に役立つということが生ずる。
　それらをBGB823条2項の方へと移植することは，その外にもこ

の規定の機能に矛盾する。なぜなら，この規定によって，不法行為外的な規範が不法行為法の中に移されるべきなのであるが，これに反して社会生活上の義務は真に不法行為的性格である。それを超えて，対立する見解はBGB823条1項のある完全に不適切な空洞化に導くであろう。なぜならその際には，間接侵害と不作為の全複合体がこの規定から取り去られ，B BGB823条2項の規定へと移されるのであるが，それは直接侵害と間接侵害の間の限界並びに作為と不作為の間の限界が，周知のとおりしばしば微妙であって，これらの行為方法が従って相互に緊密な補完性の関係にたつことから，ますます不合理だからである。なおそれによるとBGB823条2項は突然に全不法行為の中心規範に押し上げられ，そしてBGB823条1項は直接侵害に対する特別規範になり下がって，それにより両条文の体系的関係が全く逆転せしめられるであろう[36]。

このように，この体系書では，間接侵害について判例が創造してきた社会生活上の義務を高く評価するとともに，その判例が採ってきた解釈を基本的に尊重して，この義務に823条1項の「過失ある違法な侵害」をより正確にする機能を配している。

3） メディクスの学説

メディクスも，社会生活上の義務がドイツ民法においてもつ意義について，フォン・バール，ラーレンツ・カナーリスの学説とほぼ同様に，直接侵害と間接侵害の区別に依拠しながら，次のように説いている。

社会生活上の義務は，異なった二つの場所で現れることが珍しくない。第一は，不法行為構成要件のもとで，すなわち行為概念の枠内で。

不作為は，責任者が結果回避の目標を伴った活動に義務付けられていた場合に，積極的行為による結果惹起と同等である。これについては特に，彼の社会生活上の行為を，他人が危殆化されないように調える，一般的な基本義務が考慮される。

　第二に，社会生活上の義務はまた，違法性のもとでも現れる。単なる間接的侵害行為，すなわちそれにあっては侵害結果がもはや行為の経過の枠内にない間接侵害は，この結果によっては簡単に違法として示されないはずである。むしろそのような場合には，違法性はまずそれの他人の法益に対する危険性のゆえに，法秩序によって非とされる行為との因果性の結合から生ずる。

　この二重の社会生活上の義務の二重の現れは，この義務がどこで考察されるべきなのか，構成要件のところか，あるいは違法性のところか，あるいは二つの場所でか？[37]

　この問題が古い理論への退行をもたらすことは確かに許されない。その理論によると，社会生活上の義務は，不作為の違法性のみを根拠付けるべきことになろう。これに加えてこの古い理論は，それの社会生活上の義務による充足がずっと重要であるところの機能を全く考慮されないままとするだろう。すなわち技術法則による行為は，それがBGB823条1項の古典的な生活財産あるいは権利の一つを相当因果関係的に侵害するその時にも，どうしてそれは違法ではないのかということである。なぜならこのような違法性表示の限定は，放棄され得ないからである[38]。

　ドイツでは昨年において，およそ1万人の人が道路交通の被害者として死亡せしめられた。統計的にはどれくらいの死亡が各々の個別的な製造者の製品に帰せられるかは計算されうる。人々の死亡はここでは，単に製造と販売の相当的なだけでなく，むしろ統計的に確実な結果である。その際には積極的な作為が問題なのだから，伝統的理論に

従えば，違法性が示されなければならないであろう。にもかかわらず違法性を否定しようとするときには，法的正当化根拠が持ち出されるだろう。さもなければ，過失を否定しなければならないが，それは侵害結果の統計的確実性のゆえに疑義を広げるものである。これに対し新たな理論にとっては，人の犠牲者は間接的結果にすぎない。製造と販売の違法性（確かにまた構成要件適合性も）は，ある社会生活上の義務が違反されたかどうかにかかっている[39]。

　この立場においてだけ私は，先にあげた困難について，私の見解にしたがい可能な一つの解決を示すことができる。社会生活上の義務の二重の現れを一つの統一的な機能に戻すために，不作為と間接侵害のある類似性を確認しなければならない。この類似性は，単なる間接侵害と同様に不作為の場合には，違法な構成要件充足という徴表に対する十分性が達成されていないということにあるといってよいだろう。不作為の場合にはそれは明らかである。しかし同様にまた，間接侵害の場合にも存するのである。例えば航空機の開発・生産・販売には何百万かの人が参与していたしまいる。ここでも，彼らのすべてに対して823条1項の構成要件の示されている違法性においての充足を，航空機によって確実に人が死亡させられたり侵害されたりするという理由で認定することは，不合理であろう[40]。

　ここから，社会生活上の義務の統一的な機能が生ずる。この義務が，ある不法行為構成要件の違法性的な充足の非難を，それが十分性によって規定されるよりもある本体的により狭い人的範囲に限定すべきなのである[41]。

以上のように，この学説が，フォン・バールのそれと大筋で一致していることは，かなり明瞭に読み取ることができる。

4） ドイチュの学説

　最後に，社会生活上の義務の組み入れについて，フォン・バールと近い立場を採るドイチュの学説を掲げたい。

> 　支配的な見解によると，行為への義務は社会生活上の義務においてはっきりとした表現を見出した。後者の義務は，最初はある道路などを交通に開設した者の負担となる，交通安全義務の名で登場した。彼は平坦でないところを平らにし，凍結の際に塩をまき，穴を覆い，階段に手すりを装備し，要するに利用を安全にする必要がある。そうこうするうちに，それは一般的に他人の法益の損失—ある危険な状態あるいは同様の活動が脅かしているところの—からの安全に関係する社会生活上の義務へと発展させられた。今日では，社会生活上の義務は823条1項のもとでの行為義務と同一である，との見解が支配的である。より詳細には，この義務は同条にあげられている法益の不作為による侵害保護するであろう。このことは，危険規範として現れた，すなわちそのような法益に対する一般的配慮のみを指示する社会生活上の義務にとっては適切である。しかし，823条1項に挙げられている法益以外の利益を擁護する社会生活上の義務には適切ではない。次に行為規範として形成されたのではなく，それゆえ一般的な配慮ではなく，例えば路面凍結の際に塩をまくなどのある特別な行為を指定する社会生活上の義務が存在する。最後に，社会生活上の義務はある行為を命ずるだけでなく，既に不作為も命ずることができる。不安定な窓敷居に植木鉢を置くことは許されず，交通能力のない自動車で走行することは許されない等々である。それゆえ社会生活上の義務の範囲は，823条1項の法益を不作為から守ることを遙かに超えて進む。本質的

> にこの義務は，可能的な利益保護と行為義務のゆえに，保護法規を援助し，そして823条2項に帰属する。このことは，実際に823条1項の法益を不作為から保護している社会生活上の義務についても，余儀なく生ずる[42]。
>
> 社会生活上の義務を，何人をも害することなかれという一般的な命令の具体化としてみる場合には，社会生活上の義務という代わりに，一般的配慮義務という言い方をすることは容易に思いつく。むしろ，ある法益に対する事物適合的な危険抑止と規範命令的行為の遵守は—823条2項の場合—，外的配慮（最も高い程度での）とみなされうることが，適切である。しかし，それによって社会生活上の義務は，補充的に内的配慮と社会生活上において必要なものの最少限の尺度に照準を当てる276条1項2項の，過失回避配慮からはなお遠ざかる[43]。

　ドイチュは生命・身体・財産などの法益の保護のために，最大限に社会生活上の義務を活用することをめざし，それゆえ社会生活上の義務の範囲を，823条1項の法益を，不作為から守ることを遙かに超えて進ませるために，本質的にこの義務は，可能的な利益保護と行為義務のゆえに，保護法規を援助し，そして823条2項に帰属すると結論付けている。

　ドイツの社会生活上の義務に関する学説は，判例によるこの義務の承認に学びながら，その理論化に努めてきた。その過程を経ているので，学説もやはりドイツでの事業や活動（物の運用を含む）の発展に直面して，一方で事業の必要性を承認しつつ，そこから生ずる危険を可能な限り抑止するための理論化を迫られたのであるが，このことが間接侵害の理論を生み出し，それとの関連で社会生活上の義務を位置付ける方向へと進ませたと評価することができる[44]。ただ，この義務をドイツ不法行為法のどこに組み込むかについては，おそらく，伝統的な過失責任主義のなかで危険責

任を考えるジレンマから,「過失ある違法な侵害」をより正確にする機能を配して823条1項に組み入れる学説と,社会生活上の義務違反による不法を,権利や法益侵害の「過失ある違法な侵害」による不法と別異にするために,823条2項に組み入れる学説の対立があった。

ともかく,ドイツでの間接侵害との関係での社会生活上の義務の学説は,わが国での安全配慮義務にも基本的視座をあたえるであろうし,社会生活上の義務への組み入れ問題も,わが国では安全配慮義務を客観的過失の枠内で考えるのか,それとも法的義務として考えるところの損害回避義務に結びつけるのかについて検討する際に,大いに参考となろう。

これらのドイツの議論を踏まえて,次にわが国の学説と判例の考察に進みたい。

注
1) Entwurf eines burgerlichen Gesetzbuches fur das Deutsche Reich, Erste Lesung, ausgearbeitet durch die von dem Bundesrathe berufene Kommission, s. 156.
2) Motive zu dem Entwurfe eines Bürgerlichen Gesetzbuches für das Deutsche Reich, BandII, s. 724.
3) Entwurf eines burgerlichen Gesetzbuches fur das Deutsche Reich, Zweite Lesung,: nach dem Beschlüssen der Redaktionskommission; auf amtliche Veranlassung, s. 233.
4) Gesammten Materialien zum Bürgerlichen Gesetzbuch für das Deutsche Reich, Band5, s. 1267.
5) von Bar, Verkehrspflichten: richterliche Gefahrsteuerungsgebote im deutchen Deliktsrecht, 1980, S. 3.;浦川道太郎「社会生活上の義務(1)」早稲田法学57巻1号122頁。
6) von Bar, Verkehrspflichten: richterliche Gefahrsteuerungsgebote im deutchen Deliktsrecht, 1980, S. 5.;浦川道太郎「社会生活上の義務(1)」早稲田法学57巻1号123頁。
7) von Bar, Verkehrspflichten: richterliche Gefahrsteuerungsgebote im deutchen Deliktsrecht, 1980, S. 6.;浦川道太郎「社会生活上の義務(1)」早稲田法学57巻

1号124頁。
8) von Bar, Verkehrspflichten: richterliche Gefahrsteuerungsgebote im deutchen Deliktsrecht, 1980, S. 6.；浦川道太郎「社会生活上の義務（1）」早稲田法学57巻1号124頁。
9) von Bar, Verkehrspflichten: richterliche Gefahrsteuerungsgebote im deutchen Deliktsrecht, 1980, S. 7.；浦川道太郎「社会生活上の義務（1）」早稲田法学57巻1号124頁。
10) von Bar, Verkehrspflichten: richterliche Gefahrsteuerungsgebote im deutchen Deliktsrecht, 1980, S. 8.；浦川道太郎「社会生活上の義務（1）」早稲田法学57巻1号125頁。
11) von Bar, Verkehrspflichten: richterliche Gefahrsteuerungsgebote im deutchen Deliktsrecht, 1980, S. 15.；浦川道太郎「社会生活上の義務（1）」早稲田法学57巻1号128頁。
12) von Bar, Verkehrspflichten: richterliche Gefahrsteuerungsgebote im deutchen Deliktsrecht, 1980, S. 145.
13) von Bar, Verkehrspflichten: richterliche Gefahrsteuerungsgebote im deutchen Deliktsrecht, 1980, S. 145.
14) von Bar, Verkehrspflichten: richterliche Gefahrsteuerungsgebote im deutchen Deliktsrecht, 1980, S. 146-150.
15) von Bar, Verkehrspflichten: richterliche Gefahrsteuerungsgebote im deutchen Deliktsrecht, 1980, S. 154-156.
16) von Bar, Verkehrspflichten: richterliche Gefahrsteuerungsgebote im deutchen Deliktsrecht, 1980, S. 156-157.
17) von Bar, Verkehrspflichten: richterliche Gefahrsteuerungsgebote im deutchen Deliktsrecht, 1980, S. 157.
18) von Bar, Verkehrspflichten: richterliche Gefahrsteuerungsgebote im deutchen Deliktsrecht, 1980, S. 157.
19) von Bar, Verkehrspflichten: richterliche Gefahrsteuerungsgebote im deutchen Deliktsrecht, 1980, S. 158-159.
20) von Bar, Verkehrspflichten: richterliche Gefahrsteuerungsgebote im deutchen Deliktsrecht, 1980, S. 159.
21) von Bar, Verkehrspflichten: richterliche Gefahrsteuerungsgebote im deutchen Deliktsrecht, 1980, S. 63.
22) von Bar, Verkehrspflichten: richterliche Gefahrsteuerungsgebote im deutchen Deliktsrecht, 1980, S. 159.
23) von Bar, Verkehrspflichten: richterliche Gefahrsteuerungsgebote im deutchen Deliktsrecht, 1980, S. 160.

24) von Bar, Verkehrspflichten: richterliche Gefahrsteuerungsgebote im deutchen Deliktsrecht, 1980, S. 165.
25) von Bar, Verkehrspflichten: richterliche Gefahrsteuerungsgebote im deutchen Deliktsrecht, 1980, S. 270-271.
26) von Bar, Verkehrspflichten: richterliche Gefahrsteuerungsgebote im deutchen Deliktsrecht, 1980, S. 312.
27) von Bar, Verkehrspflichten: richterliche Gefahrsteuerungsgebote im deutchen Deliktsrecht, 1980, S. 313.
28) von Bar, Verkehrspflichten: richterliche Gefahrsteuerungsgebote im deutchen Deliktsrecht, 1980, S. 313-314.
29) von Bar, Verkehrspflichten: richterliche Gefahrsteuerungsgebote im deutchen Deliktsrecht, 1980, S. 314-315.
30) von Bar, Verkehrspflichten: richterliche Gefahrsteuerungsgebote im deutchen Deliktsrecht, 1980, S. 315-316.
31) von Bar, Verkehrspflichten: richterliche Gefahrsteuerungsgebote im deutchen Deliktsrecht, 1980, S. 316.
32) Larenz/Canaris, Lehrbuch des Schuldrechts, BandII Halbband 2 Besonder Teil 13.Auflage, 1994, S. 401-402.
33) Larenz/Canaris, Lehrbuch des Schuldrechts, BandII Halbband 2 Besonder Teil 13.Auflage, 1994, S. 402.
34) Larenz/Canaris, Lehrbuch des Schuldrechts, BandII Halbband 2 Besonder Teil 13.Auflage, 1994, S. 402.
35) Larenz/Canaris, Lehrbuch des Schuldrechts, BandII Halbband 2 Besonder Teil 13.Auflage, 1994, S. 403.
36) Larenz/Canaris, Lehrbuch des Schuldrechts, BandII Halbband 2 Besonder Teil 13.Auflage, 1994, S. 405.
37) Medics, Burgerliches recht: eine nach Anspruchgrundlagen geordenete Darstellung zur Examensvorbereitung, 1996, S. 472.
38) Medics, Burgerliches recht: eine nach Anspruchgrundlagen geordenete Darstellung zur Examensvorbereitung, 1996, S. 473.
39) Medics, Bürgerliches Recht: eine nach Anspruchsgrundlagen geordenete Darstellung zur Examensvorbereitung, 1996, S. 473-474.
40) Medics, Bürgerliches Recht: eine nach Anspruchsgrundlagen geordenete Darstellung zur Examensvorbereitung, 1996, S. 474.
41) Medics, Bürgerliches Recht: eine nach Anspruchsgrundlagen geordenete Darstellung zur Examensvorbereitung, 1996, S. 474.
42) Deutsch Haftungsrecht, Erster Band: Allgemeiner Teil, 1976, S. 129-130.

43) Deutsch Haftungsrecht, Erster Band: Allgemeiner Teil, 1976, S. 130.
44) 完全性利益の侵害の場合には，社会的接触の緊密具合により契約責任か不法行為責任かでその救済を分けるべきではなく，完全性利益に対する配慮義務を上位概念の義務としてとらえ救済するべきであるという思想は，ドイツ債務法改正の基底に存在するといえる。というのも，旧ドイツ民法195条では債権の消滅時効は30年と定められており，旧ドイツ民法852条においては不法行為に基づく損害賠償請求権の消滅時効は3年と定められていたため，債務不履行に基づく損害賠償請求権を行使するならば30年の消滅時効，不法行為に基づく損害賠償請求権を行使するならば3年の消滅時効という結論となっていた。これに対し，債務法改正後の現行ドイツ民法199条2項においては「生命，身体，健康または自由の侵害に基づく損害賠償請求権は，その発生およびその認識または重過失による不知を考慮することなく，行為，義務違反，またはその他の損害を惹起する出来事から30年で時効にかかる」と定められている。すなわち，保護法益が「生命，身体，健康，自由」である場合には，一律に30年の消滅時効を規律し，契約責任として構成しても，不法行為責任として構成しても，双方ともに共通の消滅時効を付与することによって，上述した弊害をなくしているのである。このような，2001年のドイツ債務法現代化法により，保護法益が「生命，身体，健康，自由」である場合には，一律に30年の消滅時効を規律し，契約責任として構成しても，不法行為責任として構成しても，双方ともに共通の消滅時効を付与しようとする思想は，先にも述べたドイツの裁判所で創出されたVerkehrspflichtの判例と学説の展開からもわかるように，完全性利益の配慮義務違反を契約責任か不法行為責任かで分けようとするのではなく，完全性利益の配慮義務を上位概念としてとらえることにより，社会の絶対的要請を満たそうとする傾向をとりいれたものであるといえよう。

第 4 章
日本における安全配慮義務の生成と展開

序　論

　安全配慮義務とは,「ある法律関係に基づいて特別な社会的接触の関係に入った当事者間において, 当該法律関係の付随義務として当事者の一方又は双方が相手方に対して信義則上負う義務（生命・健康を危険から保護するよう配慮すべき義務—筆者）として一般的に認められるべきもの」と定義されている[1]。判例で認められてきたこの安全配慮義務は, 既に労働契約において平成19年に立法された労働契約法5条で立法化され, 平成20年より施行されるに至っている。

　その労働契約法5条では,「使用者は, 労働契約に伴い, 労働者がその生命, 身体等の安全を確保しつつ労働することができるよう, 必要な配慮をするものとする」と定められている。そして, その趣旨は, 厚生労相労働基準局長「労働契約法の施行について」によると「通常の場合, 労働者は使用者の指定した場所に配置され, 使用者の供給する設備, 器具等を用いて労働に従事するものであることから, 判例において労働契約の内容として具体的に定めずとも, 労働契約に伴い信義則上当然に, 使用者は, 労働者を危険から保護するよう配慮すべき安全配慮義務を負っているものとされているが, これは民法の規定から明らかになっていないところである。このため, 労働契約法5条において, 使用者は当然に安全配慮義務を負うことを規定したものである」とされている[2]。

　このように, 安全配慮義務は, いまや労働契約法に定められた法律上の義務となり, この分野では判例法理としての義務から制定法の義務へとその地位を高め, さらには近年問題となっている企業のコンプライアンスやCSR（企業の社会的責任）の問題にまで広げられてきている。

　土田教授は, 労働契約法の理念・目的を第一に労働契約の適正な運営を

促進する規制[3]，第二に労使・雇用社会の最適な利益調整[4]といった使用者と労働者の関係だけでなく，第三に労働法コンプライアンス・CSR の促進[5]をあげ，そして「労働契約法は，労働契約の基本ルールを提供し，企業の行為規範を明確化することによって，コンプライアンスの認識を高め，個別労働紛争の防止に寄与する法として機能する。のみならず，近年の大きな流れとしては「法の支配」の理念の下，労働契約法の相当部分が立法として整備され，労働法コンプライアンスの対象の拡大と複雑化をもたらしている。こうして，労働契約法は，それ自体がコンプライアンスの対象となるとともに，企業のコンプライアンスを推進することを主要な目的とする」[6]と述べる。さらに，土田教授は，組織が株主や投資家だけではなく，従業員，取引先，消費者，環境，競合他社，国監督官庁等あらゆるステークホルダーに対して責任を負うことに鑑み，組織はこれらステークホルダーに対して積極的配慮活動を意味する[7]「CSR (Corporate Social Responsibility) ＝企業の社会的責任の推進も（労働契約法の―筆者）重要な目的である」[8]とする。

　この立法化と，その後の動向からも明らかなように，安全配慮義務はまず使用者が被用者に負う義務として発展せしめられてきたが，次第に企業が多様な社会的接触をもつ者に対して負う配慮義務にまで広げられ，さらに今日では広義での事業・活動をなす者が種々の社会的接触を有する者に対して負う義務にまで拡大されて論じられている。

　もちろん，かかる拡大につれて，この義務は契約関係に付随するものにだけとどまりえず，不法行為責任の前提たる義務にまで進むのであるが，その進出は一挙になされたのではなく，前述した不法行為責任の根拠に関する理論の変遷に伴って現実化したものである。以下では，安全配慮義務の前身として説かれた「保護義務」から安全配慮義務に至る学説を検討しながら，近時において不法行為責任の一般的根拠として説かれる損害回避義務の適用概念として，事業者が多様な社会的接触を有する様々な場面で

負うかかる義務を導出させてきた学説の動向について概観したい。

4.1　わが国での「保護義務」に関する学説の展開

　わが国の初期の学説が，安全配慮義務の前身である「保護義務」に関する議論において，主要な参考としてきたのは，ドイツの雇用契約である。その理由は，ドイツの雇用契約には以下の二条文が置かれていたからである。

BGB617条
　(1) 被用者が家庭共同体に受け入れられていて，被用者の就労が完全か主として要求されるような継続的雇用関係の場合には，使用者は彼の発病の場合において6週間のしかし労務関係の終了を超えない間，必要な看護と医術上の治療を施さなければならない。ただし被用者の発病が故意又は重過失によって引き起こされた場合にはこの限りではない。看護と医術上の治療が医療施設への入院によって施された場合には，その費用は発病期間について支払われるべき報酬から差し引かれうる。発病を理由に使用者から雇用関係が626条に従い告知される場合には，それによって生ずる雇用関係の終了は効力を認められない。
　(2) 看護や医術上の治療のために，保険あるいは公的な病気療養施設による備えがある場合には，使用者の義務は生じない。

BGB618条
　(1) 使用者は労務の性質が許す限り被用者が生命および健康について危険から保護されるように，彼が労務の遂行のために供しなければならない場所，装置，あるいは用具を配置し維持しなければならず，そして彼の

指図と指揮の下でなされるべき労務給付を調整しなければならない。

(2) 被用者が家庭共同体に受け入れられる場合には、使用者は居室および寝室、扶養並びに労働時間と休憩時間について、被用者の健康、徳義および宗教に考慮して要求されるところの処置と指図を講じなければならない。

(3) 使用者が被用者の生命と健康について彼に負わされている義務を履行しない場合には、不法行為に適用される842条から846条までの規定が彼の損害賠償のための義務に準用される。

ドイツのこれら二条文を参考に、わが国で最初に安全配慮義務について詳細に言及したのは末川教授である[9]。末川教授は、その論文「雇用契約発展の史的考察(ギールケ『雇用契約の起源』に就て)」の中で、ローマ法における雇用契約の位置づけと[10]、ドイツ法における雇用契約の位置づけ[11]、ゲルマン法における雇用契約の位置づけ[12]について言及し、それをふまえて我が国における雇用契約について詳細に論じている[13]。

末川教授によれば、ローマ法においては、雇用契約はlocatio conductioの一種に属し、物の賃貸借契約locario condiction reiに準じて取り扱われるべきものであるとされていたが、その理由の一つは、元来ローマ法においては、奴隷はほとんど物と同視され、奴隷の賃貸借は家畜の賃貸借と同じように物の賃貸借であると考えられていたからであるという。

これに対し、ドイツの雇用契約の起こりは、ギールケによれば、労務を単に物的にのみ観察していたローマ法に求めることはできず、封建制度の下で主君と臣下との間に人的な(身分上な)関係を生ぜしめることを目的として認められていた、ドイツ古法の忠勤契約(主従契約 Treudienstvertrag)に求められるという[14]。以下では、末川教授の説明を掲げたい。忠勤契約とは、人格を捧げずして主たるべきもののために勤

労に服して奉仕すべきことを内容とする契約であり，臣たる者はこれによってその自由を剥奪されるものではなく，主と臣の両者の間に権利と義務を発生させた[15]。このため，忠勤契約の本質的内容は，主君と臣下という身分法的関係のもとにおかれ，主君のためには die Munt（ゲルマンの親族法に求められた家長制度における家長の権利）を生じ，主君はこれによって命令および懲戒の権力を得るとともに，主君は保護と代表に当たり，これに対して臣下は継続的に服従と勤労等の義務を負担する（よって臣下は保護される権利を取得する）[16]。そして，ドイツ法上の雇用契約は，身分法上の効果を持っている特殊の債務契約として，ドイツ法に特有な僕婢契約として発展した。僕婢契約とは，忠勤契約のように終身の拘束を目的とするものではなく，あらかじめ一定の期間を定めて締結される者であるが，その期間は忠勤契約と同様に労務者を主人の家庭的共同生活に加入させた。このため，主人は労務者に対して命令懲戒の権力を持つと同時に，労務者に対して監護をなすべき義務を負っており，給金を与える以外に衣食住を保証し，病気の場合には看護をしなければならなかった。つまり，主人は他の自分の家族に対するのと同様に僕婢のために広い範囲の責任を負っていた[17]。

1900年に施行されたドイツ民法典において定められているBGB611条における雇用契約[18]は，純粋な双務契約としての形態をとっており，有償契約としての労務の提供について述べており，身体的拘束を述べてはいない。しかし，その背後には，僕婢条例[19]があり，BGB611条は，文言上では純粋な双務契約としての形態をとってはいるものの，社会において行われている雇用契約の実態は，身分的拘束を伴った契約がドイツの産業の基盤であった。

このような経緯を持つドイツ民法上の雇用契約における主人の特別義務は，主の権利を発生させるが，主の義務をも課すものであるとされた。そして，ドイツ民法においては，雇用契約から身分法上の保護義務を生じる

ことを認め，使用者は労務供給の場所，設備または器具を設置し保持するに当たり，および労務を指定又は指揮するに当たり，常にできるだけ労務者の生命および身体の保護に注意しなければならないと定め，さらに労務者が使用者の家庭において共同に生活する場合には使用者の保護義務は居室・寝室・衣食住および休息時間などのさまざまな点に及び，それは健康上のことに限らず，労務者の徳義上および宗教上のことまでも考慮しなければならないとされている（BGB618条）[20]。そして，さらに多くの雇用関係において使用者が負担する，病気監護の義務についても，同じように定められている（BGB617条）。よって，ドイツ法上の雇用契約は，すべての種類の労務が雇用の目的となることを明言しているものの，もともと身分法上の種類に属するべき権利および義務を労務者のために発生させることから発展したことに鑑みて，身分法上の種類に属するべき権利および義務を労務者のために発生させることから生じる弊害を，617条・618条で救済しようとしたことは明らかであるといえる[21]。つまり，ドイツ民法BGB611条は，雇用契約は形式的には純粋な双務契約であるため，身体的拘束がない場合には617条・618条は適用されるものではないが，身体的拘束がある労務となった場合に，617条・618条が適用されると考えられた。

末川教授は，このようなドイツ雇用契約の検討から，わが国においてもドイツ民法の特別義務と同様に「主の義務は約束せられた報酬を給付すべき債務法上の義務につきたるものではなくて，さらに人に対する権力に対応して労務者のために保護をなすべき義務を包含するものである」とする[22]。そして「今日の雇用契約が身分法上の種類に属すべき権利および義務を労務者の為に発生せしむることは明白である」としている[23]。すなわち，身分的拘束を前提とする契約の場合には，わが民法でもドイツ民法617条・618条のような義務を使用者にも生じさせるべきとしている。末川教授は述べる，「民法に直接の規定はないけれども，雇用は労務者の

精神的ないし肉体的な活動を対象として労務者の人格的利益に関することが大きいのだから，使用者は当然に労務者の生命・健康等についてその安全を保護すべきは勿論，また教育・風紀・信教等についても留意しなければならぬ。例えば子弟や家庭労務者に対しては居室・衣食などにつき保健・衛生・風紀その他の観点から適当な施設を存すと共に，病気・負傷等の場合には適宜の措置を講ずべき保護義務が使用者に課せてゐると観なければならぬ。そして工場法・鉱業法その他におけるいはゆる労働保護法規や商店法などでは危害の予防・保健衛生・風紀取締などの為に使用者の保護義務を認めてゐる例がかなり沢山ある」[24]。

ここで注意せねばならないのは，末川教授がここで述べている「雇用契約」は「当時の雇用形態を前提とした契約」すなわち身分的拘束を伴った契約であると言うことである[25]。

しかし，その後の学説は，ドイツの二条文が適用対象と予定していたのが，身分的拘束を伴った契約であることを肯定しながら，しかしより一般的に適用できる理論であるとする見解を示し始める。

すなわち，川島教授は，「保護義務については，ドイツ民法618条に定められたところの被雇用者の健康保護義務のごときも，被用者が雇用契約によって，雇主の指定する場所に起居することを強制されることに基づくものであって，契約特別関係の内容を明らかにしたものと解するべきである。したがってこのような明文の規定を欠くわが民法においても，女中等については同様または類似の契約義務を認めるべきであろう」[26]とし，保護義務のような明文規定の必要性を説く。しかし，川島教授は，この保護義務を発展させながら，工場主の責任は工場内の労働において事実上存する特別危険に対するものであり，相手方が事実上かかる危険からこうむる損害を賠償する義務を負うものと解すべきであると述べている[27]。

我妻教授は，雇用契約上の使用者の付随義務を「設備・機械・器具・労務場につき労務者の生命・健康の危険を守る義務」と「家庭共同体に取り

込まれている労務者についての保護義務」に分ける[28]。そして,「家庭共同体に取り込まれている労務者についての保護義務」については,「ドイツ民法及びスイス債務法は,家庭共同体に取り込まれている労務者に就いて特別の保護規定を設けている。その一は,労務者の居室・寝室・食物・労働時間・及び休養時間などについて労務者の健康・風儀及び信仰に適合させねばならないことである。規定のないわが民法の解釈としても当然と言ってよいだろう」[29]とし,「その二は労務者が労務給付と関係なく但しその過失に因らないで病気になった場合には,使用者が一定の範囲で療養を与える義務を負うことである。かような雇用関係に於いては雇用の特質たる人的結合関係が最も顕著に表れるのであるからその関係を支配する信義則に従ってわが民法の解釈でも同様の理論を認めうるべきである」と述べる[30]。

他方で,「設備・機械・器具・労務場につき労務者の生命・健康の危険を守る義務」については,ドイツ民法の617条・618条の条文に言及しつつ,「これらの規定は保護規定と呼ばれ,労務者保護の政策上特に課せられた義務とされた。然し,雇用契約の内容が,使用者においてこれらの設備をなし,労務者の労務をこれに配置して労務を実現させるものである場合には,使用者が右のような義務を負うのはむしろ当然のことといわねばならない」と述べている[31]。

これらの学説が,一般的に使用者の被用者に対する保護義務を認めていることは確かであろう。

ドイツの雇用契約に関する前述した末川教授の研究を引き継ぎ(時には批判し),さらに詳細な検討をわが国で加えたのは白羽教授である。白羽教授は,メンガーの功績に言及しながら,おおよそ次のように述べている[32]。1900年に施行されたドイツ民法典は,前述したように611条において雇用契約を規定する。そして,ドイツ民法618条1項,618条2項,617条は第二草案で追加された規定である[33]。この第二草案への追加に

尽力したのはギールケとメンガーである。ギールケは，僕婢条例を前提とし，ドイツにおける雇用契約の性質を主従関係に鑑みて，その身分的拘束からくる危険の回避のための条文を提案した。これがBGB617条であるといわれる。メンガーは，僕婢条例の廃止を訴えつつ，労働者の生命及び健康などに対する雇主の安全配慮義務を提案した。とはいえ，メンガーの主張である僕婢条例の廃止は実現せず，雇主の安全配慮義務のみが実現した。これが，618条である。このように，ドイツにおいては，その雇用契約の前提が身分的拘束におかれているため，617条，618条ともに身分的拘束を前提とした条文であることに間違いはない[34]。しかし，白羽教授も，618条1項の文言からは，僕婢制度と関係なく雇主の安全配慮義務を認めているので，この条文をもって労働者一般についての雇主の安全配慮義務が認められることとなるとしている。ドイツ民法618条を，労働者一般に対する「安全配慮義務」の規定としており，その後の人権保障の安全配慮義務の議論へと連なる内容をもつ。

4.2 わが国における安全配慮義務の学説の展開

　安全配慮義務について，学説により一般に是認されてきた定義を含む最高裁判決での判示内容は以下のごとくである。「国は公務員に対し国が公務遂行のために設置すべき場所施設若しくは器具の設置管理または公務員が国若しくは上司の指示の下に遂行する公務の管理にあたって公務員の生命及び健康を危険から保護するよう配慮すべき義務を負っていると解するべきである。そしてこのような安全配慮義務はある法律関係に基づいて特別な社会的接触の関係に入った当事者間において当該法律関係の付随義務として当事者の一方または双方が相手方に対して信義則上負う義務として一般に認められるべきものであって国と公務員の間でも別意に解するべ

き論拠はない」

　この定義における「特別な社会的接触の関係」や「当該法律関係の付随義務」などの文言は，この義務違反による責任を契約責任とする方向へと導き，「生命及び健康を危険から保護するよう配慮するべき義務」や「一般的に認められるべきもの」との表現は，不法行為責任を想起させるであろう。かくして，わが国の学説が，安全配慮義務についてこれまで傾注してきた努力の大半は，やはりこの安全配慮義務違反から生ずる責任の性質決定の問題についてであり，前述した請求権競合の問題とも関連して傾注されてきた。

　もちろん，かかる安全配慮義務の定義がもつ目的は，前述したドイツの社会生活上の義務とほぼ同じく，各人に多様な社会的接触関係に応じた他人の生命・身体の安全に対する配慮義務を課そうとすることにあり，そして，前述したドイツの判例や，後述するわが国の判例によると，広義での事業をなす者がこの事業と多様な関係で接触する者の主として生命・身体の安全に努めさせる義務として実際に機能しているものである。学説は，一般に，各人（特に広義での事業をなす者）に多様な接触関係（契約関係を含む）に応じてなす，他人の生命・身体・（財産）の安全に配慮する義務を認めてきており，そしてかかる動向は，不法行為責任の根拠が客観的注意義務違反＝損害回避義務違反に求められる理論の進展とほぼ並行して進んできた。すると，どうしても問われるのは，各人に多様な接触関係に応じた他人の生命・身体の安全に対する多様な配慮義務は，客観的注意義務違反＝損害回避義務違反を根拠に考えられてきた新たな不法行為理論の枠組みに入れられるべきものなのか，それとも契約責任の拡大という理論によらなければならないのか，あるいは根拠付けの変更により強化されてきた不法行為責任と，もともとが厳格な契約責任には本質的差異がなくなってきているとの前提に立ちながら，そうであれば安全配慮義務は契約関係ある当事者にも，そのような関係はないが社会的接触ある者の間にま

でそれらの接触関係に適合させた適用が可能な独自の制度と考えるべきか，などの点であろう。次にはこれらの問題に関する学説をまず概観したい。

1） 安全配慮義務を不法行為責任ととらえる見解

平野教授は，「契約責任に歴史的に混在せられていた異分子が，契約責任の拡大の過程で解明され，それを契約責任と構成するために給付義務以外の義務が生み出された。しかし，それは，本来の契約責任の拡大であることを明らかにすることにより，消去法的に（拡大ではない—筆者）契約責任本来の領域を残すことになった。それはまさに意思自治の原則に適合するものであり，ここに契約責任の本質を見出すことができる。従って，契約責任の拡大領域については，契約責任でないことを認識したうえでその取り扱いがなされなければならない」と述べ[35]，契約責任と不法行為責任は別々であるとの峻別論にたつ。そしてその上で「契約責任は意思自治の原則のもとに私人が自由に創造した利益（給付利益）—契約なしには存しない利益—の保護を目的とし，不法行為責任は，公の秩序として一般的利益（給付外利益）—契約とは無関係に存する利益—の保護を目的とするという点で，両責任は区別されるべきである」とする[36]。さらに，給付外利益を，給付義務の不履行の結果として給付外利益が侵害される場合（類型1）[37]，給付義務の不履行はないがその履行に際して給付外利益が侵害される場合（類型2）[38]，主たる給付義務となんらの関係がない場合（類型3）[39] の3つに類型化し，類型1を拡大損害，類型2を付随損害，労働災害は類型3となるとしている。そして，「類型1と類型2が履行によって損害が生じたと比喩的に言え不完全履行に何の疑問もなく含ましめられてきたのに対し，ここ（労働災害）にはかかる状況はない—それ故に，安全配慮義務という別の義務が特にこの事例で注目されたわけである—か

らである。」⁴⁰⁾と述べ，それゆえ安全配慮義務の性質を不法行為と契約と双方の性質を有することを前提に，それを論じる利益は労働災害にあったとする。その上で，「確かにいずれの類型も特定の給付外利益の侵害が契約上当然に予見しうる場合であり，これを契約当事者間で全く契約外の問題としたと考えるのは不自然に思われるが，他方では問題となっているのは給付外利益の侵害であるというジレンマが生じ，それゆえに従来この給付外利益の侵害という領域をめぐって議論が紛糾し第三の責任などという主張までも為されたわけであるが，以上の考察によれば，この領域での契約関連利益はあくまでも給付外利益であるため，その侵害は不法行為責任を導くのみである」⁴¹⁾として不法行為的構成をする。

　そして，平野教授は，その後の論文「完全性利益の侵害と契約責任論—請求権競合論および不完全履行論をめぐって」において，完全性利益侵害例につき，「人の身体について時間的・場所的支配を伴うような雇用契約・人の運送契約・宿泊契約・在学契約のような契約類型およびこれに準じた法律関係にあっては，債権者に，生命・身体の安全を配慮するため人的・物的設備を備える義務（判例理論上の安全配慮義務に相当する）が承認されるべきである。またこれらの場合において債権者が占有する財産についても，滅失・毀損しないように配慮する義務があると解すべき」であるという。さらには，「完全性利益の侵害ある灰色領域につき，そもそも「競合論」の問題とならない中間責任とする考え（第三責任説）さえも生じている。」⁴²⁾と諸学説を分析した上で，「筆者としては灰色地帯を残してかかる便宜的な解決をなすことには方法論的にみて反省すべき点が含まれているように思われるし，この灰色地帯を第三責任領域などとすること（第三責任説）にも賛成できない」⁴³⁾といい，安全配慮義務違反の責任について中間責任とする考えも否定する。

　さらに，平野教授は，「完全性利益は契約の効力とは無関係に保護される静的利益（＝不法行為法等の保護利益）であり，契約の効力に基づいた

メカニズムとは異質のものである。その侵害を無理に契約責任に組み込めば，種々の不合理が生ずるはずである。」と述べ[44]，その不合理として「（1）安全を目的とした給付義務を契約から導くのは多く擬制的であり，他方，この批判を避けるために，信義則上の保護義務といった説明を持ち出せば，何故それが契約責任を導くのかといった根本的疑問に突き当たる。（2）安全を図る義務とは，不法行為法上の過失の前提となる注意義務に等しく，その履行の不完全性の証明は，過失の証明に等しい。（3）免責合意の効力を完全性利益の侵害の場合にまで認めるのは不都合である。（4）完全性利益の侵害による損害賠償義務は完全性利益が侵害されたが故に（契約の効力とは無関係に）生ずるのであり，独立して時効は考えられるべきである。（5）同一事故で契約当事者と第三者とが同一の法益を害された場合に，両者につき異なった責任が成立するのは不合理である。以上の不合理はすべて，不法行為上（静的利益保護法上）の保護法益たる完全性利益を，契約責任に組み込んだために生じたものである。これを解決しようとして，契約責任の再構成を図ろうとする契約責任説，第三責任説，性質決定不要説が生じてきたのであるが，筆者はいずれにも反対である」[45]と述べ，契約責任の純正化を試み，完全性利益の侵害すなわち安全配慮義務違反を不法行為責任としてとらえるべきであり，契約責任としてとらえるべきではないとする。

　以上の平野説には，次のような疑問を提起したい。第一には，客観的注意義務違反（客観的過失）＝損害回避義務違反の判断に，その応用としての安全配慮義務違反の判断は確かに可能であるが，契約関係から次第に社会的接触の度合いが薄まってゆく多様な関係において生命・身体・（財産）の安全に対する配慮義務を考える際に，契約関係に適応する独自の安全配慮義務を理論化したり，それを契約関係に類似した関係にまで類推する方が，そもそもの安全配慮義務の目的である「各人に多様な社会的接触関係に応じた他人の生命・身体の安全に対する配慮義務を課すこと」に沿う場

合もあるのではないかということである。これと関連して，第二の疑問には，今日では生命・身体・(財産)の完全性利益の保護は，契約にも不法行為にも共通する普遍的利益であるとの前提に立って，契約関係やそれに類似した関係にあってもそれに即した保護の理論を構築することが必要なのではないかということである。最後に，第三の疑問には，同一事故で契約当事者と第三者に異なった責任を生ずるのはおかしいとされるが，社会的接触の度合いに応じた保護という安全配慮義務の目的からいえば，むしろそうなるのは望ましいことなのではないか，という点である。

次に，新美教授は，安全配慮義務が債務不履行責任として構成されることによって生じるとされた不法行為責任との差異を過失の証明責任に関する論点，履行補助者の行為に関する論点，遺族固有の慰謝料に関する論点，履行遅滞の時期に関する論点，消滅時効に関する論点で検討し，「安全配慮義務を債務不履行責任と構成しても，不法行為責任と構成することとの間には差異が認められないし，また認めるべきではないということである」[46]と述べる。さらに，債務不履行責任と構成しても，不法行為責任と構成することとの間には差異が認められないため，「損害賠償の領域においては，安全配慮義務の存在意義は乏し」く[47]。「安全配慮義務を契約責任と構成することは実利という点では無意味である」[48]と述べ「同じ事故についての損害賠償請求権がレッテルをはりかえるだけで扱いを異にされるというのはおよそ不自然である。契約責任と構成できたとしても，個別交渉を経て成立した合意を破ったことに対する責任とは言えない。そうだとすると，契約意思を持ち出して不法行為と異なる処理をする基盤はないといいうる」とする[49]。

また，大久保教授も，「人の生命・身体・健康にかかわる不法行為上の義務—医療過誤や労災の場面を想起されたい—は，当事者の合意によって引き下げることはできない—そのような合意は公序良俗に反し無効である—ため，人身侵害に関しては不法行為責任しか成立しない—責任競合問題

の前提に欠けると考える。そもそも人の生命・身体・健康は私的自治の外の問題であり，契約（法）によるリスク配分にはなじまない」[50]とし，請求権競合問題の観点から，安全配慮義務違反を不法行為責任として性質づける。

確かに，契約関係ある当事者間で安全配慮義務についての合意があるとするのは擬制であり，この点は平野教授も強調するところであるが，他人の生命・身体・財産の安全に対する配慮がより多様に要求される今日では，契約上の責任も合意に基づく財産的利益に加えて，いわゆる各人の完全性利益にも及ぶ（そしてこの利益に関しては合意で変更できない）とされる必要があるのではないか。また，不法行為責任が，損害回避義務の限度に行動の自由を制約しているのと同様に，契約関係にあっても，契約自由の原則は生命・身体・財産の完全性利益の保護が許す範囲内で認められるとしてよいのではないか。やはり，このような疑問をこれらの説にも提起しておきたい。

2） 安全配慮義務を契約責任としてとらえる見解

生命・身体・財産の完全性に対する保護は，不法行為責任によるだけでは不十分であり，契約上の義務としての安全配慮義務を承認しつつ，契約責任の拡大という方向での保護を認める必要があるとするのが，ここでの諸学説である。

下森教授は，「資本制社会における人間関係が圧倒的に契約債権関係となり，その上にすべての経済的社会的関係が安定するようになった結果，債権関係に対する信頼は一層強くなり，したがって法的にこれを確保しようとする傾向を生ずる。かくて個人の合意に基礎をおく本来の給付義務とならんで，契約関係に付随する法定債務が明文の規定により認められ，あるいは信義則を媒介として解釈上認められるようになる。ところが，近代

法は法技術的に法律関係を純粋に個人的関係として構成し、かつ法律関係をすべて個人の意思関係に限定しようと努めた結果、債権関係における社会的関係の要素を法技術的に着手することに希薄であった。しかし、今日の契約責任における付随義務群の輩出・拡大化現象の意味するものは債権関係における社会的関係の要素の重要化に他ならない」と述べ、安全配慮義務の根拠を債権関係における社会的関係の要素の重要化におく[51]。そして、そのうえで、「従来の契約責任、不法行為責任の中間領域として、補充的契約責任を独自領域として認める」[52]と述べ、この義務違反から生ずる責任の性質を契約責任としてとらえる。

宮本教授も、安全配慮義務は「古典的民事責任法が契約責任と不法行為責任の2類型しか持ち合わせていないという狭隘さに由来するものであり、このような契約責任の給付義務への厳格な限定の否定、給付義務外への契約責任の肯定に他ならない」と述べる[53]。そして、「信義則上の付随義務としての安全配慮義務は、契約相手方の生命・身体等の保護を目的とする点で、不法行為責任と類似する。つまり、安全配慮義務はいわば契約責任と不法行為責任との中間領域に属するものであり、契約責任の拡張化の一事例として把握できる」と述べ[54]、安全配慮義務の性質を契約責任と不法行為責任との中間領域に属するとするも、その性質を契約責任の拡大としてとらえる。

國井教授は、「安全配慮義務に関し、不法行為処理が債務不履行構成と同一の結果に至ったとしても、それは契約的契機によって変容を受けた義務の措定の結果、いわば契約上の義務が不法行為上の義務に充てられたものと見るべきであろう」と述べ[55]、安全配慮義務を契約上の義務としてとらえる。

これらの学説は、1）の学説とは反対に、契約関係かそれに類似する関係で問題となる安全配慮義務に焦点を当てていることは明らかであるが、そこまでの社会的接触まではない関係において、契約責任の拡大としての

安全配慮義務だけで足りるのか，それに加えてやはりそのような社会的接触に応じた安全配慮義務を不法行為責任が生ずる前提となる義務として考える必要はないのかは問題であり，そのような疑問を提起したい。

滝沢教授は，「現実には契約的義務としての確認がいまだ十分ではない状況の下で，同種の事案をめぐって債務不履行の主張と不法行為のそれとが交錯し,安全配慮義務はとりわけ両責任の中間的様相を示すようである」と述べつつも[56)]，「安全配慮義務を基本的に契約上の義務ととらえるのであるが，それ故に昭和 50 年判決の社会的接触関係の理論はあいまいかつ広範囲にすぎ，そのうちある程度のものは不法行為の領域で処理されることが適当であろうと考えている」とする[57)]。そのうえで，「安全配慮義務を両責任の中間的なものにできるわけがなく，単に両責任への振り分けと本来の請求権競合的処理の確認がなされれば足りる」とし[58)]，「本来不法行為上の義務であったものが契約上の義務と認められるようになるならば，債権者にとっては契約規範による救済が可能になり，両責任のいずれを選択して追及してもよいというかたちで救済の範囲は大幅に広がる。不法行為であればすでに消滅時効にかかっているはずの損害賠償請求権を行使できるようにもなるわけであった。それ故契約責任を問うのであれば原則として契約法の制約に服するのは当然ではなかろうか」[59)]と述べ，安全配慮義務違反は本来が不法行為上の義務であったものが契約上の義務と認められるようになったとし,これらの義務の間の請求権競合を肯定する。

不法行為上の義務として認められていたものを，契約関係に適切な仕方で取り入れる可能性を肯定する点や，そのうえで生命・身体・財産の完全性利益の保護については不法行為責任と契約責任としての安全配慮義務への振り分けつつ請求権の競合をみとめようとする点において，両責任を総動員する仕方でかかる完全性利益を保護しようとする学説として評価できるものである。

後藤判事も，不法行為責任の領域で発達してきた理論を，契約責任の中

に安全配慮義務として取り入れるべきことを主張している。後藤判事は,「安全配慮義務も,過失の場合と同様に,予見可能性と回避可能性があって,その存在が肯定される。ところで,不法行為における過失主義は,個人の自由な活動を保障し,自由競争における企業の発達を助けたが,他方,近代社会において危険性を伴った企業が発達するとともに,過失責任主義に対する批判が起こり,無過失責任主義が発達するようになったといわれている。そして,労働災害についていえば,資本主義の発展に伴う機械化によって,新たな危険が作り出され,工場労働者の労働災害が増加するにつれて,労働災害に対しても企業の無過失責任を認めるべきであるとの考え方も出てきたが,わが民法が過失責任主義をとっている以上,無過失責任の問題は立法的に解決さるべき問題であって,解釈論によって無過失責任を認めることは原則として許されない。しかし,解釈論によって無過失責任に近い結論を導き出すことは可能であって,例えば,使用者側で立証すべき民法715条1項但し書きの無過失の要件を厳格にしたり,あるいは民法709条を適用すべき場合にも,適宜挙証責任を事実上転換することによって,使用者側の不法行為責任を広くすることも可能であり,かつ,現実にそのようになされてきたのである。無過失責任主義は報償責任主義,危険責任主義に立脚するものと言われ,とりわけ,危険責任主義すなわち危険物を管理する者は,それから生じた損害について,賠償責任を負うべきであるとの考えに立脚するものであるといわれている。以上は不法行為責任について言われていることであるが,このような考え方は,使用者の安全配慮義務の程度・内容を考える場合にも適用さるべきである」と述べ[60],安全配慮義務を契約責任とする前提にたちながら,不法行為における無過失責任主義的思想を導入すべきとする。さらに,「現在の企業が経営する工場その他の作業現場には,危険な設備や機械が多く,そこに働く労働者は,それだけ多くの危険にさらされているといえるから,その労働災害からの救済が一層強く図られなければならないのである。そして,その

ためには，事故防止に対する使用者の労働者に対する安全配慮義務の内容は極めて高度のものにする必要がある」と述べ[61]，契約責任としての安全配慮義務の根拠を「現在の企業が経営する工場その他の作業現場における危険からの救済」に見出している。

使用者と労働者という社会的接触に対し，不法行為の無過失責任に近づけた理論を契約責任に適合する仕方で導入することにより，使用者に高度の安全配慮義務を負わせようとする理論であり，注目される。

平井教授は，生命・身体・財産の完全性の保護は，損害回避義務に根拠付けられた不法行為責任によってほぼ達成されうるとの前提に立ちながら，安全配慮義務による保護を限定された範囲で認める説を展開している。平井教授は，「生命及び健康等を危険から保護すべき義務一般は①契約の解釈として当然に生じる場合，②契約の規範的解釈として生じる場合，③契約が存しない場合でもその法律関係の解釈として生じる場合に区別されるべきである。契約上の義務として生じる①②を③と同じく安全配慮義務と呼ぶことは混乱を生じやすい。③のみを（狭義のまたは信義則上の）安全配慮義務と呼ぶべきである」[62]と述べる。そして，安全配慮義務について強制履行を認めた判決がないことに鑑みて，判例の言う「付随義務としての信義則上の義務である安全配慮義務」は，債務不履行責任の損害賠償という効果のみを生じる債務として理解すべきとし，安全配慮義務の存在理由は，債務不履行責任の追及が不法行為責任の追及に比べて原告にとりどれだけ有利であるかという効果における差異にかかってくるとする[63]。そして，その上で，安全配慮義務の要件効果を，①原被告間に私法上の契約関係が存在しないけれども，それと同様の権利義務関係の存在（とくに公法上の権利義務関係）を肯認できる場合であって，②その権利義務関係が一方当事者の提供する場所・設備・器具等を使用しまたはその指示の下に労務を提供するという内容（雇用契約類似の関係）に伴って発生するものであり，③その義務違反が生命・身体の侵害をもたらす場合，④債

務不履行の効果としての損害賠償責任を発生させるものであるとする[64]。

しかし，多様な社会的接触関係に応じた義務を導くためには，不法行為の根拠である損害回避義務の概念は余りに一般的に過ぎ，その根拠から具体的に生ずる義務としての安全配慮義務の理論を，不法行為においても認める必要があるのではなかろうか。

3） 契約の履行との内的関連の有無に着目する見解

円谷教授は，「我が国で論じられている安全配慮義務の場合にも，この義務が雇用契約を越えて請負契約，運送契約，そしてさらには売買契約の領域においても理論的に整序づけられていくことが考えられるし，またそれが望ましいことである。なぜならば，安全配慮義務が特別な法的関係に基づく社会的接触であるものである以上，この義務は雇用契約に於いてだけ認められるとする理由はないからである。」[65]として，雇用契約以外の契約への当然適用可能性を論じる。そして，「今日では，安全配慮義務，製造物責任の展開に伴って契約法上の義務と不法行為法上の注意義務，立証責任の問題，消滅時効の問題など契約法・不法行為法の本質的差異が失われている。このような法状況の下では，新しい請求権競合論の定着が必要なのであり，従来の契約責任・不法行為責任に対する競合理論からの脱皮こそ今日の契約法を正しく位置づけて評価できる方策なのだといえる。」と述べ，そのうえで，「契約責任規範によるリスク配分は，原則として当該契約の履行と内的関連を有する行為によって安全義務が侵された場合には及ぶが，契約の履行と内的関連をもたない場合には及ばないとされ，そしてこのような理論を念頭に置くとき，安全配慮義務に不法行為的性格を与え，不法行為法的効果を考えることも今後は検討されなければならない。」とする[66]。

契約責任としての安全配慮義務と，不法行為責任としてのそれがありうることを示唆する理論と評価できる。

4）　安全配慮義務を「中間責任」としてとらえる見解

吉村教授は，「損害発生以前に社会的な接触関係有る者同士の場合，特に労働災害のように，一方の当事者（被害者）が他方当事者の物的・人的支配領域に入り込む場合，責任の根拠となる安全義務は，不法行為責任として構成する場合と契約責任として構成する場合を問わず，実質的な共通性ないし相互浸透性を有していることが明らかとなった。そうだとすれば責任の性質決定はともかく，責任の内容（要件と効果）については，そのような特質をもった事故に適合的なものとして構成するのが適切なのではないか」[67]と述べ，安全配慮義務は契約責任と不法行為責任の双方の性質を有しているとする。そして，「責任の性質により二者択一的な処理を行う判例のような厳格な競合説ではなく，両規範の類推ないし相互浸透を大幅に認める立場をとるべきではなかろうか」[68]とし，請求権競合問題の観点から，安全配慮義務違反に関して柔軟性ある解決を求める[69]。そして，吉村教授は，その著書『不法行為法』において，「契約関係に基づいて債務者に発生する義務をどう分類するかについては様々な考え方があるが，契約が目的としている利益の給付に向けた義務，給付義務そのものではないがその履行が行われるようにするためにそれに付随した義務，給付義務とは関係ないが契約関係に入った者が相手方の生命身体財産等を侵害しないように配慮保護すべき義務の三種類があるという。そして，保護義務については，他人の完全性利益を害しないように注意せよという不法行為上の義務との共通性が高い。これがなお契約上の義務だとされるのは，当事者が契約関係を媒介にして，債権者・債務者という特別な関係に入ったことにより相互に相手方の法益に干渉し関与する可能性が増したのだか

らそのような関係にある者はお互いに不法行為上の義務とは別の義務をも負担すべきである」という[70]。

社会的接触に応じた安全義務を考える上では,不法行為責任と契約責任の両規範の類推ないし相互浸透を大幅に認めるかかる見解は,今後大いに参考とされるべきである[71]。

内田教授は,安全配慮義務の法的性質を考察するに当たり,契約交渉の不当破棄や,その他の契約上の新たな義務(情報提供義務,助言義務,再交渉義務,契約継続義務,損害軽減義務)と安全配慮義務を比較し,「安全配慮義務においては,他の契約上の新たな義務とは異なり,常に人身損害が問題となること,つまり労働災害にせよ学校事故にせよ,すべていわゆる事故の被害が問題となっている」[72]と述べる。そして,安全配慮義務の法理は,労災事故や学校事故のように,不可避的な事故による人身損害を社会的コストとしていかに分配するかの問題であり,「安全配慮義務は,大数的には避けられない事故について,事後的にそのコストをいかに分配するかという問題としての側面が強い」[73]と述べる。そして,「安全配慮義務は,労働者の労務提供の場所や学校のようなある程度の危険を伴わざるを得ない「場」を提供している主体に,そこで生じた人身に対する事故被害についてコストを負担させ,それを保険で分散する役割を担わせるとともに,以後の安全対策のためのインセンティブを与える制度として理解することができる」[74]とし,制度設計的観点からその性質を事故法としてとらえる[75]。そして,その上で,「制度論的な位置づけに立てば,法的構成が契約責任か,不法行為責任かはさほど重要な問題ではない(両者の違いは時効の他は周辺的なところにしかない)。製造物責任は契約責任でも不法行為責任でも制度的にはどちらでもありうるが,安全配慮義務も同様である。むしろ広い意味で事故法の一環として理解すべき制度といえよう」[76]とし,契約責任か不法行為責任かの性質決定よりもむしろ,事故から発生する危険の分散制度として,制度設計上は事故法として,人

身損害を社会的コストとしていかに分配するかの問題となるであろうが，民法体系の中で安全配慮義務がいかなる根拠から契約法においても，不法行為法においても，契約自由や行動の自由に優先して適用されうるのかという法的問題（詳細は結語で述べる）の重要性を避けて通ることはできないであろう。

　高橋教授は，「安全配慮義務は使用者の権利行使，すなわち自己の指揮命令のもとに被用者を就労させて労務給付を受領することに付随して信義則上認められるものである」[77]と述べ，安全配慮義務の契約的性質に言及しつつも，「この義務が信義則に根拠をもつということは，安全配慮義務が契約上の特別の合意や法律規定なくして認められることを意味し，それ自体は義務の程度の軽重にかかわりをもつものではない。ただ安全配慮義務が信義則によって認められる根拠が社会的力関係の差により不利益な労働条件のもとにおかれがちな被用者の保護にあることからすれば，右義務の承認は社会法的理由によるものであり，あらかじめ合意をもって安全配慮義務を排除・軽減することは許されないと解すべきであろう」と述べ[78]，その発生根拠として社会法的理由に着目する。そして，さらに，「安全配慮義務は社会的な力関係の差によって被用者が一方的に危険にさらされることを防ぐために，当事者の意思に基づくというよりも，雇用をめぐる公の秩序の観点から認められるものである」[79]とし，安全配慮義務の性質を社会法的性質としてとらえている[80]。

　安全配慮義務を社会法的義務とする説であるが，社会法というからには行動の自由（特に経済活動の自由）や契約自由の原則を前提としていると思われる。しかし，むしろ安全配慮義務は，生命・身体・財産の完全性利益保護をこれらに優先させる機能をもつ，市民法としての民法のレベルにまで高められた義務と解するべきではないかと考える（詳細は結語において述べたい）。

　これまでの学説の検討からは，不法行為責任の分野で次第に発展してき

た客観的注意義務＝損害回避義務が行動の自由を制約するとの理論に比して，契約責任の分野では契約自由といえども生命・身体・財産の完全性保護の要請に制約されるとする理解には濃淡があり，それが学説の相違を生んでいる印象を強くする。両責任の区別を厳格にいう学説は，かかる完全性保護は不法行為責任がなすべきもので，安全配慮義務に基づく責任の性質は不法行為責任にあるとし，両責任に区別はないとする学説は，両規範の類推ないし相互浸透を大幅に認めるべきだと主張しているからである。筆者は，かかる完全性利益の保護の制約は，契約関係にも契約外での社会的接触関係でも，同様に課されると考えるところであるが，次には，わが国の判例の展開を概観しながら，実際の事例の解決において裁判所は実質的にどのような判断をしてきたか検討してみたい。

4.3　わが国での安全配慮義務に関する最高裁判例

　最高裁が最初に遭遇した事案は，生命および健康などを危険から保護するように配慮する義務には不法行為規範により負わされるものしかないのか，それともこの規範以外でもかかる義務があるのか，その決断を迫る内容を有していた。もちろんこの決断の意味は大きく，実際にもその後の学説と判例の方向性を決定づけた判決ということができる。

1)　最判昭和 50 年 2 月 25 日（民集 29 巻 2 号 143 頁）

(事案)　[81]
　X´は中学卒業後自衛隊に入隊し，自衛隊員として八戸駐屯地に武器隊車両整備工場に勤務していた。Aは，昭和 40 年 7 月 13 日午前 11 時 5 分頃，青森県八戸市所在の自衛隊八戸駐屯地の車両整備工場において車両を

整備していた。ところがX'の車両整備中に，同じ自衛隊員Aが大型自動車を後進運転してきたことから車両を整備していたX'は，Aの運転する大型自動車後車輪により，頭部を轢かれ，X'が即死するに至った。

X'の両親（X1・X2）はX'の死亡を昭和40年7月14日に知り，そして昭和44年10月6日になって，自衛隊員Aは国Yのために大型自動車を運行の用に供していたのであるから，その事故によって生じたX'および両親X1・X2の損害を賠償する責任があるとして，国に対して損害賠償を求める訴訟を提起した。しかし，国はこの請求が724条の規定する3年の消滅時効を経過しているとして時効を援用した。

第一審（東京地裁昭和46年10月30日）は，国の主張を認め，X1・X2の請求を認めなかったため，X1・X2が控訴した。控訴の際，X1・X2は，「国は隊員が服務するに際してはその生命に危険が生じないように注意し，人的物的環境を整備すべき義務を負担しており，具体的には車両運転者に安全教育を徹底させ，隊員の安全管理に万全を期すべきところ，その義務を怠ったとして，それに基づく損害を賠償する旨の主張を追加した。

第二審（東京高裁昭和48年1月31日）は，X1・X2の控訴を棄却し，X1・X2がなした追加した主張について，以下のように述べた。
「X1・X2は，Yは安全保障義務不履行による損害賠償義務を負担している旨主張するけれども，X'は，通常の雇傭関係ではなく，特別権力関係に基いてYのため服務していたのであるから，Yは本件事故について補償法に基く補償（それが十分であるか否かはしばらくおき）以外に債務不履行に基く損害賠償義務を負担しないものと解するのが相当であ」るとした。このため，X1・X2らが上告して，Yの時効の抗弁は権利濫用であること，自衛隊員を含む公務員の勤務関係は特別権力関係ではなく雇用関係ないしは雇用関係類似の関係というべきであること，などを主張。

（最高裁判決の概要）

　最高裁判所は，まず，Yの消滅時効の援用が権利濫用などとするX1・X2の主張を排斥したが，X1・X2の追加的な主張（債務不履行）については以下のように述べて，原判決を破棄差戻した。
「所論は，要するに，Yは，公務員に対し公務遂行のための場所，設備等を供給すべき場合には，公務員が公務に服する過程において，生命，健康に危険が生じないように注意し，物的及び人的環境を整備する義務を負っているというべきであり，本件事故はYが右義務を懈怠したことによって生じたものであるから，Yは右義務違背に基づく損害賠償義務を負っているものと解すべきであるとし，これを否定した原判決には法令の解釈適用を誤つた違法がある，というものである。思うに，国と国家公務員（以下「公務員」）との間における主要な義務として，法は，公務員が職務に専念すべき義務並びに法令及び上司の命令に従うべき義務を負い，国がこれに対応して公務員に対し給与支払義務を負うことを定めているが，国の義務は右の給付義務にとどまらず，国は，公務員に対し，国が公務遂行のために設置すべき場所，施設もしくは器具等の設置管理又は公務員が国もしくは上司の指示のもとに遂行する公務の管理にあたって，公務員の生命及び健康等を危険から保護するよう配慮すべき義務（以下「安全配慮義務」）を負つているものと解すべきである。もとより，右の安全配慮義務の具体的内容は，公務員の職種，地位及び安全配慮義務が問題となる当該具体的状況等によって異なるべきものであり，自衛隊員の場合にあっては，さらに当該勤務が通常の作業時，訓練時，防衛出動時，治安出動時又は災害派遣時のいずれにおけるものであるか等によつても異なりうべきものであるが，国が，不法行為規範のもとにおいて私人に対しその生命，健康等を保護すべき義務を負っているほかは，いかなる場合においても公務員に対し安全配慮義務を負うものではないと解することはできない。けだし，右の

ような安全配慮義務は，ある法律関係に基づいて特別な社会的接触の関係に入った当事者間において，当該法律関係の付随義務として当事者の一方又は双方が相手方に対して信義則上負う義務として一般的に認められるべきものであつて，国と公務員との間においても別異に解すべき論拠はなく，公務員が前記の義務を安んじて誠実に履行するためには，国が，公務員に対し安全配慮義務を負い，これを尽くすことが必要不可欠であ」る。「また，国が義務者であつても，被害者に損害を賠償すべき関係は，公平の理念に基づき被害者に生じた損害の公正な填補を目的とする点において，私人相互間における損害賠償の関係とその目的性質を異にするものではないから，国に対する右損害賠償請求権の消滅時効期間は，会計法30条所定の5年と解すべきではなく，民法167条1項により10年と解すべきである。ところが，原判決は，自衛隊員であつたX´が特別権力関係に基づいてYのために服務していたものであるとの理由のみをもつて，X1・X2のYに対する安全配慮義務違背に基づく損害賠償の請求を排斥しているが，右は法令の解釈適用を誤つたものというべきであ」る。

　こうして最高裁は，724条の消滅時効の援用により利用できなかった不法行為規範とは別に，国が公務に服している公務員の生命や健康などの保護に配慮する義務を，ある法律関係に基づいて特別な社会的接触に入った当事者であることを理由に，その違反による損害賠償が167条1項の10年の消滅時効に服する通常債権となるものとして認めたのである。
　最高裁は次に，国が公務員との社会的接触関係において負う安全配慮義務の内容，およびその違反の有無について，どちらが立証責任を負うかの判断を迫られた。安全配慮義務が前提とする社会的接触関係は多様でありうるし，その違反があったか否かも具体的に立証することは相当に困難であるから，後の実務にとってこれも重要な判決といいうる[82]。

2) 最判昭和56年2月16日（民集35巻1号56頁）

(事案) [83]

　昭和39年9月10日，自衛隊員としてヘリコプターにより人員及び物資を輸送する任務に従事していたX´が搭乗したヘリコプターは，山口県見島分とん基地への定期運航のため同日午前9時26分福岡県遠賀郡芦屋基地を出発して板付飛行場において人員，物資を搭載し，有視界飛行方式で見島ヘリポートへ向った。ところが，本件ヘリコプターは，9時59分，離陸地点から北2.2カイリ，推定高度約600フイートで突然後部ローターブレード（回転翼）一枚が飛散し，機首を上に，後部胴体がほとんど垂直に下がった姿勢で，緩やかに旋回しながら水田に墜落した。このローターブレードが飛散した原因は，それの支柱（スパー・アセンブリー）をさし込み固定するための筒型の器具である金属製ソケットに，ツールマークと呼ばれる，ソケットの製造過程における切削工具による極めて微細な切削痕が存在し，これに応力が集中した結果右ソケットが疲労破断したことにあつた。このため，X´の両親X1・X2は国Yの安全配慮義務違反を理由として損害賠償請求の訴えを提起した。

　第一審（東京地裁昭和51年2月12日）は，国が公務員に安全配慮義務を負うことは認めたが，航空自衛隊の採用していた整備体系は欠陥あるツールマークの交換を可能にするものではなく，またこの整備体制も自衛隊員の生命を危険から保護するものとして不合理，不完全であるとまではいえないとして安全配慮義務違反をみとめず，X1・X2の請求を棄却。このため，X1・X2が控訴した。

　第二審（東京高裁昭和54年5月14日）も，国の公務員に対し安全配慮義務を負うことは認めたが，本件でのツールマークのきずは，顕微鏡による精密検査によらなければ不可能であり，そして航空自衛隊が採用して

いた整備体制に顕微鏡による精密検査が入れられていないことが直ちに不合理,不完全とはいえないとして安全配慮義務違反を認めなかった。Ｘ１・Ｘ２が上告して,判例では給付義務を免れるためには給付の不能が自己の責めに帰すべからざる事由によることを立証しなければならないのに,原審は墜落による運航不能（履行不能）を認めながら,Ｙが不可抗力などの主張をしていないのに責任なしとしたのは立証責任の法則を誤っているなどを主張。

(最高裁判決の概要)
　最高裁判所は以下のように判断して,上告を棄却した
　「国が国家公務員に対して負担する安全配慮義務に違反し,右公務員の生命,健康等を侵害し,同人に損害を与えたことを理由として損害賠償を請求する訴訟において,右義務の内容を特定し,かつ,義務違反に該当する事実を主張・立証する責任は,国の義務違反を主張する原告にある,と解するのが相当である。しかるところ,本件記録及び原判決の判文によれば,上告人らは右の法理に従って国の負担する具体的な安全配慮義務の内容及び右義務に違反する事実について主張をし,原審もまた,本件事故の原因を確定したうえ,右法理に従って,被上告人が本件のようなヘリコプターに搭乗して人員及び物資輸送の任務に従事する自衛隊員に対してヘリコプターの飛行の安全を保持し危険を防止するためにとるべき措置として,ヘリコプターの各部部品の性能を保持し機体の整備を完全にする義務のあることを明らかにし,この見地から,上告人らの主張に基づき,被上告人につき具体的に義務違反の事実の存否を判断し,その存在を肯認することができないとしたものであることが明らかである」として,安全配慮義務違反による損害賠償を認めなかった。

　債務不履行に基づく損害賠償請求の立証責任に関しては,故意・過失に

関しては債務者，債務の本旨に従った履行の欠如・損害の発生・因果関係は債権者が負い，これに対して，不法行為に関しては，故意過失，権利侵害・法益侵害，損害の発生，因果関係のすべてにつき損害賠償請求者が負うというのが通説・判例である。安全配慮義務は，道徳的非難可能性（故意・過失）の判断の前提とする位置付けではなく，「特別な社会的接触の関係に入った当事者間において，当該法律関係の付随義務として当事者の一方又は双方が相手方に対して信義則上負う義務として一般的に認められるべきもの」とする（1）判決からは，社会的接触関係が契約関係である場合には，その立証については，「故意・過失」ではなく「債務の本旨に従った履行の欠如」の証明に準じて扱う本判決は予想されえたものであろう。

　最高裁は続いて，国はその履行補助者がなす公務遂行においてなす通常の注意義務について，そのすべてが履行補助者による国の安全配慮義務となって，責任を負わなければならないか，という判断を迫られた。

3）　最判昭和 58 年 5 月 27 日（民集 37 巻 4 号 477 頁）

(事案) [84]

　陸上自衛隊の会計隊長Bが，昭和42年6月29日，北海道岩見沢の会計隊から臨時勤務者（車両操縦手）として派遣されてきていた一等陸士の勤務期間が終了したので，この者を原隊に送り届けることになったが，当時会計隊には自衛隊の車両操縦手の資格を有している者がなく，公安委員会の運転免許を有している会計隊長Bが自ら運転することとした。その際，会計隊長Bは，約一か月前に公安委員会の運転免許を取得したX´（会計隊長はX´をして将来操縦手の資格を取得させようと考えていた）を，その教育準備として道路状況の把握，車両操縦の実地の見学，他の会計隊の見学等のほか運転助手を勤めさせる目的で，1/4 トントラックに同乗を命じた。会計隊長Bは，本件事故車を運転して一等陸士を原隊に送り届けた。

のち帰途につき，同日午後1時40分ころ，北海道岩見沢市の国道12号線上を進行中，国道補修工事のため舗装部分の幅が狭くなった道路部分にさしかかり，同所を時速約35kmないし40kmの速度で通過したが，その直後，道路の舗装部分の幅が広くなったところに出て時速約45kmないし50kmに急加速した。会計隊長Bは，事故当時降雨のため路面が濡れていたばかりでなく，補修工事に際し補修部分に塗布したアスファルトが本件事故車の進路の舗装路面上に約47mの長さに亘って付着し，そのため路面が極めて滑走し易い状況にあつたにもかかわらず，漫然アクセルペダルを踏み込んで加速した。そして，本件事故車の後輪を左に滑走させ，狼狽の余りハンドルを切り返して進路を正常に復させる余裕もないまま，本件事故車を道路上で回転させて反対車線に進入させ，折から対面進行してきた大型8トントラックの右前部に，自車右側面部を衝突させた。そして，その衝撃によって，本件事故車に同乗していたX′に頭蓋血腫，脳挫傷の傷害を負わせ，同月30日に死亡させた。このためX′の両親X1・X2（その後に死亡したのでその相続人）らが国Yの安全配慮義務違反を理由に損害賠償訴訟を提起した。

　第一審（昭和53年9月5日）はおおよそ以下のように判示して，X1らの請求をみとめた。「Yが一般的に公務遂行のために設置すべき施設若しくは器具等の設置管理にあたって，公務員の生命及び健康等を危険から保護するよう配慮すべき，いわゆる安全配慮義務を負っていることは当事者間に争いのないところであるが，Yの右義務はYが公務の執行のための人的物的設備及び勤務条件等を支配管理していることに由来するものというべく，従って本来の職務権限ないしは上司の命を受けて右支配管理の業務に従事している者はYの右安全配慮義務の履行についての履行補助者にあたるものと解するのが相当である。前記認定事実によると，Bは会計隊長としてその部下であるX′に教育準備として，車両操縦の実地見学をさせる等のため同乗を命じ，車両運転を指導教育していたのであるから，X′

に運転させ，かたわらで指導教育をしていた場合と同視することができ，従って会計隊長Bは事故当時X´の上司として支配管理の業務に従事し被告の安全配慮義務の履行補助者としてX´の生命及び健康を危険から保護するよう配慮すべき義務を負っていたものというべきである」。そして認定した事実からは履行補助者たる会計隊長Bにおいて安全配慮義務の不履行があつたものというべく」，Yには本件事故によって生じた損害を賠償すべき義務がある。そこで国Yが控訴（X１も付帯控訴している）。

　第二審（昭和55年2月28日）は，その認定した事実からは，本件事故が本件事故が会計隊長Bの運転上の過失によるものであることは明らかであるとした後，Yに安全配慮義務の不履行があったかどうかの判断に進んで，次のように判示した。「国は，公務員に対し，国が公務遂行のために設置すべき場所，施設若しくは器具等の設置管理又は公務員が国若しくは上司の指示のもとに遂行する公務の管理に当たって，公務員の生命及び健康等を危険から保護するよう配慮すべき義務を負うものであり，この義務は，本来の職務権限として又は上司の命を受けて，公務の執行のための人的物的施設及び勤務条件等を支配管理する業務に従事する者が，国の履行補助者として履行すべきものと解され，その具体的内容は，公務員の職種，地位，遂行すべき公務の内容等の具体的状況によって異なるものと解される。本件のように，自衛隊を自衛隊車両に公務の遂行として乗車させる場合においては，右車両の運行を指示し，隊員に乗車を命ずる者が，当該車両の運行による公務の遂行を管理支配するのであるから，国の安全配慮義務の履行補助者となり，右車両の運行に伴う危険から乗車する隊員の生命及び健康等を保護するよう配慮すべき義務を負う。具体的には，右履行補動者は，車両の整備を十全ならしめて車両自体から生ずべき危険を防止し，車両の運転者としてその任に適する技能を有する者を選任し，かつ，当該車両を運転する上で必要な安全上の注意を与えて，車両の運行から生ずべき危険を防止しなければならない。さらに，履行補助者自身が当該車

両に同乗する場合には，車両の運行中においても，運転者が危険な運転を行うなど事故の発生が予見しうるような場合には，運転者に対して適切な注意を与えるなど，予見しうる危険の発生を防止するよう配慮する義務があるというべきである。けだし，安全配慮義務は，ある法律関係に付随して信義則上認められるものであるから，この義務を履行すべき者において危険の発生を予見することができ，かつ，右危険の発生を防止するための措置をとり得る場合には，信義則上当然右措置をとるべき義務を負うものと解するのが相当であるからである。そして，このことは，履行補助者自身が当該車両を運転するため乗車している場合においても同様であって，その者は，運転者としての道路交通法その他の交通法令上の注意義務を負うことはもとより，国の安全配慮義務の履行補助者としての前記の義務をも負っているのであり，両者は観念上別個の義務として存在し，いずれの違反に対してもその責任を問うことができるものと解するのが相当である。

本件においては，前記認定事実によれば，会計隊長Bは，会計隊長として隊の公務の執行を支配管理し，本件事故車の運行を指示して自らその運転者となり，X′に対し車両運転の指導教育のため右車両に同乗を命じたのであるから，同一尉は，国の安全配慮義務の履行補助者として，X′に対し，前述したところに従い，本件事故車の運行につき安全を配慮すべき義務を負っていたものということができる。そこで，会計隊長Bに右安全配慮義務違反があつた否かにつき考えるに，Bは本件事故当時までに約300kmの自衛隊車両の運転経験を有しており，その間無事故，無違反であつたことが認められるなどから，他に特段の事情の認められない限り，会計隊長Bが自らを運転者に選任したことをもつて安全配慮義務違反であるということはできない。

次に，X1・X2は，国の安全配慮義務の履行補助者である会計隊長Bに運転上の過失があつた以上，安全配慮義務違反もあつた旨主張する。な

るほど，前述のとおり，会計隊長Bは国の安全配慮義務の履行補助者として自ら本件事故車を運転したのであるから，運転中においても，運転者としての注意義務のみではなく，場合によっては国の安全配慮義務の履行補助者として危険の発生を防止するに必要な具体的措置をとるべき義務をも負っていたものというべきである。

　しかしながら，前記のとおり，安全配慮義務は，国が公務遂行に関する人的，物的諸条件を支配管理する権限を有することに由来する義務であり，管理権の発動として実行されるものであるから，国の安全配慮義務の履行補助者が公務の執行としての自動車の運行に関して負っている注意義務は，自動車運転者が右のような管理権とは無関係に道路交通法その他の法令に基いて運転上負っている注意義務とは，その性質，法的根拠及び内容を異にするのであつて，その者に運転者としての過失があつたことから，直ちに国の安全配慮義務の面でも履行補助者として義務違反があつたと結論づけ得ないことはいうまでもない」。前認定のBの過失は，同人が国の安全配慮義務につき履行補助者の地位にあることとは全く無関係の，運転上の注意義務を怠ったことによるものであるから，会計隊長Bの安全配慮義務違反を肯定することは適切でない。」という理由でX１・X２の請求をみとめなかった。このため，X１・X２が上告して，本件のように履行補助者が被害者に同乗を命じて自ら運転した場合には，運転上の過失も同乗被害者の対する安全配慮義務の違背となるなどを主張した。

(最高裁判決の概要)

　最高裁判所は以下のように述べて上告を棄却した。「国は，公務員に対し，国が公務遂行のために設置すべき場所，施設若しくは器具等の設置管理又は公務員が国若しくは上司の指示のもとに遂行する公務の管理に当たって，公務員の生命及び健康等を危険から保護するよう配慮すべき義務を負っている。右義務は，国が公務遂行に当たって支配管理する人的及び物

的環境から生じうべき危険の防止について信義則上負担するものであるから，国は，自衛隊員を自衛隊車両に公務の遂行として乗車させる場合には，右自衛隊員に対する安全配慮義務として，車両の整備を十全ならしめて車両自体から生ずべき危険を防止し，車両の運転者としてその任に適する技能を有する者を選任し，かつ，当該車両を運転する上で特に必要な安全上の注意を与えて車両の運行から生ずる危険を防止すべき義務を負うが，運転者において道路交通法その他の法令に基づいて当然に負うべきものとされる通常の注意義務は，右安全配慮義務の内容に含まれるものではなく，また，右安全配慮義務の履行補助者が右車両にみずから運転者として乗車する場合であっても，右履行補助者に運転者としての右のような運転上の注意義務違反があつたからといつて，国の安全配慮義務違反があつたものとすることはできないものというべきである。以上の事実関係によれば，本件事故は，会計隊長が車両の運転者として，道路交通法上当然に負うべきものとされる通常の注意義務を怠ったことにより発生したものであることが明らかであって，他に国の安全配慮義務の不履行の点は認め難いから，国の安全配慮義務違反はないとした原審の判断は，正当として是認することができ，原判決に所論の違法はない。論旨は，採用することができない」

　控訴審も最高裁も，国の履行補助者としてのBの安全配慮義務違反から，個人としてのBが怠った通常の注意義務違反を除外したのであるが，特に，控訴審は，その理由を，「安全配慮義務は，ある法律関係に付随して信義則上認められるものであるから，この義務を履行すべき者において危険の発生を予見することができ，かつ，右危険の発生を防止するための措置をとり得る場合には，信義則上当然右措置をとるべき義務を負うものと解するのが相当であるからである」といい，そして，最高裁も安全配慮義務は「国が公務遂行に当たって支配管理する人的及び物的環境から生じうべき危険の防止について信義則上負担するものである」からとしている。契約

当事者の合意から発生する本来の契約上の債務については，履行補助者の過失は債務者の過失と同視されるのが原則であるが，合意そのものからではなく信義則により成立が認められる安全配慮義務については，たとえ契約関係にある場合でも別異の扱いがなされることが，この判決により明らかにされたといえよう。多様な社会的接触関係の中で，多様に要求される安全配慮義務については，信義則上は事業や活動をなす者が，具体的にそれらが有する危険の実現可能性を現実に認識しうる範囲で，安全配慮義務を負担させるとの考えに基づいて，たとえ履行補助者を用いている場合でも，この者の損害発生行為が事業との社会的接触ある者に実現しないように―その履行補助者自身によってでも―安全配慮できた限りで，この義務を負うとしたものと評価できる[85]

次の事例は，(3) 判決とほぼ同様の論点に関する判断が求められた，事例判決といえるものである

4） 最判昭和 58 年 12 月 9 日（裁判集民事 140 号 643 頁）

（事案）

自衛隊員 X′ は，公務のため入間基地から千歳基地へ出張を命ぜられた。そして，出張の際には，その往復の交通機関として操縦士である自衛隊員 B の操縦する自衛隊機への同乗を公務として命ぜられた。操縦士である自衛隊員 B は，千歳飛行場を離陸するに先立って，同飛行場当直幹部に対し，飛行計画を提出していたがその飛行時間は誤っていた。そして，実施の飛行の際，自衛隊員 B は飛行中に針路の誤ちを犯し，飛行機が墜落し X′ は死亡した。このため両親である X1・X2 が国 Y に対して安全配慮義務違反を根拠に損害賠償請求訴訟を提起した。

第一審は，国の安全配慮義務違反を認めなかった。このため X1・X2 は控訴した。

第二審（東京高裁昭和55年12月15日）は，「しかして，上司の指示のもとに，操縦士である自衛隊員の操縦する自衛隊機に他の自衛隊員を公務として同乗させるに際して，国Yが右同乗員に対して負う安全配慮義務は，構造上・整備上瑕疵のない航空機を使用させ，十分に訓練されて適正な操縦をなしうる技能を備えた操縦士を選任配置し，かつ，その運航を誘導すべく適切な航空交通管制を実施すること等につき周到な配慮をなすべき義務がその内容をなしているものと解するのが相当である。X1・X2は，右安全配慮義務につき，Yは，右同乗員に対して，私法上の旅客運送契約における運送責任者の場合と同様の安全運航の責任を負う旨主張するが，独自の見解で採用できない。そして，右安全配慮義務の履行補助者が何人であるかについては，右同乗員に対して搭乗を命じた者，当該操縦士を選任配置した者がこれに該当することはいうまでもないが，その他にも，問題となった具体的な管理行為の如何により，それぞれ異なる管理責任者が右履行補助者となりうるものと解されるところ，右操縦士が，運航中における操縦等に危険が生じないように同乗員の機内における行動を管理すべき責任を有することは明らかであるから，この点については右操縦士もまた国の安全配慮義務の履行補助者であるというべきであるが，右操縦士の操縦行為そのものは，何ら他の同乗員に対する管理作用を含んでいないから，この面において右操縦士が右履行補助者となることは考える余地がないといわざるをえない。従って，操縦士の操縦上の過失が問題となっている場合においては，特段の事情がある場合は格別，国Yの負担する安全配慮義務は，前述した適正な操縦技能を備えた操縦士を選任配置すべき義務以外には考えられないのであり，Bは千歳飛行場を離陸するに先立って，同飛行場当直幹部に対し，前述の飛行時間を間違えた飛行計画を提出していることが認められるが，Bはベテランの部類に属する飛行経験を有し，その飛行中に当然右間違えに気づくべきことが期待されたため，右飛行場当直幹部は右飛行計画を殊更問題視しなかつたことも右証言によって認め

られるから，右のように当初誤った飛行計画が提出されていたことをもって直ちにBが本件のような針路の誤ちを犯すことをYが予見しえたものとはいえない。」として，国の安全配慮義務違反を認めなかった。このためX1・X2らが上告した。

(最高裁判決の概要)
　最高裁判所は「国Yが公務員に対して負担する安全配慮義務は，国Yが公務遂行にあたって支配管理する人的及び物的環境から生じうべき危険の防止について信義則上負担するものであるから，国Yは，自衛隊員を公務の遂行として自衛隊機に搭乗させる場合には，右自衛隊員に対する安全配慮義務として，構造上の欠陥のない航空機を航空の用に供し，かつ，その整備を十全にして航空機自体から生ずべき危険を防止するとともに，航空機の操縦士としてその任に適する技能を有する者を選任配置し，かつ，適切な航空交通管制の実施等につき配慮して航空機の運航から生ずる危険を防止すべき義務を負うが，操縦者において航空法その他の法令等に基づき当然に負うべきものとされる通常の操縦上の注意義務及び国において前示の人的・物的諸条件の整備とは無関係に搭乗員を安全に輸送すべきものとする所論の義務は，右安全配慮義務に含まれるものではないと解すべきところ，原審の適法に確定した事実関係のもとにおいて，右と同旨の見解に基づき，本件事故は本件自衛隊機の操縦士の通常の操縦上の注意義務違反によって発生したものであって，Yに安全配慮義務違反はないとした原審の判断は，正当として是認することができ，原判決に所論の違法はない」として，X1・X2の主張を認めなかった。

　やはり自衛隊の業務が公務員に対して有する危険のゆえに，国やその履行補助者が安全配慮すべき対象には，操縦士による通常の操縦上の注意義務の怠りは入らないとされた。またその理由も，信義則上の義務にそこま

での安全配慮を求めることはできないとするものである。

　これまでは，国の公務員に対する安全配慮義務だけが最高裁で判断されてきたのであるが，次の事件では，事業をなす者の代表である会社がその雇用する従業員に対しどの程度の安全配慮義務を負うかが争点となった。

5）　最判昭和 59 年 4 月 10 日（民集 38 巻 6 号 557 頁）

(事案) [86]

　Aは，呉服・毛皮・宝石等の卸売を業とするY会社に昭和52年に入社し，本件社屋の寮に入っていたが，昭和53年に同会社を退社し，本件事件当時は無職となっていた。Aは，Y会社に勤務していたころから同会社の商品である反物類を盗み出しては換金していたが，そこを退社してからも夜間に宿直中のもとの同僚や同僚に紹介されて親しくなったX′ら新入社員を訪ね雑談，飲食などしながら，その隙を見ては反物類を盗んでいた。Aは，昭和53年8月13日午後9時ころ，Y会社の反物類を窃取しようと考え，自動車で同会社を訪れ，本件社屋表側壁面に設置されているブザーボタンを押したところ，くぐり戸が開き宿直勤務中のX′が顔を出した。Aは，「トイレを貸してくれ」と言つたので，X′がこれを許したところ，Aは，社屋内に入りトイレを使用したが，Aは帰宅しようとしないので，X′が退去を促したところ，Aは反物窃取の目的を遂げず帰って行った。しかし，Aは，反物窃取の目的を諦め切れず，同日午後10時45分ころ再びY会社社屋を訪れ，ブザーボタンを押して来訪を告げたところ，再びくぐり戸が開いてAが顔を見せた。Aは，X′の許可もないのに社屋内に入り込んだ。X′は，AがY会社の反物類を持ち去ることがあるので社屋内に入れないようにしようと考えていたが，Aが意に反してY会社社屋内に入り込んできたため，Aが話しかけても答えず冷たい態度を示すとともに暗に退去を促した。そのためAは，立腹し，X′に一階商品展示場畳敷

部分に正座するよう命ずるとともに，正座した同人に対して色々と話しかけたが，X´は，反抗的な態度を変えず，Aに対し，「Aが来ると反物がなくなる」「Aが来たことが判ると僕が叱られる」と言った。それを聞いたAは，いたく憤激するとともにこれまでの犯行がX´にも知られていることを知り，X´がこのまま見逃してくれそうにないので反物類を盗むにはX´を殺害するほかはないと考え，咄嗟に近くの棚にあつた荷造り用ビニール紐をとり出し，これをX´の頸部に巻きつけて両手で絞めあげ，仰向けに引き倒したうえ，社屋内にあつた木製野球バットで顔面を殴打したりしてX´を死亡させ，反物類を盗んで自動車で逃走した。X´の両親X１・X２はY会社の安全配慮義務違反を理由に損害賠償請求訴訟を提起した。

　第一審（昭和56年9月28日）は，「使用者は労働契約に基づいて労働者からの労務提供を受領するに当り，使用者がなした具体的労務指揮または提供した場所，施設等から危険が労働者に及ばないように労働者の安全につき配慮する義務があると解されるところ，使用者であるY会社はX´に対し，昭和53年8月13日午後9時から24時間の宿直勤務を命じ，宿直勤務の場所を本件社屋内，就寝場所を同社屋一階商品陳列場と指示し，これらの場所をX´に提供したのであるから，Yは右指示した宿直勤務ないしは右提供した場所から危険が発生しないように危険の発生そのものを防止するか，発生した危険から容易に逃れられるように回避措置を講ずる義務があつたといわねばならない。本件につき，これをさらに具体的にいうならば，宿直勤務の場所であるY会社社屋内に，宿直勤務中に盗賊等が容易に侵入しないように物的設備（例えばのぞき窓）を施す，万一盗賊が侵入した場合はこれが加えるかも知れない危害から逃れることができるような物的施設（例えば防犯ベル）を設ける，そしてこれら物的条件を十分に整備することが困難であるときは，宿直員に対する教育を十分に行なつて宿直員の危険回避に関する知識を高め，危険に対する適切なる対応能力

を養成し，もって物的条件と相まって危険が労働者に及ばないようにする義務があったものといわねばならない。右使用者に課せられた具体的安全配慮義務の内容は，本件労働契約の趣旨，内容，命じた宿直勤務の内容，提供された勤務場所及び施設等を総合し，これら事実関係のもとで条理上導き出されるものということができる。

　Y会社は，抽象的には使用者に右の如き危険発生の防止または危険回避措置義務があるとしても，本件事実関係のもとでの本件結果発生について防止義務はなかったと主張する。そして使用者のなした具体的労務指揮または提供した場所，施設等から生じたものではなく，これらとは無関係に生じた危険や，右具体的な労働指揮または提供した場所，施設等から生じた危険であっても使用者にとって管理し得ない事由或いは予見し得ない事由によって生じた危険については，もともと使用者に防止義務を課することができないというべきである。そこで本件につき判断するに，前認定の事実によると，Yは本件社屋を所有し，高価な商品を多数陳列，保管して営業のために使用し，かつX′をして宿直させ，右社屋内に一定時間留まるよう命じたものであるから，Y会社は右社屋を場所的に管理していたとともに宿直業務そのものも管理していたものというべく，会社Y所有の社屋内における従業員の宿直業務はまさに会社Yにおいて管理可能でかつ現実にも管理していた（その程度は別として）会社Yの業務であつたといわねばならない。すると宿直員であつたX′の上に生じた本件危害は，被告が管理していた業務遂行中に生じた危険というべく，使用者にとって管理し得ない事由によって生じた危険であるとはとうていいえない。

　そこでつぎに予見可能性の点につき判断するに，前認定の事実によると，被告の本件社屋内における商品保管状況は開放的であって，犯罪の危険性ある者が見ると悪心を起こす虞れなしとしない状況であって，Yとしては休日とか夜間に盗賊が社屋に侵入すること，正規来訪者が万引等の方法で窃取することを予見することは可能であつたといわねばならない。特に前

認定の如く，昭和52年10月頃から商品の紛失事故が発生し，紛失の原因は判明せず盗難の可能性も考えられていたのであるから，宿直勤務中の盗難は十分に予見可能であつたというべきである。Ｙはさらに盗賊の侵入は予見できたとしても殺人事件にまで発展することはとうてい予見不可能であつたと主張する。しかしながら前認定の事実によると，本件社屋はその構造上夜間には近隣と隔絶した状況となることが明らかであつて，何らかの方法で侵入した盗賊が宿直員と対面したとき，特に宿直員が一人であるときは，宿直員の対応如何によっては，盗賊が宿直員に危害を加えることがあるかも知れないということは予見可能であつたというべく，この点が予見できる以上，危害の程度はその延長線上において予想される最悪の程度を想定すべく，結局窃盗の目的で侵入した賊が宿直員に発見された場合，宿直員が一人であって状況如何によってはその盗賊は目的を達するため最悪の場合その宿直員を殺害することもあり得ると予想すべきであつたと解される。高価な商品を陳列，保管してある社屋内に一人宿直を命ずる場合は，宿直員の安全について右の如き最悪の状況を予想することは特別困難なことでもなく，使用者に対して不可能を強いることにはならない。本件Ｘ′の死は，当時の状況に照らすときはＹにおいて予見可能性があつたと認むべきである。本件調査嘱託の結果から明らかな昭和50年ないし同53年における名古屋市内所在の事業所内で，午後8時以降翌朝午前8時までの間に発生した強盗殺人事件若しくは強盗殺人未遂事件は昭和50年に発生した強盗殺人事件一件のみである事実を考慮しても右結論に影響はない。右の如くＹ会社には具体的安全配慮義務があつたにも拘わらず被告は宿直員に対して戸締りを厳重にするよう指示したのみで，本件社屋について物的設備の充実並びに宿直業務についての従業員教育をしなかったことが前認定事実から明らかに認められるからＹには右安全配慮義務についての不履行があつたものというべく，右不履行と本件結果発生との間には相当因果関係があると認められる。Ｙは宿直員に対し戸締りを厳重にせ

よと指示していたのであるから、本件社屋の構造、設備からみると、戸締りを厳重にしておれば盗賊の侵入予防には万全であり、それを遵守しなかったX′に責任があり、Yには債務不履行の責任はないと主張するが、正規の来訪者を装った盗賊に対処する措置は、物的にも人的にも何ら講じていなかったことが明らかであるから、右の如き戸締り強化の指示のみでは安全配慮義務についての完全な履行があったということはできない。Yは一人制のもとでの宿直員に対し夜間の営業活動も命じていたのかであるから、正当な目的をもって来訪する顧客に対してはくぐり戸を開いて応待する義務があり、正当なる来訪者か不法目的を有する侵入者かを識別すること及びその方法如何が問題であって、一律にくぐり戸を含めて戸締りを厳重にせよと命ずるだけでは不十分であって、Yの右主張は理由がない。つぎにY会社は、本件結果発生を阻止することができなかったのは、Yの責に帰すべき事由によるものではない、Yには故意または過失はなかった旨主張するが、前認定の事実によると、本件事実関係のもとではYに予見可能性があったと認められ、その他本件証拠によるも、本件結果発生が被告の責に帰すべき事由によるものではないことを認めることはできない。Yの右主張は理由がない。以上によるとYは使用者として課せられたX′に対する安全配慮義務を完全に履行しなかったものというべく、これによって生じた損害を賠償する義務がある。」としてY会社の安全配慮義務違反を認めた。このためY会社は控訴した

　第二審（昭和57年10月27日）も第一審とほぼ同様の理由づけにより、会社の安全配慮義務違反をみとめた。このため、Y会社が上告し、Yの違法性認識の可能性に関する判断の判例違反や予見可能性・回避可能性についての経験則違反などを主張した。

(最高裁判例の概要)
　最高裁判所（昭和59年4月10日）は以下のように述べた。「雇傭契約

は，労働者の労務提供と使用者の報酬支払をその基本内容とする双務有償契約であるが，通常の場合，労働者は，使用者の指定した場所に配置され，使用者の供給する設備，器具等を用いて労務の提供を行うものであるから，使用者は，右の報酬支払義務にとどまらず，労働者が労務提供のため設置する場所，設備もしくは器具等を使用し又は使用者の指示のもとに労務を提供する過程において，労働者の生命及び身体等を危険から保護するよう配慮すべき義務（以下「安全配慮義務」という。）を負っているものと解するのが相当である。もとより，使用者の右の安全配慮義務の具体的内容は，労働者の職種，労務内容，労務提供場所等安全配慮義務が問題となる当該具体的状況等によって異なるべきものであることはいうまでもないが，これを本件の場合に即してみれば，Y会社は，一人に対し昭和53年8月13日午前9時から24時間の宿直勤務を命じ，宿直勤務の場所を本件社屋内，就寝場所を同社屋一階商品陳列場と指示したのであるから，宿直勤務の場所である本件社屋内に，宿直勤務中に盗賊等が容易に侵入できないような物的設備を施し，かつ，万一盗賊が侵入した場合は盗賊から加えられるかも知れない危害を免れることができるような物的施設を設けるとともに，これら物的施設等を十分に整備することが困難であるときは，宿直員を増員するとか宿直員に対する安全教育を十分に行うなどし，もって右物的施設等と相まって労働者たるX′の生命，身体等に危険が及ばないように配慮する義務があつたものと解すべきである。

そこで，以上の見地に立って本件をみるに，前記の事実関係からみれば，Y会社の本件社屋には，昼夜高価な商品が多数かつ開放的に陳列，保管されていて，休日又は夜間には盗賊が侵入するおそれがあつたのみならず，当時，Y会社では現に商品の紛失事故や盗難が発生したり，不審な電話がしばしばかかってきていたというのであり，しかも侵入した盗賊が宿直員に発見されたような場合には宿直員に危害を加えることも十分予見することができたにもかかわらず，Y会社では，盗賊侵入防止のためののぞき窓，

インターホン，防犯チェーン等の物的設備や侵入した盗賊から危害を免れるために役立つ防犯ベル等の物的設備を施さず，また，盗難等の危険を考慮して休日又は夜間の宿直員を新入社員一人としないで適宜増員するとか宿直員に対し十分な安全教育を施すなどの措置を講じていなかったというのであるから，Y会社には，X′に対する前記の安全配慮義務の不履行があったものといわなければならない。

そして，前記の事実からすると，Y会社において前記のような安全配慮義務を履行しておれば，本件のようなX′の殺害という事故の発生を未然に防止しえたというべきであるから，右事故は，Y会社の右安全配慮義務の不履行によって発生したものということができ，Y会社は，右事故によって被害を被った者に対しその損害を賠償すべき義務があるものといわざるをえない。」として，Y会社の安全配慮義務違反を認めた。

最高裁は，雇用契約での使用者に報酬義務だけでなく，労働者が労務提供のため設置する場所，設備もしくは器具等を使用し又は使用者の指示のもとに労務を提供する過程において，労働者の生命及び身体等を危険から保護するよう配慮すべき義務を安全配慮義務として肯定し，そのうえで第一審が，本件労働契約の趣旨，内容，命じた宿直勤務の内容，提供された勤務場所及び施設等を総合すると，宿直勤務の場所であるY会社社屋内に，宿直勤務中に盗賊等が容易に侵入しないように物的設備（例えばのぞき窓）を施す，万一盗賊が侵入した場合はこれが加えるかも知れない危害から逃れることができるような物的施設（例えば防犯ベル）を設ける，そしてこれら物的条件を十分に整備することが困難であるときは，宿直員に対する教育を十分に行なつて宿直員の危険回避に関する知識を高め，危険に対する適切なる対応能力を養成し，もって物的条件と相まって危険が労働者に及ばないようにする義務があったものといわねばならないとしていた判断を是認した。

この事例は，損害発生の原因が従業員にあるのではなく，従業員以外の第三者の加害行為が介在していたのであるが，その場合でも，使用者に安全配慮義務違反による損害賠償責任を認める判断をしたことが注目される。呉服・毛皮・宝石等の卸売を業とする会社には，窃盗目的で侵入する者（第三者）から加えられうる危害について，宿直する従業員の生命・身体等を保護する義務が，やはり存するとすべきであり，かかる判断は支持されてよいであろう。

　同様に，損害を直接に発生させたのが第三者である場合に，国に安全配慮義務違反があったとしたのが以下の事件である。

6）　最判昭和 61 年 12 月 19 日（判時 1224 号 13 頁）

(事案) [87]

　当時の過激な新左翼集団の状況をいうと，これらのグループは昭和43年頃から武力闘争を呼号し，複数の過激派活動家が，反軍闘争を掲げ，武器獲得のため，昭和45年6月までの間に，防衛庁のほか，陸上自衛隊の大久保駐とん地，市ケ谷駐とん地，日本原駐とん地，善通寺駐とん地，都城駐とん地，駐とん地赤羽地区，武器補給処十条支処など八か所の諸施設に相次いで侵入し，あるいは火炎びん，爆発物を使用してこれを襲撃するなどの行為を反覆し，昭和46年2月17日未明には，銃砲店を襲撃して散弾銃等を強奪し，次いで同年6月17日夜，過激派デモ隊が警備中の警視庁機動隊に手製爆弾を投げつけて警察官多数に重軽傷を負わせたりしていた。そして，A及びBは，過激な武力革命思想に共鳴し，東京都練馬区陸上自衛隊駐とん地に侵入して銃器等を奪取しようと企てた。Aは本件事故の約5か月前まで本件駐とん地に一等陸士として勤務し，同駐とん地における営門警衛の取扱いを熟知していたところから，幹部自衛官とその随従者を装って同駐とん地に不法侵入すべく，あらかじめ同駐とん地内の売

店から購入するか窃取するなどして前記制服等を調達し，本件車両にＱ軍と表示したヘルメット二個，Ｑ軍のビラ多数及び包丁一丁を隠し入れたバッグ，奪取した武器を隠匿するための人形等を積載し，本件車両の前部ナンバープレートを取り替えたり，後部ナンバープレートを折り曲げて見えにくくするなどの隠蔽工作もしていた。

　そして，昭和46年8月21日午後8時30分ころ，Ａが二等陸尉の階級章を付けた制服及び幹部の制帽を着用し，Ｂが一等陸士の制服及び略帽を着用して，それぞれ自衛官に変装したうえ，Ｂの運転するレンタカー（以下「本件車両」）にＡが同乗して同駐とん地の正門に乗り付けた。駐とん地司令は，駐とん地警衛の最高責任者として，上司の指揮監督のもとに駐とん地の警備，隊員の規律の統一等に関する職務権限を有し，警衛勤務要領の細部を定めることができ，陸上自衛隊服務規則の定めるところに従い，所属隊員の中から警衛司令をはじめ，分哨長，営舎係，歩哨係，歩哨等の警衛勤務者を命ずるものとされていた。そして，警衛勤務者は，警衛司令の直接の指揮を受け，主として駐とん地の警戒及び営門出入者の監視に任じ，あわせて営内における規律の維持等に当たるものとされ，幹部及び准陸尉並びにそれらの随従者等所定の者のほかは営門の出入をさせてはならず，営門を出入する車両及び隊員に対して特別の必要があるときは，積載又は所持している物品等について点検を行うことができ，不法に営内に立ち入る者がある場合においては，これを退去させなければならないとされ，営門出入車両の点検及び記録は警衛司令の日常の業務の一つにも挙げられていた。そして，本件駐とん地司令は，同駐とん地私有車両管理規則を定め，私有車両の保有使用を部隊等の長の許可にかからしめ，その保有者に対し，同駐とん地内使用許可証又は右許可を得ていない車両と区別するためのステッカーを当該車両に掲示させるようにし，また，同駐とん地警衛勤務規則を定め，検問所に部内及び部外の各車両出入記録簿を備え付けさせ，車両の出入時刻，車両番号等を記録すべきものとしていた。そして，

営門の警衛勤務者は，同駐とん地における警衛勤務要領の指導に当たっていた上司の指導により，営門出入車両が右いずれの掲示もしていないときは，それに乗車する者が制服自衛官であっても，営門の警衛勤務者において身分証明書の提示を求め，部外車両出入記録簿に所要事項を記録すべきものとされていた。しかし，AとBはその制服等によって幹部自衛官とその随従者であると誤認した営門の警衛勤務者からとがめられることなく本件車両に乗車したまま正門を通り抜けて同駐とん地内に侵入した。本件事故当日は，営門の警衛勤務者は，Aらが乗り付けた本件車両の入門時刻が午後8時30分ころであるうえ，右車両自体，使用許可証及びステッカーが掲示されていない部外車両で，隠ぺい工作も施されるなど，不審な情況があつたにもかかわらず，その入門に際し，同人らに身分証明書の提示を求めず，右車両及び搬入物品の点検，部外車両出入記録簿への記録もしなかつた。本件駐とん地は，本件事故に先立ち，自衛隊上層部から，過激派活動家の侵入ないし襲撃に備え警備を厳重にするように示達を受けていたが，幹部自衛官の制服等の着用によるかかる活動家の不法侵入を未然に防止するため，営門の警衛勤務者に対し，直属の上司等面識のある幹部自衛官以外の者については，階級章を付けた制服等の着用により外観上幹部自衛官と見える者であっても，その営門出入の際の身分確認，出入車両及び搬出入物品の点検などを必ず実行させる措置を講ずることなく，平穏な情況を前提とした従来の警衛の取扱いを踏襲していた。

　AとBは広場に前記車両を停車させたのち，同日午後8時45分ころ，折から動哨勤務中の陸上自衛隊東部方面第一武器隊所属の陸士長X′と遭遇し，挙手の礼をした同人に対し，Aがいきなり手挙でそのみぞおちを殴打し，Bが所携の包丁で右側胸腹部を二回突き刺し，まもなく同所付近において右刺創による胸腔内出血等により同人を死亡させた。このためX′の親族X1らが国Yに対して安全配慮義務違反を根拠に訴訟を提起した。

第一審(昭和54年4月27日)は国の安全配慮義務違反を認めなかった。

第二審(昭和57年12月23日)は「当時の社会情勢からして過激派活動家の駐屯地内への不法侵入が予見可能であったから、身分確認等によって営門の出入りを管理し、そのような不法侵入を防止すべきであったにもかかわらず、これを怠り、よって本件殺害事故を発生せしめた国には安全配慮義務違反による損害賠償責任がある」として、Yの安全配慮義務違反を認めた。これに対してYが上告し、安全配慮義務についての法令の解釈適用の誤りなどを主張した。

(最高裁判決の概要)

最高裁判所は、「国は、公務員に対し、その公務遂行のための場所、施設若しくは器具等の設置管理又はその遂行する公務の管理に当たって、公務員の生命及び健康等を危険から保護するよう配慮すべき義務を負っているところ(昭和50年2月25日第三小法廷判決—先に(1)判決として引用)、国の安全配慮義務は、国が公務遂行に当たって支配管理する人的及び物的諸条件から生じうべき危険の防止について信義則上負担するものであつて、その具体的内容は、公務員の職種・地位、現に遂行する具体的な公務の内容、その具体的な状況等によって定まるべきものである。したがつて、国は、自衛隊員を駐とん地内の動哨勤務に就かせる場合であっても、公務の遂行に当たる当該具体的状況のもとにおいて、制服等の着用により幹部自衛官を装った部外者が営門から不法侵入し、かつ、動哨勤務者の生命、身体に危害を及ぼす可能性を客観的に予測しうるときは、営門出入の管理を十全にしてその侵入を防止し、もって、同人にかかる危険が及ぶことのないよう配慮すべき義務を負うものと解するのが相当である。けだし、およそ駐とん地内で動哨として勤務する自衛隊員は、規律維持等のほか、外部からの不法侵入に備えるべき職責を負い、その職責には生命、身体に対する危険が多かれ少なかれ不可避的に内在していることを否定す

ることはできないが，外部から区画された施設内での警衛を分担する複数の公務遂行者の一員であることに鑑みると，前述のような手段，方法による営門からの不法侵入者により惹起されるべき動哨勤務者の生命，身体に対する危害の可能性は，その職責に不可避的に内在している危険の限界を超えるものというべく，国は，公務の遂行を管理する者として，かかる危害の可能性をあらかじめ客観的に予測しうる限り，これを排除するに足りる諸条件を整えるべき義務を免れないからである。本件において，前示事実関係によれば，本件事故当時，既にその三年ほど前から過激派活動家が武器獲得を目的として各地の陸上自衛隊駐とん地等に度々侵入し，本件駐とん地にあっても，自衛隊上層部から本件駐とん地司令に対しこれに備えた厳重警備をすべき旨示達されていたのであり，また，部外者も同駐とん地から陸上自衛隊の制服，制帽等を容易に入手することができ，その盗難も発生していたところ，前示のような本件駐とん地私有車両管理規則及び警衛勤務規則が定められていたとはいえ，現実には，数百名に達する幹部自衛官を擁していた同駐とん地における営門警衛の取扱いとして，車両による営門出入者が着用の制服等により外観上幹部自衛官と見える者である限り，その随従者を含め，身分証明書の提示を求めず，当該車両及び搬出入物品の点検も原則的に実施していなかつたものであつて，かかる取扱状況は，同駐とん地の勤務経験者であればこれを了知しており，部外者も容易に了知することができた，というのである。そうすると，本件駐とん地警衛の最高責任者たる本件駐とん地司令及びその命を受けて警衛勤務者を直接指揮し営門出入者の監視等の任に当たる本件警衛司令とすれば，制服等の着用により幹部自衛官を装った過激派活動家が営門から不法侵入し，かつ，動哨勤務者の生命，身体に危害を及ぼす可能性も，客観的にこれを予測しえないものではなかったというべく，本件駐とん地司令としては，かかる事態を未然に防止するため，営門の警衛勤務者に対し，車両による営門出入者が着用の制服等により外観上幹部自衛官と見える者であって

も，その営門出入の際の身分確認，当該車両及び搬出入物品の点検などを必ず実行させる措置を講ずべきであり，また，本件警衛司令としては，警衛勤務者を直接指揮し，警衛の方法に関する所定の準則を遵守して前示のように不審な情況のあつた本件車両が営門から不法侵入するのを防止すべきであつたというべきである。したがつて，上告人には，本件駐とん地司令及び本件警衛司令を履行補助者として，営門出入の管理を十全にして前示不法侵入を防止し，もつて動哨勤務中の士長の生命，身体に前示危険が及ばないよう保護すべき安全配慮義務の不履行があつたものといわざるをえ」ないとして，国の安全配慮義務違反を認めた。

　この事例でも，損害を直接に発生させたのは第三者であるが，5）判決と同様に国の安全配慮義務違反を認め，その理由を最高裁は，「およそ駐とん地内で動哨として勤務する自衛隊員は，規律維持等のほか，外部からの不法侵入に備えるべき職責を負い，その職責には生命，身体に対する危険が多かれ少なかれ不可避的に内在していることを否定することはできないが，外部から区画された施設内での警衛を分担する複数の公務遂行者の一員であることに鑑みると，前述のような手段，方法による営門からの不法侵入者により惹起されるべき動哨勤務者の生命，身体に対する危害の可能性は，その職責に不可避的に内在している危険の限界を超えるものというべく，国は，公務の遂行を管理する者として，かかる危害の可能性をあらかじめ客観的に予測しうる限り，これを排除するに足りる諸条件を整えるべき義務を免れないからである」と判示している。そして，当時の過激派活動家の活動状況からは，営門出入者の監視等の任に当たる本件警衛司令とすれば，制服等の着用により幹部自衛官を装った過激派活動家が営門から不法侵入し，かつ，動哨勤務者の生命，身体に危害を及ぼす可能性も，客観的にこれを予測しえないものではなかったというべく，警衛司令としては不審な情況のあつた本件車両が営門から不法侵入するのを防止すべき

であつたとしている。この事件でも，安全配慮義務の内容が当時の具体的状況との相関で，具体的に判断されていることが確認できる。

　これまで掲げてきた事件は，社会的接触関係が契約関係としてあり，この契約関係に付随する信義則上の安全配慮義務違反も，債務不履行責任を生じさせると認められる事案であった。しかし，最高裁自身は安全配慮義務違反が生じさせる責任について明示してないが，直接の契約関係にない者に対する事業主の責任を認めた以下の二事件が登場しており，特に最初の事件では，原審判決が安全配慮義務違反から不法行為責任を負わせたものであることから注目される。

7）　最判平成2年11月8日（判時1370号52頁）

(事案) [88]

　腐食性無機化学品の内航海運をなす船舶は，もともと昭和36年に帆船として建造されたが，昭和41年に汽船に船種を変更し，貨物船として運航されていた。昭和42年に，当時の所有者AがY会社にこれを持ち込み，特殊タンク船に改造してYの下で運航したいと申し出たので，Yもこれを受諾し，所有するタンクを積み込み，Yの経済的便宜によりその他の付属設備も設置するなどして特殊タンク船に改造した。

　船舶の定期傭船契約においては，運送量の多寡にかかわらず，定額の傭船料が支払われるものであるが，より高い収入を求める船主としては，実績のある運航者（オペレーター）との間で運航委託契約を結び，運送量に応じた収入を得ることができる方法を選択するのが一般であり，Yはその申出に応じ，その実体はないものの，対行政用に，原所有者との間で内航定期傭船契約書を作成（したがって，本件船舶は，行政上は特殊タンク船としてYの配下としてしか仕事ができないものであつた）する一方，実際に当事者を規律するものとして運航委託契約を締結し，本件船舶に前記荷

役設備を設置して，これを特殊タンク船に改造し，右設備は船主に賃貸し，以後，受託者として本件船舶の運航にあたってきた。本件船舶は，その後昭和52年7月14日にBがこれを所有するに至ったが，特殊タンク船に関する規制の趣旨は，船舶所有者の変更にも及んでおり，新所有者たるBは運送業者との間で傭船契約を結ぶ必要があった。そして，Yはこの所有者の変更に伴って，それぞれ新所有者との間に二通の契約書を作成し，実際には運航受託者として，本件船舶の運航にあたってきた。そして，YはBに対しても，以上のことを説明し，Bもこれを了解して，両者の間で内航定期傭船契約書及び運航委託契約書が作成され，Bは，Yに対し，Yが実際を規律するものであることを確認する旨の念書を差し入れ，前主同様荷役設備を賃借して，本件船舶の運航を委託してきた。X´は昭和52年7月にBに雇傭され，船長として本件船舶に乗り組むようになった。本件運航委託契約においては，当該委託契約にしたがつた履行がされてきており，特殊タンク船の制約から，Bは船の所有者であったとしても，Yの同意を得て本件運航委託契約を解消し，他のオペレーターと契約して積荷保証を得ない限り，Yが手配する以外の仕事はできない建前であった。また，BはYから荷役設備を賃借していたこともあって，BはYが手配する仕事は事実上断われない立場にあつた（実際，BがYの積荷手配を拒否したことはなかつた）。

　このような状況の中，亡X´は船長として，船主のBは機関長として，二人で当該船舶に乗組み，倉敷市の工場から，苛性ソーダを積載運航し，大阪府高石市のY大阪工業所西工場に入港し，積み荷の苛性ソーダを荷揚げしようとしたが，当該船舶に搭載中のカーゴポンプの出力が弱く，荷揚げができなかったので，Y大阪工業所操作課係長は，苛性ソーダ液面に圧力をかけ，ポンプの効率をよくするため，Y大阪工業所に設置してある設備を使用して，窒素ガスを当該船舶の船倉タンク内に注入して，右苛性ソーダの荷揚をした。その結果，苛性ソーダ荷揚げ後の船倉タンク内は窒素ガ

スが充満した。そして，出航後，タンク内の清浄作業のため，船倉タンク内に降りて行ったBが窒息死し，さらにBを助けようと船倉タンク内に降りて行ったX´も窒息死した。このため，X´の遺族XらはY会社に対して安全配慮義務違反による損害賠償請求をした。

　第一審（昭和60年6月29日岡山地裁）はXの請求を認容した。これに対してYが控訴。

　第二審（昭和62年5月2日広島高裁）では以下のように判断された。

「右認定事実からして考えてみるに，たしかに，本件当事者間を規律する法律上の形式は，本件運航委託契約であって，同契約自体は，船主たるBがその所有船の運送契約締結業務を運航業者であるYに委託し，右締結された運送につき船主は自分の船員を乗せたその所有船をもつて直接荷主の運送に従事するにすぎないものであり，右契約上の拘束といったもののほか，外形上は控訴人と船主，船長との間に格別の支配従属関係といったものはないようにみられ，また，証拠によれば，本件運航委託契約には「船舶の堪航能力欠如から生ずる一切の責任は委託者に帰属する。」という条項もあり，証拠によると，一般に，右堪航能力のうちには，荷物の積載及びタンクの維持管理等も含まれるものともされている。しかしながら，前認定のとおり本件当事者間においては右運送委託契約のほかに，対行政用のものとはいえ，併せて内航定期傭船契約書も作成されているのであって，船主柏原が実際の契約関係として右運航委託契約を選んだのは，専らその運賃収入の多寡にあったにすぎないものとみられ，本船は，昭和42年にYの下で運航の用に供される前提で控訴人の経済的援助により特殊タンク船として改造されて以来，本件事故当時まで約11年もの間歴代の船主により前同形式の二通の契約書が作成されてYの下でその運航業務に供されてきたものであり，本船の運航に関する行政監督官庁の船舶及び船員の安全等も含む指導及び指示等も前記内航定期傭船契約の存在を前提に運航業者（傭船者）も含めてなされていたものとみられ，運航業者，船主，船長

等もこのような行政上の関係を了知していたものとみられるところであり，その他前認定の本件運航委託契約における特殊タンク船であることからする強い制約及び同船の枢要部分たる荷役設備の所有関係からする拘束等の諸事情を考慮すると，Yは，本船もほぼ自社船同様にその配下の支配船として自己の業務の中に一体的に従属させ，船主たる亡B及び船長たる亡X′も，事実上Yの指揮監督を受ける関係にあつたものとみられ，船員等運航従事者を持たないことを営業方針とするYにとつては，亡B及びその履行補助者たる船長亡X′から，実質的に労務の供給を受ける関係にあつたということもできる。このことは，前記のとおり，Yにとつて，昭和42年以来，現に本件船舶が自社船と同様の役割を果たしてきたこと，Yにおいて，安全管理の面に関しても本件船舶を自社船と同様に扱ってきたこと等，その実績からも裏付けられるものといえる。

　これらのことからすると，Yは，亡B及びその履行補助者たる亡X′に対し，本件運航委託契約に信義則上伴う義務として，本件船舶で前記危険物を運搬することから生ずる生命及び健康の安全を配慮すべき義務あるものと解するのが相当であり，右義務はXら主張の不法行為の前提事実となるものということができる」。

　そして認定事実からは，Yがタンク内における酸欠及び有毒ガスの滞留による危険性につきしていた安全教育や手順等の指導は一般的で，特に本船に即したものともみられず，また，検知器具の設置の勧めも，その後設置の有無等につき確認したような状況も窺われず，窒素の危険性の大きさを考慮に入れるとき，これらはいずれもYの安全配慮として極めて徹底を欠いたものといわざるを得ないところで，これらの点で，Yにはその安全配慮義務を怠った過失があるものというべきである。」として控訴棄却。Yが上告。

（最高裁判決の概要）

最高裁判所は「原審の適法に確定した事実関係によれば，本件船舶の運航委託契約の受託者であるYは，本件船舶を自己の業務の中に一体的に従属させ，本件事故の被害者である本件船舶の船長に対しその指揮監督権を行使する立場にあり，右船長から実質的に労務の供給を受ける関係にあったというのであり，このような確定事実の下においては，Yは，信義則上，本件船舶の船長に対し安全配慮義務を負うものであるとした原審の判断は，正当として是認することができる。原判決に所論の違法はない。論旨は，ひっきょう，独自の見解に立って原判決を論難するものにすぎず，採用することができない。」として上告を棄却した。

　原審は本件での安全配慮義務は不法行為の前提事実となることを明確に認めているが，最高裁は慎重にその点にまでは踏み込んでいない。しかし，原審と最高裁で一致しているのは，YとX´とには契約関係がないものの，YはX´に指揮監督権を行使する立場にあったことが，この者にも安全配慮義務を負う理由としていることである。
　次の事件もほぼ同様の判断をしている。

8）　最判平成3年4月11日（判時1391号3頁）

（事案）[89]
　Y造船所は，造船工事についてYを注文者，Aを請負人として下請負契約を締結していた。AはXら22名と雇用契約を締結し，Yから発注された業務についてAはこれらの者に作業させていた。そしてAら下請企業はもっぱら，あるいは主として，Yの下請をしており，Y以外の他の企業の下請となったり，あるいは自ら元請負をなすことはほとんどなかった。
　Xらは，下請工・社外工としてY造船所で勤務したが，その労働の場所

は，ほとんどY造船所に限られ，Y造船所構内以外の場所で作業をしたことはほとんどなかつた。また，Y造船所の，敷地・ドック・工場建物・クレーンその他の機械類・工具等のすべてがY所有であり，かつYが管理していた。作業内容についてみると，Yが雇用する本工も下請企業が雇用する下請工もほとんど変らず，Y造船所が下請工・社外工を直接指揮・監督することもまれではなかった。また，一般の請負の場合には，作業工具や材料等は請負人が自らの所有するものを使用するのが一般であるが，Y造船所の場合には，下請工が作業する場合においても，同造船所の所有・管理する工具・材料が用いられていた。このY造船所の屋内作業場は，強烈な騒音を発するものであり，そこで勤務していたXら22名が騒音性難聴に罹患した。このためXらはYに対して，Yの安全配慮義務違反を理由とする損害賠償請求訴訟を提起した。

　第一審は，Y造船所の安全配慮義務にかかる責任につき「雇傭契約における使用者の労働者に対する義務は，単に報酬支払義務に尽きるものではなく，当該雇傭契約から生ずべき労働災害の危険全般に対して，人的物的に労働者を安全に就労せしむべき一般的な安全保証義務ないし安全配慮義務をも含むものと解するのが相当である。また，右義務は，より一般的には，ある法律関係に基づいて特別な社会的接触の関係に入った当事者間において，当該法律関係の付随義務として当事者の一方又は双方が相手方に対して信義則上負う義務として一般的に認められるできものである。ところで，使用者の労働者に対する安全保証義務はひとり直接の雇傭契約についてのみ生ずべきものではなく，事実上雇傭契約に類似する使用従属の関係を生ぜしめるべきある種の請負契約，たとえばいわゆる社外工のごとく，法形式的には請負人（下請負人）と雇傭契約を締結したにすぎず，注文者（元請負人）と直接の契約を締結したものではないが，注文者請負人間の請負契約を媒介として，事実上，注文者から，作業につき，場所，設備・

機械等の提供を受け，指揮監督を受ける等に至る場合の当該請負契約においても，右の義務は内在するものと解される」と判断し，Y造船所がXらに対して安全配慮義務を負うことを認めた。そこでY造船所が控訴をした。

　第二審（昭和63年11月28日）は「雇用契約は，労働者の労務提供と使用者の報酬支払をその基本内容とする双務有償契約であるが，通常の場合，労働者は，使用者の指定した場所に配置され，使用者の供給する設備，器具等を用いて労務の提供を行うものであるから，使用者は，右の報酬支払義務にとどまらず，労働者が労務提供のため設置する場所，設備もしくは器具等を使用し又は使用者の指示のもとに労務を提供する過程において，労働者の生命，身体，健康等を危険から保護するよう配慮すべき義務（以下「安全配慮義務」という。）を負っているものと解するのが相当である。右のような安全配慮義務は，ある法律関係に基づいて特別な社会的接触の関係に入った当事者間において，当該法律関係の付随義務として当事者の一方又は双方が相手方に対して信義則上負う義務として一般的に認められるべきものである。もとより，使用者の右の安全配慮義務の具体的内容は，労働者の職種，労務内容，労務提供場所等安全配慮義務が問題となる当該具体的状況等によって異なるべきものであることはいうまでもない（最判昭和59年4月10日判決―前掲5）判決，最判昭和50年2月25日判決―前掲1」判決を引用する）。したがって，使用者と労働者の雇用契約関係が相当長期間に及び，その間に技術革新が進み，医学が進歩発展を遂げ，また経済的，社会的情勢が大きく変転したような場合には，安全配慮義務の具体的内容も，その時代の技術水準，医学的知見，経済的，社会的情勢に応じて変容することがあるものというべきである。ところで，前記のとおり安全配慮義務が，ある法律関係に基づいて特別な社会的接触の関係に入った当事者間において，当該法律関係の付随義務として信義則上，一般的に認められるべきものである点にかんがみると，下請企業（会社又は個人）と元請企業（会社又は個人）間の請負契約に基づき，下請企

業の労働者（以下「下請労働者」という。）が、いわゆる社外工として、下請企業を通じて元請企業の指定した場所に配置され、元請企業の供給する設備、器具等を用いて又は元請企業の指示のもとに労務の提供を行う場合には、下請労働者と元請企業は、直接の雇用契約関係にはないが、元請企業と下請企業との請負契約及び下請企業と下請労働者との雇用契約を媒介として間接的に成立した法律関係に基づいて特別な社会的接触の関係に入ったものと解することができ、これを実質的にみても、元請企業は作業場所・設備・器具等の支配管理又は作業上の指示を通して、物的環境、あるいは作業行動又は作業内容上から来る下請労働者に対する労働災害ないし職業病発生の危険を予見し、右発生の結果を回避することが可能であり、かつ、信義則上、当該危険を予見し、結果を回避すべきことが要請されてしかるべきであると考えられるから、元請企業は、下請労働者が当該労務を提供する過程において、前記安全配慮義務を負うに至るものと解するのが相当である。そして、この理は、元請企業と孫請企業の労働者との関係においても当てはまるものというべきである。」として、Y造船所がXらに対して安全配慮義務を負うことを認めた。このため、Y造船所が上告。

(最高裁判決の概要)
　最高裁判所は「Yの下請企業の労働者がYの神戸造船所で労務の提供をするに当たっては、いわゆる社外工として、Yの管理する設備、工具等を用い、事実上Yの指揮、監督を受けて稼働し、その作業内容もYの従業員であるいわゆる本工とほとんど同じであったというのであり、このような事実関係の下においては、Yは、下請企業の労働者との間に特別な社会的接触の関係に入ったもので、信義則上、右労働者に対して安全配慮義務を負うものであるとした原審の判断は、正当として是認することができる。」としてY造船所がXに対して安全配慮義務を負うことを認めた。また、安全配慮義務違反の内容についても、原審の判示を認めた。

まず，原審が，一般論としての判示ではあるが，使用者と労働者の雇用契約関係が相当長期間に及び，その間に技術革新が進み，医学が進歩発展を遂げ，また経済的，社会的情勢が大きく変転したような場合には，安全配慮義務の具体的内容も，その時代の技術水準，医学的知見，経済的，社会的情勢に応じて変容することがあるものというべきであるとしているのが目を惹く。さらにこの事件でも，原審と最高裁は，XらがYから指揮・監督を受けていたことに言及するが，注目されるのはそこからXらとYが社会的接触関係に入ったという媒介項を使って，Yの安全配慮義務を認めていることである。それゆえ，この判決からは，指揮・監督関係はあくまでも社会的接触関係をみとめるための一つのメルクマールであって，かかる関係をみとめるために常に必要な訳ではないとの読み方もありえよう。ともかくも，これら二つの判決により，安全配慮義務は直接の契約関係がない場合にも成立しうることが確認されたのであるが，その意義は決して小さくはない。

さらに，最判平成18年3月13日にいたっては，以下のような判例が出される。

9) 最判平成18年3月13日（判時1929号703頁）

(事案) [90]

Y1学校法人は，学校教育法・私立学校法に基づき全日制普通科の中学校と高等学校を運営し，入学した生徒に対し教育基本法・学校教育法その他の教育関係法規に基づき教育活動を行うことを目的として，これらの学校を運営していた。高校生はその高等学校の一年に在籍し，同校にある課外活動（クラブ活動）のうちサッカー部に所属していた。Y2体育協会は，Y4市教育委員会を後援者とする本件フェスティバル実行委員会を設置させ，平成8年8月，「ユース・サッカー・サマー・フェスティバル」と称

するサッカー競技に関するフェスティバルを企画し，Y2体育協会はその傘下にあるサッカー連盟会長Y3を「ユース・サッカー・サマー・フェスティバル」の実行委員長に任命した。Xは，前記企画に基づき平成8年8月12日から15日の予定で行われたこの「ユース・サッカー・サマー・フェスティバル」に，Y1学校法人の課外活動としての対外試合参加として，学校を代表して他の部員21名とともに参加し，競技に出場した。その際の引率兼監督は，Y1学校法人のA教諭が代行した。競技の前日である8月12日には，九州南部に大型で強い台風が接近しており，12日から13日にかけて大阪府地方を通過することが予報されており，13日には高槻地方でも午後3時ころから台風の影響で断続的な強い雨とともに近畿地方の所々で雷が発生し，本件グランドからも雷鳴が聞こえ，大阪管区気象台より13日午後3時15分雷注意報が発令されている気象状態であった。本件サッカー競技中にも本件グランド北側から時折雷鳴が聞こえていたが，全体として競技運営が遅れており，Y1学校法人のサッカー部の競技時間（午後4時15分）が前の競技時間帯からずれ込んでいたため，競技は中止することなく続けられていたところ，同日午後4時35分ころ，Xが本件フィールド内を南側から北側にボールを追って走行しているところを，Xの頭部を直撃する形で落雷があり，Xは，その衝撃で転倒，意識不明となった。救急手当を受けた結果，幸いにも蘇生したが，両目が0.001の失明状態，両下肢機能全廃，両上肢運動能力微弱の後遺症（後遺障害等級は一級）を残すこととなった。そして，Xは，Y1学校法人，Y2体育協会，Y3サッカー連盟会長，Y4市に対して，競技者の落雷事故を防止すべき安全配慮義務の違反があったとして損害賠償を請求（両親と兄も精神的損害について慰謝料請求）した。

　第一審（平成15年6月30日は）はXらの主張を認めなかったため，Xらが控訴。

第二審（平成16年10月29日）も以下の理由でXの主張を認めず，Y１法人学校，Y２体育協会，Y３サッカー連盟会長，Y４市，すべてについて責任がないと判断した。

　第二審はまずY１学校法人が負う安全配慮義務一般について，Y１学校法人が，在学契約上の付随義務として負う安全配慮義務は，Xだけでなく Xに代わって在学契約をした両親にも負い，それは課外活動であるクラブ活動にも及ぶとし，そしてクラブ活動が屋外で行われるスポーツ競技の場合には，生徒の能力を勘案して発生する可能性のある危険を予見し，これを回避する適切な防止措置を講じなければならず，教員がこれを怠れば履行補助者が安全配慮しなかったものとしてY１法人は債務不履行責任と同時に使用者責任（715条）を負うとする。そのうえで，Y１法人に落雷事故の危険性について予見可能性又は予見義務違反があったかを検討して，雷注意報や遠雷はそれ自体で具体的な落雷被害の発生を意味せず，社会通念上もこれらがあれば一切の社会的活動を中止・中断すべきことが当然要請されるのではないこと，当時の状況は落雷の危険性が減弱すると一般に認識させるものであり，スポーツ指導者が落雷事故の具体的危険性を認識することが可能であったとは認められないこと，などからA教諭には予見可能性も予見義務もないとした。さらに，Xらが主張する，天候特に雷の専門的知識を有しないA教諭を引率者としたことの安全配慮義務違反の点には，同人が野外スポーツの危険性に関する一般的知識を有していたことを理由に違反を認めず，台風接近の状況下で情報収集していなかった点については，接近に伴う危険が現実化しておらずまた情報収集したとしても本件グランドの具体的危険までが明確に覚知できるわけではないとの理由で違反はないとし，事前に本件グランドや周辺地域を調査して安全性が確保されているか確認する義務や中断・中止に関するルールの協議・決定をしておくべきとの点については，たとえそのようなことをしていても本件では落雷を予見することができない状況だったのだから本件落雷事故を阻

止することができなかったという理由で義務違反を否定した。

　なお，本件グランドに瑕疵はなかったとして，Ｙ４市の責任を否定し，Ｙ２体育協会とＹ３会長については，フェスティバルの主催者はＹ２体育協会傘下の「サッカー連盟」であり，この連盟が独立した責任主体となる以上はＹ２とＹ３は責任を負わないとした。

　このため，ＸらがＹ１学校法人とＹ２体育協会に対する判決について上告。最高裁判所は以下の理由で破棄差し戻した。

(最高裁判決の概要)
「教育活動の一環として行われる学校の課外のクラブ活動においては，生徒は担当教諭の指導監督に従って行動するのであるから，担当教諭は，できる限り生徒の安全にかかわる事故の危険性を具体的に予見し，その予見に基づいて当該事故の発生を未然に防止する措置を執り，クラブ活動中の生徒を保護すべき注意義務を負うものというべきである。前記事実関係によれば，落雷による死傷事故は，平成５年から平成７年までに全国で毎年５～11件発生し，毎年３～６人が死亡しており，また，落雷事故を予防するための注意に関しては，平成８年までに，本件各記載等の文献上の記載が多く存在していたというのである。そして，さらに前記事実関係によれば，Ｙ１高校の第２試合の開始直前ころには，本件運動広場の南西方向の上空には黒く固まった暗雲が立ち込め，雷鳴が聞こえ，雲の間で放電が起きるのが目撃されていたというのである。そうすると，上記雷鳴が大きな音ではなかったとしても，同校サッカー部の引率者兼監督であった教諭としては，上記時点ころまでには落雷事故発生の危険が迫っていることを具体的に予見することが可能であったというべきであり，また，予見すべき注意義務を怠ったものというべきである。このことは，たとえ平均的なスポーツ指導者において，落雷事故発生の危険性の認識が薄く，雨がやみ，空が明るくなり，雷鳴が遠のくにつれ，落雷事故発生の危険性は減弱

するとの認識が一般的なものであったとしても左右されるものではない。なぜなら、上記のような認識は、平成8年までに多く存在していた落雷事故を予防するための注意に関する本件各記載等の内容と相いれないものであり、当時の科学的知見に反するものであって、その指導監督に従って行動する生徒を保護すべきクラブ活動の担当教諭の注意義務を免れさせる事情とはなり得ないからである。これと異なる見解に立って、教諭においてY1高校の第2試合の開始直前ころに落雷事故発生を予見することが可能であったとはいえないなどとして、Y1学校法人の損害賠償責任を否定した原審の判断には、判決に影響を及ぼすことが明らかな法令の違反がある。」として、控訴審の判断を認めず、Y1学校法人の安全配慮義務違反を認めた。

なお、最高裁判所はY2体育協会について、主催者ではないとした原審判決には経験則違反があるとして破棄差し戻しとしている。

最高裁判決は、クラブ活動をする学校法人に、教員の指導監督に従う生徒について、予め生命・身体の安全に十分に配慮した備え（当時の科学的知見に従った備え）を要求し、そして、これは学校のクラブ活動を受け入れて大会等を主催する者についても同様と判断しており、安全配慮義務理論がなければかかる判決が出されなかったのではないかとの感を抱かせる。

以上の最高裁判決により、第一に、使用者が雇用契約により指揮・監督に服させている被用者に対して、あるいは雇用関係はないものの、事業主体が実質的に指揮・監督に服させている者に対して、負うべきとされる安全配慮義務のおおよその輪郭が整ってきている。そして、第二に、この領域で発展した安全配慮義務の理論は、雇用契約の枠を完全に超えて、学校法人と生徒についての在学契約にも広げられている。ここでは繰り返さな

いが，いずれの判決も１）判決が示した社会的接触関係に入った者の生命・健康等の安全を保護する「信義上負う付随義務」にどのような内容・意義を与えるかに関わる重要な判断を示している。この社会的接触関係（法律関係）に基づき信義則上負う付随的義務の発想は，契約締結段階や交渉段階の当事者という関係にある者に，相手方に損害を与えないような締結行為や交渉行為する信義則上の義務を負わせる，「契約締結上の過失」理論に由来するのではないかと一般に推測される。しかし，筆者は安全配慮義務のかかる位置付けには疑問がある。説明の便宜上から以下ではこの「契約締結上の過失」との対比で叙述していきたい。

　契約自由の原則との関係でみると，契約交渉当事者には契約を締結するか否かの自由があるから，簡単に「契約締結上の過失」を認めることはできない。換言すれば，この理論が前提とする信義則上の義務を，契約自由の原則に優先しても守られる義務とはいえない―だからこそこの理論の適用における難しさがある―であろう。しかし，ある事業者主体が，その事業と多様な社会的接触関係を結ぶ者に対して，その事業が有する危険から生命・身体・財産の安全を保護するための安全配慮義務は，契約自由の原則にも行動の自由の原則（特に経済活動の自由）にも優先させることが，今日の社会的状況の中で要請されている。それゆえ，これらの自由は，生命・身体・財産の完全性利益の保護の枠内で認められるとすべきであろう。そうだとすれば，安全配慮義務の根拠を，「契約締結上の過失」理論と同様に信義則に求めることは妥当ではなく，より高次の根拠（各人に自己の生命・身体・財産の完全な自由を享有させる権利能力平等の原則）に求めるべきではないかと考える（詳細は結語で叙述したい）。

　以上のことは，安全配慮義務に関する下級審判例が，広範にこの義務を認め，7）事件の原審判決のごとく不法行為責任を認める前提ともなる義務とする判決も数多いことに鑑みると，自ずと明らかになるであろう。次には，安全配慮義務に関する主要な下級審判例を検討することにしたい。

4.4 わが国の安全配慮義務に関する主要な下級審判例

下級審でも，最高裁判決で多かった直接の法律関係がある場合についての事例も多いが，ここでは請負契約と委任契約がある場合の判決を簡略に紹介する。

1） 契約関係がある場合の判決

a　請負契約の関する判決
①名古屋地判　昭和57年12月20日（判時1077号105頁）

　X′は株式会社Y鋳鋼所から仕事を専属的にこなして，収入の50％以上をそこからの仕事で得ていたが，Yの電気工事のすべてを引き受けていたわけではなく，両者の関係は個々の電気工事についての請負契約関係であった。また，X′は，昭和52年4月以降だけでも株式会社Y鋳鋼所刈谷工場において14回にわたりクレーンの修理工事を行い，その内7回は本件クレーンに関するものであった。昭和53年7月28日，X′はY鋳鋼所刈谷工場の工場長からY鋳鋼所刈谷工場内のリフティング・マグネット・クレーンの電気系統の修理を依頼された。X′はヘルメット，革手袋などの絶縁具を装着せず単独で修理工事をしていた。X′は，電源スイッチを入れ，本件クレーン上で作業していたところ，誤って左手をトロリー線の一本に接触させ，感電死した。

　裁判所は，請負契約の場合においても，当該契約に基づく労務提供の場所，仕事の内容，用具の負担関係並びに契約当事者相互間の社会的・経済的関係の優劣などからみて雇傭と類似の関係が存すると認むべき場合においては，注文者は，右雇傭の場合における使用者と同一の安全配慮義務を

負うものと解するのが相当であるとし，本件でも雇用類似の関係があるから本件修理作業を安全に行ない得るように配慮し協力すべき義務があったのにYはそれに違反したとして責任があるとした。

②和歌山地判　平成16年2月9日（労判874号64頁）

　Xは自己の所有する貨物自動車で，有限会社Y運送の指示に従い鮮魚などのトラック運送等に従事していたが，独立した自営業者でY会社と雇用契約関係はなかった。Xは，平成10年6月からの1年間は1か月当たり417時間30分ないし540時間にわたって有限会社Y運送の運送業務に従事しており，しかも，深夜から日中にかけて，助手や交代要員を置かず一人でトラックを運転し運送業務に従事し，積み込みや荷卸しの作業をも行っていた。Xは，平成11年6月に，高血圧性脳内出血を発症し，その後に停止中の車両に追突する交通事故を起こした。Xは，病院に搬送されて入院したが，右上下肢不全麻痺と言語障害があり，脳のCT検査で左視床出血が認められた。そして，Xは，翌年1月から車椅子を使用するようになり，4月のMRI検査で多発性脳梗塞と左視床の陳旧性出血性病変が認められ，後遺障害として両上下肢機能障害が残存し，日常生活動作は全面介助，移動は車椅子又は介助歩行で，身体障害者等級表1級に該当する状態となった。

　裁判所はまず，Xの仕事の従事の仕方などからは，XをY運送の労働者と認めるのは困難だが，仕事に関しては従業員運転手と同様にY運送から指示を受け，これに従って運送の業務に従事していたのであるから，Y運送の指揮監督の下に労務を提供するという関係が認められ，雇用契約に準じるような使用従属関係があったということができるとし，それゆえ，信義則上，YはXに対して安全配慮義務を負うべき立場にあったとした。その上で，Xの労働時間，休日の取得状況等について適切な労働条件を確保し，かつ，原告の労働状態を把握して健康管理を行い，その健康状態等に

応じて労働時間を軽減するなどの措置を講じるべき義務があるのに、この義務を尽くさなかったとしてY会社の責任を認めた。

③東京高判　平成18年5月17日（判タ1241号119頁）

　塗装工事請負業等を目的とするY会社は、平成14年11月に昭和村から、昭和村公民館ホール及び保健センターの屋根塗装工事を、請け負った。当初、Yは塗装工事を自社で施工することとし、A1とA2の二名が主に作業に従事した。A1は、A2と共に公民館ホールの屋根で高圧洗浄の作業をしていたが、A1は安全帯を取り付けるための親綱を替えようとして、安全帯を親綱からはずしたまま建物の南西側の妻の部分を歩いているときに足を滑らして地面に転落し、肺挫傷により死亡した。Yは自社で前記塗装工事を施工することを断念し、X1に依頼することとし、Y会社は、平成14年12月上旬ころ、塗装業を営んでいるX1との間で工事を代金55万円でX1が施工する旨の契約を締結した。

　X1は、平成15年3月から工事を再開し、保健センターの屋根の高圧洗浄作業を行い、次に下塗りなどの作業をX2やX3´とともに行った。Yは、X1が本件工事を施工するに当たり、Cに対し、ヘルメット、安全帯及び登山用ザイル（安全帯の親綱）といった安全器具を貸与し、これを着用するよう指示もしていたが、X1は、保健センターの屋根の勾配が緩やかであったこともあり、これらを車に置いたままにして着用せず、X2やX3´にも着用させなかった。

　X1は、その後も保健センターの屋根の塗装工事に従事していたところ、X3´が同屋根から転落し、それに次いで、X1とX2らも転落した。この転落によりX3´は死亡し、X2は全身打撲及び右肋骨骨折の傷害を、X1も全身打撲及び左足部挫傷の傷害をそれぞれ負った。

　裁判所は、Y会社が主張する通り、本件工事契約は工事の完成を約する請負契約ではあるが、本件工事契約は工事の作業量を30人工とし、その

対価を 45 万円（1 人工当たり 1 万 5000 円）と見積もったうえで，同金額を基準として工事代金が定められており，ペンキ等の材料は Y が支給する約定であったこと，ローラーやはけなどの道具の一部なども A が貸与していたこと，そして，Y も X1 から労務作業（塗装作業）の提供を受けていただけと述べていることからしても，同契約は労務の提供という色彩の強い契約であるといえるなどを理由に，X1 と Y との間には，実質的な使用従属関係があったというべきであるから，使用者と同様の安全配慮義務（労働者が労務を提供する過程において生じる危険を防止し，労働者の生命，身体，健康等を害しないよう配慮すべき義務）を負っていたものと解するのが相当であるとした。そして，本件現場では，以前にも死亡事故があったにもかかわらず，安全帯を着用させずに作業をさせ，Y も当日は追加の足場板を設置するなどのために現場を訪れていて，X1 らが安全帯を着用せずに作業をしていたことを容易に知ることができたにもかかわらず着用させなかったのでるから，安全配慮義務に違反しているとして，Y 会社の責任を認めた。

b　委任契約に関する判決
④大阪高判　平成 19 年 1 月 18 日（判時 1980 号 74 頁）
　X′は，高校を卒業した昭和 33 年に，Y 株式会社の前身である y 商店に就職して以来，三代の代表者に対する忠勤に励んで代表者と二人して営業の中心となり経営者一族から深い信頼を得てきたので，専務取締役の役職を付与され，商業登記簿上も取締役として登載されていた。しかし，Y 株式会社は，株式は代表者一属が保有し，役員は代表者の親族が占めるという所有と経営の分離しない小規模会社であり，その定款にも専務取締役の地位に関する規定や取締役の業務執行権に関する規定はなく，X′の専務取締役就任時にも，改めて雇用契約を取締役任用契約に切り替えるという手続きもなかった。しかし，専務取締役の肩書を付された X′は，業務

のかたわら代表者の日常的な相談相手となったり，他の従業員と異なる権限を付与されたり等の処遇を受けてきた。他方，Xは午前8時45分までには出勤して会社の鍵を開け，Y会社代表取締役の出張の折りには必ず在社し，Y会社代表取締役に代わって朝礼を実施し，従業員の勤務を管理監督し，新規仕入を代行決裁していたほか，他の従業員と異なり，出張が祝祭日にかかっても代休を取らず，隔週土曜日と定められた休日も代表者と同様に出勤し，他の従業員より後に退勤するというような勤務振りであった。

X′は，平成12年8月に盆休みを取った後，社内で通常の業務に就き，同月20日（日曜日）は自宅で持ち帰り仕事をし，翌21日（月曜日）から同月25日（金曜日）までは社内で通常の業務を行っていた。その間も，午前8時30分頃には出勤し，午後8時頃まで働いていた。同月25日の午後8時前頃，高血圧の治療のために通院をしたが，受診せずに投薬だけを受け，翌26日（土曜日）午前5時50分に営業車で自宅を出発して北陸方面への出張に向かい，福井県武生市，鯖江市，福井市内の得意先を回り，翌27日（日曜日）は，福井市，三国港を回って福井市に戻り，翌28日（月曜日）は，石川県金沢市，内灘町，羽咋市を回り，翌29日（火曜日）には石川県輪島市，珠洲市，高岡市の得意先を回り，さらに，翌30日（水曜日）は富山県高岡市から，富山市，滑川市，黒部市を周るなどして，X′は結局，北陸出張で，この段階で少なくとも29軒の得意先に出向いていた。しかし，翌31日（木曜日）午前10時を過ぎてもX′がチェックアウトの手続をしなかったため，ホテルの職員が在室確認をしたところ，午前2時頃にベッド上で急性循環器不全により死亡していた。

裁判所は，いわゆる労使関係における安全配慮義務は，使用者が被用者を指揮命令下において労務の提供を受けるについて，雇用契約の付随的義務として被用者の生命及び健康を危険から保護するよう配慮すべき義務をいうところ，本件におけるX′は，久しくY会社の取締役の肩書を付され

ていたが，その職種，労務内容，勤務時間，労務の提供場所等の実態に即してみれば，取締役の名称は名目的に付されたものにすぎず，Y会社との法律関係は，その指揮命令に基づき営業社員としての労務を提供すべき雇用契約の域を出ないものというべきであって，Y株式会社がX′に対し，一般的に上記安全配慮義務を負担すべき地位にあったことを否定することはできないとした。そして，Y会社が主張するX′は委任契約法理により律せられるべき取締役であり，Y株式会社の指揮命令に従い労務を提供する関係になかったから，双方間にはおよそ安全配慮義務を観念する余地がないとの反論については，Y会社が小規模会社であり株主総会や取締役会の開催もなく，専務取締約の職務分掌を定める内規もないことなどから，X′は業務執行者である代表者の黙示的な指揮命令の下で労務を提供する立場にあったとして，Y会社にはX′に対する安全配慮義務があったとし，そのうえで，長時間労働による身体的，精神的な過重負担がいわゆる成人病の増悪因子となることは，使用者として当然に予見すべき事柄に属するというべきであるから，Yには安全配慮義務違反による責任があるとした。

　かくして，雇用契約による社会的接触関係ではなく，請負契約や委任契約で結ばれている関係であっても，事業主の指揮・監督の下に労務を提供していると認められる場合には，事業主に安全配慮義務を課すことについて，下級審判例は確定しているといってよいであろう。

c　シルバーセンターと会員という関係がある場合についての判決
⑤横浜地判　平成15年5月13日（判時1825号141頁）
　Y事業団は，平成10年に神奈川県知事から民法34条所定の設立許可を受けるとともに，高年齢者等の雇用の安定等に関する法律46条1項所定のシルバー人材センターの指定を受けていた。
　Xは大学卒業後，約40年間の大半を証券会社でのデスクワークで過ご

し，平成5年に定年退職した。それまで一度も機械作業に従事したことがなかったが，Y事業団の設立と同時にその会員となった。

　Xは，Y事業団による就業の機会の提供に応じ，平成7年10月からA工業所の工場内の作業に従事した。Xは，同年11月に，A工業所工場1階に設置されたプレスブレーキを操作して，鉄板の曲げ加工の作業に従事中，テーブル奥のストッパーの下側に入った鉄板の左側部分を正しい位置に引き戻そうとして左手をテーブル奥に入れたところ，左手をテーブル奥に差し込んだ状態のまま，誤ってフットスイッチを踏み込んだため，ラム（下降して鉄板に圧力を加えて作用する鋭利な刃物状の金属部分）がテーブルに下降し，これによって左手の人差し指・中指・環指及び小指の4指をその基節骨基部から切断する傷害を負い，身体障害者福祉法別表4に該当する障害を残して症状固定となった。このためXは，Y事業団（シルバー人材センター）に対し，主位的に債務不履行，予備的に不法行為に基づき，損害賠償を求めた。

　裁判所は，高齢者事業団，シルバー人材センター，ひいては事業団の設立の経緯，高年齢者雇用安定法の成立及び関係規定の内容，労働省の行政指導の内容などや規約が定める事業団の目的を合わせ考えれば，高齢者である会員に対して就業の機会を提供するに当たっては，社会通念上当該高齢者の健康（生命身体の安全）を害する危険性が高いと認められる作業を内容とする仕事の提供を避止し，もって当該高齢者の健康を保護すべき信義則上の保護義務（健康保護義務）を負っているものと解するのが相当であるとし，そして，ある作業が社会通念上当該高齢者の健康を害する危険性が高いと認められる作業に当たるかどうかは，作業内容等の客観的事情と当該高齢者の年齢，職歴等の主観的事情とを対比検討することによって，通常は比較的容易に判断することができるものと考えられるとする。そのうえで，プレスブレーキによる作業は，作業内容等の客観的事情と原告の年齢，職歴等の主観的事情とを対比検討した場合，社会通念上高齢者であ

る原告の健康を害する危険性が高いと認められる作業に当たるということができ、にもかかわらず、事業団が、本件プレスブレーキによる作業も含まれるものとして、Xに対して上記工場内作業の仕事を提供したのであるから、Y事業団には、Xに対する健康保護義務の違背があったものとして、債務不履行に基づき、責任があるとした。

高齢者に危険な作業について就業の機会を与え、健康を害させることは、やはりシルバーセンターという事業が持つ危険といえる。それゆえ、この判決が、シルバーセンターに高齢者に対する健康保護義務という安全配慮義務をみとめたことは、支持されてよいと思われる。

2) 契約関係はないが雇用契約類似の関係があるかが問題となった判決

最高裁判決でも見られたように、直接の契約関係はないが、指揮・監督関係などの雇用関係に類似した社会的接触関係がある場合に、安全配慮義務があるかが問題となった事例は、下級審判例でも多く見られる。やはり、簡略に紹介したい。

a 出向先に安全配慮義務を認めた判決
①札幌地判　平成10年7月16日（判時1671号113頁）

　X´は、平成元年、Y1建設運送事業協同組合と雇用契約を締結し、平成6年にY2建設工業株式会社に出向した者であり、平成8年3月10日当時、Y1組合の「事業部工事担当次長」及びY2会社の「桂岡道路作業所所長」であった。X´は、平成8年3月10日当時、Y2会社が小樽開発建設部長から請け負った国道建設工事に従事していた。ところが、平成7年12月以降時間外勤務が急激に増加し、平成8年2月及び3月には一日平均3時間30分を超える時間外勤務をしたほか、平成7年12月以後、

31日の休日中16日間休日出勤をしたため，X′は，平成7年1月ころには体重が約10kg減少し，不眠等を訴えて医院を受診するようになった。そして遺書に「仕事をやっていて何がなんだか分からなくなってしまいました。私の管理能力のなさを痛感しています。」「その他関係各社へご迷惑をお掛けして申し分けありません」との記載をし，平成8年3月10日に，Y1建設運送事業協同組合で首吊り自殺をした。

　裁判所はまず，X′の自殺の原因について，本件工事が遅れ，本件工事を工期までに完成させるため工事量を大幅に減少せざるを得なくなったことに責任を感じ，時間外勤務が急激に増加するなどして心身とも極度に疲労したことが原因となって，発作的に自殺をしたものと認められるとした。そしてY1建設運送事業協同組合とY2建設工業株式会社らは，X′の使用者として，労働災害の防止のための最低基準を守るだけではなく，快適な職場環境の実現と労働条件の改善を通して職場における労働者の安全と健康を確保する義務を負っているとし，そのうえでY2建設工業株式会社は，本件工事を請け負い，本件工事遂行のためX′を所長として本件工事現場に派遣していたのであるから，適宜本件工事現場を視察するなどして本件工事の進捗状況をチェックし，工事が遅れた場合には作業員を増加し，また，X′の健康状態に留意するなどして，X′が工事の遅れ等により過剰な時間外勤務や休日出勤をすることを余儀なくされ心身に変調を来し自殺をすることがないように注意すべき義務があったところ，これを怠ったとして労働者の安全と健康を確保する義務違反により責任があるとした。他方，Y1建設運送事業協同組合については，X′を在籍のままY2建設工業株式会社に出向させているとはいえ，休職扱いにしているうえ，本件工事を請け負ったのがY2建設工業株式会社であってY1建設運送事業協同組合としては本件工事の施工方法等についてY2建設工業株式会社を指導する余地がなかったと認められるとの理由で免責した。

b　転籍前の親会社の安全配慮義務を認めた判決
②広島地判　平成12年5月18日（判タ1035号285頁）

　Y1株式会社は，調味料の製造及び販売等を業とする株式会社であり，Y2株式会社は，Y1会社と同じく調味料の製造販売等をその目的とする会社であるが，その実質はY1会社の一製造部門であり，Y2会社の取締役の大部分はY1会社の取締役でもあり，従業員も頻繁に流動していた。また，Y2会社の製品は，そのすべてがY1会社に納入されている状況であった。X′は，平成5年4月にY1会社に入社し，同年10月1日よりY2株式会社に転籍され，平成7年9月30日までY2株式会社の特注ソース等製造部門で製造するソースなどの製造業務に従事していた。X′は，平成7年9月30日，職場であるY2株式会社の工場内で自殺（縊死）を図り，同僚によって病院に搬送されたが，死亡した。X′の母親であるXは，X′が自殺をするに至ったのは，Y2株式会社における業務が過酷であり，同人が会社を辞めさせて欲しいと申し出るに至ったにもかかわらず，職場環境の改善に努めることなくこれを放置したためであると主張し，Y1・Y2会社の安全配慮義務違反を理由として損害賠償を請求した。

　裁判所は，Y1株式会社は雇用主として，Y2株式会社は実質的な指揮命令権を有する者として，Xに対して一般的に安全配慮義務を負っていると解されるとし，その内容について，事業者はその責務として労働安全衛生法に定める労働災害防止のための最低基準を遵守するだけでなく，快適な職場環境の実現と労働条件の改善を通じて職場における労働者の安全と健康を確保するための措置を講ずる義務を負っており，この法律の諸規定に照らせば，事業者は労働者の心身両面における危険又は健康障害を防止することを目的として適切な措置を講ずべきことが求められているとする。そして本件でのY1会社，Y2会社らはそれぞれに要求された安全配慮義務を怠った過失により，労働契約上の債務不履行責任（民法415条）及び不法行為責任（民法709条，715条，719条）を負っており，X′が被っ

た損害について損害を賠償する義務があるというべきであるとした。

　この判決では，Y2会社が子会社の従業員に対して，安全義務を怠ったことにより負う責任の性質を，不法行為責任としているのが目を惹く。

c　配属先に安全配慮義務を認めた判決
③東京地判　平成17年3月31日（判時1912号40頁）
　X'は平成9年10月，A株式会社（電子計算機のソフトウェア及び機能システム・プログラムの開発・設計・作成や事務用機器の操作・保守・維持管理等の労務の請負を業とする会社）に入社したが，同日より，Y株式会社（精密機械・器具等の製造及び販売等を主たる業とする株式会社であり，半導体の製造工程で用いられるステッパーと呼ばれる装置を本件製作所において生産していた）の製作所第二品質保証課成検係に配属され，Y会社製作所内のクリーンルーム内で，昼勤でステッパーの社内検査に従事した。平成9年12月より本件交替勤務に沿った昼夜交替勤務に変更され，平成10年3月には，入社4か月で台湾に過度の時間外労働・休日労働を伴った納入検査のための出張を行い，同年7月は過度の時間外労働・休日労働を行った。X'は，宮城県に納入検査のための出張に行った平成10年の夏ころには，請負社員・派遣社員の退職等により，解雇の不安におそわれた。X'は，平成10年9月中旬から平成10年10月にかけて夜勤を昼勤に変更され，夜勤に伴う負担は，一旦は軽減されたものの，平成10年11月より昼夜交替勤務に再度変更され，翌月12月には再度台湾に納入検査のための出張に行った。そして，平成11年1月には，過度の時間外労働・休日労働を行い，平成11年1月24日から平成11年2月7日までの時間外労働・休日労働を含んだ連続15日間の初めてのソフト検査実習に従事し，平成11年2月25日までステッパーの社内検査作業に従事した。

X´は，中学から大学中退までは健康上特に問題なく成長し，留学資金を貯めるためA株式会社に入社してからも，昼夜交替勤務が始まるまでは精神及び身体上特に問題なく，本件製作所内での業務に従事していた。しかし，昼夜交替勤務開始後は，不眠，胃の不調，下痢等を訴え，平成10年3月の台湾出張後は，前記訴えに加え，疲労感・味覚鈍麻を覚え，同年7月の宮城県出張後は，前記訴えに加え，摂食量の低下が見られた。その後，平成10年9月半ばから夜勤がなくなり，体調回復の兆しがあり，電気技術主任者（2種）資格試験への準備を始めていた。しかし，同年11月中旬から再度昼夜交替勤務に従事してから，記憶力・集中力の低下，激しい頭痛，胃痛の再発，疲労感を原告に訴え，同年末には退職したい旨を訴え，また，味覚鈍麻及び嗅覚鈍麻が見られ，さらに，平成11年1月からの15日間連続の過度の時間外労働・休日労働を含むソフト検査実習後には，簡単な理科の問題が解けない，簡単な単語を打ち間違える等を訴え，入社時には60kg程度の体重が52kgまで減少した。その後間もなく，A会社に対し，同年2月末での退職を申し出たが，回答をもらえず，その後の自殺直前のXとの電話では元気なく，また感情がない状態であった。

　そして，X´は，平成11年3月10日，埼玉県熊谷市所在の自宅ワンルームマンション内にて自殺体で発見された。

　裁判所は，Y会社製作所において勤務する外部からの就労者は，人材派遣あるいは業務請負等の契約形態の区別なく，同様に，Y株式会社の労務管理のもとで業務に就いていたといえ，X´も，シフト変更，残業指示及び業務上の指示をY会社社員より直接受け，それに従って業務に就いていたのであるから，Y会社は，X´に対し，従事させる業務を定めて，これを管理するに際し，業務の遂行に伴う疲労や心理的負担等が過度に蓄積してX´の心身の健康を損なうことがないよう注意ける義務を負担していたといえるとする。そのうえで，Y会社は，定期的な健康診断の他は，業務に伴う身体的・精神的負荷を軽減する措置を講じたことを認めるに足りず，

またうつ病と自殺の関係についての医学的知見をも考慮に入れると，X´がうつ病に罹患し，自殺を図ったことについて業務起因性が肯定される以上，Y会社はX´に対し，その安全配慮義務違反に基づく責任を負い，さらに，不法行為責任を負うものであるとする。

　この判決は，Y会社に安全配慮義務違反に基づく責任と不法行為責任の双方を負わせているのであるが，そこからは，直接の契約関係にないY会社の安全配慮義務違反は不法行為責任を生じさせるのではないとの前提があることを窺わせており，興味深い。

d　親会社に安全配慮義務を認めた判決
④長野地判　昭和61年6月27日（判時1198号3頁）
　Xは，Y1石綿工業株式会社と雇傭契約を締結して石綿製品の製造作業に従事していたところ，石綿粉じんにより，じん肺に罹患したため，Y1会社とその親会社のY2会社に安全配慮義務についての債務不履行履行を理由として損害賠償を請求した。この時のY1・Y2会社の関係は，Y1会社はY2会社に大きく依存しており，昭和45年5月を境にY2会社がY1会社の全株式の四割を保有する筆頭株式となり，そして取締役二名，監査役一名が派遣され，右取締役のうち一名は昭和46年1月に工場超の地位に就いたことから，Y2会社とY1会社の関係は実質的に支配・従属関係となっていた。そして，Y2会社とY1会社の従業員との間には直接の雇傭契約関係は存在しないが，前述の支配従属関係を媒介として，労務給付の場所，設備，器具類は形式上Y1会社の提供したものであるが実質上はY2会社から提供を受けたものとみることができた。また，形式上直接の指揮監督は，Y1会社の社長又はその代理人である工場長によってなされているが，Y1会社の工場長は，もとY2会社横浜工場の石綿紡織部門の最高責任者であった者で，横浜工場の石綿紡織部門の移設ともいうべ

きY1会社新工場の建設の指導と同工場建設後の生産管理を実施すべく，取締役として派遣されていたので，形式上の地位がY2会社横浜工場製造次長からY1会社の工場長に変つたにすぎず，実質上この工場長はY2会社から指揮命令を受け，Y2会社の工場長としての立場でY1会社の生産管理及び労務管理を担当実施してきたこととなるから，Y1会社の従業員は，当該工場長を通じて，Y2会社の指揮監督を受けたものとみることができた。このように，両会社には密接な関係を有していたから，Y1会社の粉じん作業について，除じん設備の改善及び充実，粉じん測定，労働時間短縮等の措置をとるについては，Y1会社とY2会社が共同して行わなければその実を挙げることはできず，Y1の労働者の安全衛生確保のためには，Y2会社の協力及び指揮監督が不可欠であつた。

　裁判所は，Y2会社の責任について，使用者の安全配慮義務は，必ずしも雇傭契約に付随してのみ存するものではなく，当該労務提供者の労務を支配管理するという意味において事実上雇傭契約と同視しうる使用従属の関係が存する場合には安全配慮義務を負うこととなる場合があるとする。そして，これをいわゆる親子会社の場合についてみると，労働者が，法形式としては子会社と雇傭契約を締結しており，親会社とは直接の雇傭契約関係になくとも，親会社，子会社の支配従属関係を媒介として，事実上，親会社から労務提供の場所，設備，器具類の提供を受け，かつ親会社から直接指揮監督を受け，子会社が組織的，外形的に親会社の一部門の如き密接な関係を有し，子会社の業務については両者が共同してその安全管理に当り，子会社の労働者の安全確保のためには親会社の協力及び指揮監督が不可欠と考えられ，実質上子会社の被用者たる労働者と親会社との間に，使用者，被用者の関係と同視しできるような経済的，社会的関係が認められる場合には，親会社は子会社の被用者たる労働者に対しても，信義則上，労働関係の付随義務として，子会社の安全配慮義務と同一内容の義務を負担するものというべきであるとし，Y2会社の責任を認めた。

e　元請負人と孫請負人の被用者との安全配慮義務に関する判決

⑤福岡地判　平成18年8月31日（判時1198号3頁）

　Y会社（土木，建築工事の設計，施工及び管理等を目的とする有限会社）は，平成14年9月に沖縄市から，土地区画整理街区擁壁工事を請け負った。Y会社は，この工事をA会社（土木工事業，建築工事業等を目的とする株式会社）に発注し，さらに，A会社はこれをB会社に発注した。平成14年12月当時，X′はB会社（土木工事等を営む有限会社）に，本件工事のため，C及びDらとともに，Dを班長とする「D班」の一員として，日当の支払を受けてB会社に雇用されていた。そこで，X′は，工事の作業現場において，L字型に土砂を掘り起こした後の床堀箇所にコンクリート製のL型擁壁を設置し，当該擁壁と土壁面との間に土砂等を埋め戻すため，L型擁壁と土壁面との間に鉄板（縦1.53m，厚さ2cm，重量800kg）を立てる作業に従事していた。ところが，X′は，その従事中に，鉄板を支えていた固定材（桟木）が外れたために，倒れてきた鉄板と土壁面との間に挟まれ，それによって負った傷害により死亡するに至った。X′の遺族であるX1らは，当該工事の元請業者であるY会社に対し，X′に対する安全配慮義務違反に基づいて損害賠償請求をなした。

　裁判所は，使用者の安全配慮義務の具体的内容は，従業員の職種，労務内容，労務提供場所等安全配慮義務が問題となる当該具体的状況等によって異なるものであると解される（最判昭和59年4月10日―前掲最高裁判決5）を引用している）から，Y会社とX′のように，直接の雇用契約のない元請業者と下請業者又は孫請業者の従業員との間にあっても，当該従業員が元請業者の指定した場所に配置され，元請業者の供給する設備，器具等を用いて又は元請業者の具体的な指揮監督のもとに労務の提供を行う場合であれば，元請業者は，当該従業員との間で特別な社会的接触の関係に入ったものと認められ，信義則上，当該従業員に対して，その具体的状況に応じた内容の安全配慮義務を負うものと解される（最判平成3年4

月11日—前掲最高裁判決8）を引用）とする。しかし，Ｘ１らがした一般的に土木建築工事においては，下請業者や孫請業者は，その請負契約上，元請業者の指揮監督に服して施工することとされているから，元請業者は常に下請業者の従業員に対して安全配慮義務を負うとの主張については，元請業者と下請業者又は孫請業者の従業員との間に，元請業者と下請業者，さらには下請業者と孫請業者との間の請負契約を媒介とした間接的な法律関係が存在しているということ自体や，下請業者又は孫請業者の従業員の職種だけによって決まるものではなく，下請業者又は孫請業者の従業員が労務の提供を行う過程に対する元請業者の具体的な関与の有無及びその程度，労務の内容，その提供方法，その提供場所など，安全配慮義務が問題となる具体的状況等により個別的に判断すべきものであるから，Ｘ１らの主張は採用できないとした。

　最高裁8）判決を踏襲して，安全配慮義務の内容を具体的状況に応じて判断した判決と評価できる。

f　高齢者事業団からの派遣先に安全配慮義務を認めた判決
⑥浦和地判　平成5年5月28日（判時1510号137頁）
　Ｘ′は，昭和60年4月にＡ高齢者事業団に入会し，同事業団から派遣されてＹ会社の作業場においてキャリーの組み立て作業に従事していた。Ｘ′，Ａ高齢者事業団，Ｙ会社の関係は，Ａ高齢者事業団とＹ会社がＸ′をＹに派遣する旨の契約を締結し，Ｙが，Ｘ′の賃金分をＡ高齢者事業団に支払い，同事業団が，必要経費を控除して賃金をＸ′に支払うというものであった。Ｘ′の稼働の連絡については，Ｙ会社からＸ′に直接連絡があるというもので，作業現場における指示，監督の一切は，Ｙ会社代表取締役Ｂ又は工場長が行い，Ａ高齢者事業団は，右連絡，指示，監督に全く関与していなかった。

X′は，昭和62年6月にY会社の作業場の前庭で，本件事故当日コンビテナーの組み立て作業手順の中で，コンビテナーが15～16枚積まれたラックから右コンビテナーを組立作業現場まで運搬するという作業を命じられていた。その運搬のため，コンビテナーが積まれた本件ラックに近づいたときに，本件作業場の前庭の鉄製ラック上に立てかけてあった鉄製パイプ枠のコンビテナー15～16枚（本件コンビテナーは一枚30から40kgの重量物で，高さが2m余のものであるから，総重量合計500から600kgである）が倒れ，X′は，その下敷きになり，頭部，胸部に強度の打撲傷を負い，同日に頭部外傷により死亡した。
　裁判所は，労働者と労働契約を締結した使用者は安全配慮義務を負うのに対し，請負契約の注文者は，通常，請負人の仕事の結果のみを享受するものであって，請負人や請負人の被傭者の仕事の過程を直接拘束するものではないから，原則として，請負人や請負人の被傭者について安全配慮義務を負うことはないが，注文者と請負人，又は，注文者と請負人の被傭者との間で労働契約が締結された場合と同様に，注文者の指定した場所に配置され，注文者の供給する設備，器具等を用い，注文者の指定する方法で労務の提供をする契約が締結される場合があるには，注文者は，労働者と労働契約を締結した場合に準じて，請負人や請負人の被傭者に安全配慮義務を負うと解するのが相当とする。そして，本件では，X′が，昭和60年4月ころからY会社において従事していたかご台車の組み立て作業は，A事業団がY会社から請け負い，会員らに配分されたものなので，X′とY会社の間で，直接の労働契約が締結されていたものではなかったが，しかし，会員らは，Y被告会社の敷地内で，Yの供給した道具で，Yから派遣された責任者である工場長が定めた段取りに則って作業していたものであり，しかも，A事業団は，会員らの作業について一切関与していなかったのであるから，会員らは，専らY会社の指揮命令の下に労務の提供をしていたと評価されるべきであり，Y会社とX′を含めた会員らとの間には，

事実上，直接労働契約を締結したのと同様の社会的接触関係があったと解するのが相当であるから，Yは，会員らに対して安全配慮義務を負うものであるとする。そのうえで，Y会社は，X′に，格子扉という高さ170cm，幅111cm，重さ16.38kgの重量物の運搬を伴う作業をさせていたのであるから，右格子扉を保管する場合には，これが倒壊しないように手当てをし，その取扱について十分な安全指導をすべきであったにもかかわらず，本件ラックに格子扉を倒壊しやすい状態で積んだまま，何らの措置もせず，また，特段の安全指導もしていなかったのであるから，安全配慮義務に違反したものというべきであるとしてY会社の責任を認めた。

　このように下級審判例でも，直接の契約関係はないが，指揮・監督関係などの雇用関係に類似した社会的接触関係がある場合には，その関係に応じた安全配慮義務を認めており，この義務が契約関係に依拠して成立するものではなく，社会的接触関係に依拠して成立するものであることが，益々明らかにされている。ただ，直接の契約関係はないが，指揮・監督関係などの雇用関係に類似した社会的接触関係がある場合に，安全配慮義務違反がいかなる性質の責任を生じさせるのかについては，不法行為責任とする判決も見られたが，そうではないことを窺わせる判決もあった。筆者は，安全配慮義務が契約関係ではなく，具体的な社会的接触関係に依拠して，その内容を決定すべき義務である以上は，その社会的接触関係が契約関係に類似している場合に，それに類似した安全配慮義務を課すことと併行して，それの違反から生ずる責任も契約責任に類似した責任（例えば時効期間や履行遅滞の開始時期などについて）としてよいのではないかと考える。

3） その他の社会的接触において安全配慮義務が問題となった判決

　下級審判例では，雇用関係またはそれに類似した関係以外の社会的接触

ある場合について，安全配慮義務が認められてきている。ここでは，義務違反を肯定した近時の判決のうちで，重要と思われるものをいくつかの類型に分けて紹介したい。

a 労務提供関係が社会的接触の従たる関係である場合
①横浜地判　平成12年11月15日（判タ498号134頁）
　　N団地に居住する全住民を組合員とするY1団地管理組合は，住宅および共有物の使用に伴う組合員の共同利益の維持・増進を図る目的で設立され，現在の理事長はY2である。Y1組合では，団地内共有地の芝刈業務を，業務用動力芝刈機を購入して，業者に委託して行っていたが，昭和52年に理事会において経費節減のために団地組合員自らが行うこと，作業は男性があたることなどを決定し，以後は動力芝刈機の使用は書面による申込みよるものとされた。52年9月の芝刈施行日に，Xは遅れて加わり数人で作業中に，Xの右手が回転中の刃に巻き込まれ，右第二，第三指挫滅創の障害を受けた。Xは，Y1組合には安全配慮義務違反があったとして損害賠償を請求した（さらに今回の業務方法変更については，理事長Y2の規約違反による決定があったとして，損害賠償を請求している）。
　　裁判所は，Y2の安全配慮義務について以下のように判断した。「たしかに，Y1はXに対し，芝刈作業の日時・場所を単に指示したのみであり，Xが自発的にこれに応じて芝刈作業を行ったものであって，そこには，X・Y1間には権利義務関係を発生せしめる労務供給契約は存在せず,従って，右のようなY1の義務（安全配慮義務―筆者）も発生しないものと考えられなくもない。しかし，Y1は団地の共有物を管理することを目的として成立し，事故はこの目的遂行上発生したものであること，Y1は前記のとおり，団地住民から徴収する組合費を以て財政を賄い，その経費節減のために共有地の芝刈を組合員自ら行う，つまり組合費の徴収に代えて労務の提供を求める関係にある（Y1の言う任意参加の方針が全員不参加を結果

したら，経費節減という所期の目的は達せられない。）こと，従って，理事会の決定は組合員に対し少なくとも事実上の拘束力があると推認しうることにてらすと，芝刈作業自体がX・Y1間の或契約の債務の履行だとは言えないにしても，XがY1の指示に対応して労務を提供する場合には，Y1はXに対して，信義則上Xの生命，身体，財産に関する特別の保護措置を講ずべき義務があるというべきである」。そして，本件では，本件機械の使用方法についての周知徹底や，業者の知恵を借りるなどした作業手順，人数の決定などの配慮がなされなかったとして，Y1の責任を肯定した。

②熊本地判　平成20年1月15日（判タ1282号84頁）
　Xは，懲役14年の刑で，Y（国）が設置運営するA刑務所に服役していた。Xは，平成12年1月に，高速面取機で面取作業中に手が滑って同機械の回転刃に接触して負傷し，左中指挫創および左環指指尖部切断と診断された。Xは，刑務作業の選定及び刑務作業をなす人的・物的設備につき，Yは受刑者たるXの生命・身体に危険を生じないようにする安全配慮義務を負っているのに，それを怠ったなどとして，Yに損害賠償を請求した。これに対し，Yは，入所時に一般的安全教育を行ったほか，Xは作業中にシリコンスプレーを作業台全体に塗布し，治具を用いずに小さな材料を面取りしようとして手を滑らせたのであるが，そのようなことをしないようにとする指導は十分に行っていたなどと反論した。
　裁判所は，以下のように判断した。「しかしながら，Xは・・・本件機械については書面上の説明を受けたに止まり，本件機械を前にしての実技指導は行われたとは認められないこと，したがって，治具を使用すべき場合である「小さい材料」についての具体的な説明も十分になされたとは認められないことにことなどに照らせば，Xの作業態様（本件機械の正面から回転刃に向かって材料を押し込んだり，小さい材料であるとの認識を欠

き，治具を使用しなかったことなど）は，A刑務所がXに安全教育を十分に施さなかったことも一因があるものといわなければならず，この点において，A刑務所における注意義務違反ないし安全配慮義務を免れないというべきである」（5割の過失相殺）。

いずれも，社会的接触において従たる要素である労務提供について，それを受ける主体が準備した機械の操作上の事故である。このような社会的接触関係では，労務提供者が機械操作に不慣れなケースも多く，かかる労務提供者の安全には十分な配慮が必要とする先例とみるべきであろう。

b　社会的接触関係が契約関係の成立している事業主と顧客の場合
③東京地判　平成15年2月5日（労判863号71頁）
　Xは，身体障害福祉法別表4の6に該当する者である。Xは，単身で手押し車型の車いすを使用して電車で移動していたが，Y鉄道会社が管理・運営する新宿駅でYの駅員Aの介護をうけた。Xは，この車いすのブレーキ操作を自らできない体であったが，Aはエスカレーターを利用してホームの下の地下中央駅に降りるため，上昇運転を下降運転の切り換える作業に際して，車いすを線路とほぼ並行に置き，Xが自分でブレーキをかけることができるのかなどを確かめることなく，ブレーキをかけないままXの傍らを離れ，さらにXのもとに戻りエスカレーターを利用して中央東口改札を出たが，Xの車いすを置き，Xの依頼していた介護者に引き継がないままそこを離れ，しかもブレーキをかけずに立ち去った。Xは，これら不適切な介護により極度の恐怖を感じさせられたとして，安全配慮義務違反などを理由として精神的苦痛による損害の賠償をYに求めた。
　裁判所はまず，Yが危険性を伴う鉄道事業の中核的企業でることからすれば，旅客運送契約を締結した乗客の生命・身体等の安全を確保し，快適に安全な移動ができるような広範な債務を負うとする。そして，Yは少な

くとも車いす利用者対応の専門職員を配置した新宿駅では，介助者なしの手押し型車いす利用者と旅客運送契約を締結した場合には，必要な介助を行うことを同契約上の債務，すなわち乗客に対する安全配慮義務の一つとして，自ら負担したものと認めるのが相当であるという。そのうえで，本件におけるＹの履行補助者Ａの前記したブレーキ操作なしにＸを放置したなどの介護には，安全配慮義務に違反する債務不履行があるとして，ＸのＹに対する損害賠償請求を認めた。

④東京地判平成16年7月30日（判タ1198号193頁）
　Ｙ１が主催し，Ｙ２が現地でダイビングサービスを提供するスキューバダイビングツアーに参加したＸ′が，Ｙ２の従業員・ガイドダイバーＹ３が選定したダイビングポイントで潜水中に，潮に流されるなどして溺死した。相続人である母親のＸは，Ｙ３には注意義務違反による不法行為責任が，Ｙ２には使用者責任が，そして，Ｙ１にはダイビングツアー契約に基づく安全配慮義務違反による責任があるとして，それぞれに連帯しての損賠賠償を請求した。
　裁判所は，Ｙ１の安全配慮義務違反について，「Ｙ１は本件ツアーに係る契約当事者として，Ｘ′に対しファンダイビングのサービスを提供する債務を負っていたのであるから，その債務の履行に当たっては，ダイビング自体が内蔵する前記のような危険性に鑑み，参加者であるＸ′の生命身体に危険が生じることのないよう，その安全を確保すべき注意義務がある」とし，Ｙ２を通じてＹ３にガイドダイバーを委託し，そのＹ３に注意義務の懈怠があったのであるから，履行補助者であるＹ３の過失によって生じた損害について，債務不履行に基づく責任を免れないとした。

　事業主と顧客の間に契約関係が成立した社会的接触の場合には，安全配慮義務違反のあった従業員を，履行補助者として捉え事業者の責任は債務

不履行責任とする理論構成が採られることが多い。これらの下級審判決は，そのような先例とみるべきであろう。

c　社会的接触関係が契約関係の成立していない事業主と顧客の場合
⑤東京地判　平成 16 年 3 月 23 日（Westlaw 2004 WLJPCA03230009）
　Yは医薬品等の販売等を目的とする会社であり，本件店舗のほか数点の薬局を経営している。Xは，本件店舗内で買い物をしていたところ，従業員Aがワックスを剥す作業をしていた通路で滑って仰向けに転倒し，上腕骨を骨折したためビス固定手術を受けるに至った。Xは，Yの履行補助者であるAが安全配慮義務を怠ったことにより，Xに障害を負わせたのであるから，債務不履行責任があるなどを主張し，Yに損害賠償を請求した。これに対し，Yは「ワックス注意」と朱書きした注意標識を設置したり，商品の入った箱を 2 段に重ねるなどしたバリケードを築いたりしており，安全配慮義務を尽くしていたと反論した。
　裁判所は，Yの安全配慮義務について以下のように判断した。「本件店舗は，日常医薬品及び日常生活用品等の販売等を行っており，体調の優れない者を含む不特定多数の顧客に対し，場所を提供して商品の選択や購入をさせて利益を上げているものであるから，Yは，そのような関係にある者の間の信義則上の義務として，顧客の身体の安全を図るよう配慮すべき義務を負っているというべきである。そして，その観点からは，営業時間内においては，滑りやすく転倒を生じさせるような清掃をすべきではなく，仮に営業時間内に清掃をする必要があるとしても，その清掃部分に顧客が立ち入らないような措置を講じるべき義務を負っているというべきである。従業員Aは，営業時間内に本件清掃部分においてワックスがけ清掃を行っていたのであるが，その時間にかかる清掃をしなければならない特段の事情は認められないうえ，清掃をするにあたっては・・・（注意標識が設置していない地点があったり商品が置かれている程度の地点があったり

して─筆者)・・・，本件清掃部分への侵入が容易であり，また当日は，Y従業員が2名しかおらず，しかもその2名がいずれも清掃作業を行っていたため，作業中における顧客の入店状況を確認して適時に注意を促すなどの措置を取ることもできなかったのであるから，Yが安全配慮義務を怠っていたことが認められる。したがって，Yは安全配慮義務違反により，債務不履行責任を負うというべきである。また，従業員Aは，上記同様の注意義務に違反してXの転倒という結果を生じさせたのであるから，Yはその使用者として，民法715条の不法行為責任を負うというべきである」（2割の過失相殺)。

　店舗営業をする事業主が，来店中の顧客の安全に配慮する関係を，不法行為責任と理解して，従業員の安全配慮義務違反を被用者の不法行為と捉え，事業者はそれについて使用者責任を負うとの理論構成が採用されている。

d　社会的接触が事実的契約関係に基づく事業主と顧客の場合
⑥福岡高判　平成21年4月10日（判時2053号47頁）
　X1・X2夫妻が幼児A（2歳）を連れてY1の経営するパチンコ店で遊興していた。そこには顔見知りのY2・Y3夫婦がやはり幼児B（2歳）を連れて来店し遊興していた。AとBは，通称キッズルームといわれていた休息室で一緒に遊んでいたが，その内にパチンコ玉搬送用の台車を遊具として使用していて店外に出て，BがAを台車に載せて赤信号の横断歩道を横断中に，Y4の運転する自動車に衝突され，Aが死亡するに至った。X1・X2夫妻は，Y2・Y3夫妻やY4の責任に加えて，Y1にもゲーム機使用に伴う付随的な安全配慮義務違反があったとして損害賠償請求をした。
　裁判所は，Y1の安全配慮義務について，従業員らにおいて幼児の面倒

をみる旨をＸ１・Ｘ２ら顧客に伝えたこともあったことは，Ｘ１・Ｘ２ら の監護懈怠の一因となったといえること，幼児らが台車を使用し，店内で 遊ぶことがあった上，従業員らはＢらの本件台車の店外持ち出しを容認な いし看過したものであるが，台車で遊ぶのを放置しなかったとすれば，店 外にＡらが出ることもなかったともいえることなどを総合すると，Ｙ１は 幼児同伴の顧客らの入店を容認する以上は，ゲーム機使用に伴う付随的な 安全配慮義務として監護を補助すべき義務があったのに，これに反し，亡 ＡやＢの監護を懈怠させるに至らせた過失があったと認めるのが相当とし て，Ｙ１の責任を認めた（５分の２の過失相殺をした）。

　この判決のいう，「ゲーム機使用に伴う付随的な安全配慮義務」をどう 解するかは難しいが，子連れの顧客を受け入れている遊技場としてのパチ ンコ店は，子供が親のもとを離れて目が行き届かなくなる状況は，十分に 予想される営業である。したがって，そのような営業に付随的に伴う安全 配慮義務と理解するのが素直であろう。

　e　社会的接触が売主・買主関係で売却物に起こりうる危険が問題となる
　　場合
⑦大阪地判　平成13年２月14日（判時1759号80頁）
　ガソリンスタンドを経営するＹ１会社は，昭和47年に急傾斜地である 土地（以下では本件傾斜地という）を購入したが，この土地は宅地化する ために昭和36年から37年にかけて，自然の斜面から土取りが行われ， その形状が人工的に変化されていた。その後の昭和49年に本件建物が建 築され，表示登記もなされた。そして，昭和57年には本件建物の敷地部 分（以下では本件土地という）が分筆された。昭和58年ころ，大雨のため， 本件傾斜地のうち本件土地の北側の崖面が土砂崩れを起こし，この土砂に よって本件土地の北側擁壁の一部が崩壊する事故があった。また，平成5

年には梅雨の際の大雨により，本件斜面地で土砂崩れが起こり，その際の土砂が本件東側擁壁を超えて本件土地内部に流入し，大きな堆積となる事故があった。そこで，Ｙ１会社は，私費で本件傾斜地に防災工事を行うこととし，委託されたＡ会社が植生マットの敷き詰めと金網での覆いなどの工事をした。本件土地と本件建物は，平成９年にＢ会社の仲介でＸ′に売却された。平成９年７月ころから，本件土地付近の地域は断続的な降雨が続き，総雨量は200ミリを超え１時間に60ミリを超えることもあったが，これにより水を含んだ土砂が集中豪雨による堆積した土砂を削り取り，土砂流として崖に沿って流失し，本件建物を直撃したため，Ｘ′を含む一家４人が生き埋めとなって死亡した。このため，Ｘ１ら相続人がＹ１会社とその代表者Ｙ２・Ｙ３に対し不法行為に基づく損害賠償を請求した。

　裁判所は，Ｙ１会社の代表者であるＹ２・Ｙ３には，本件斜面地が崖崩れの危険の大きい箇所であることを認識し，崖崩れが発生した場合には，本件建物のみならず，そこの居住する住民の生命・身体・財産が損害を蒙ることにつき，十分に予見可能であったから，Ｙ１会社が本件土地・建物を他人に住居として売却するに当たっては，他人の生命，身体，財産等に被害を与えないようにし，安全性を確保するための措置を講ずる義務があるとし，その義務を尽くしていなかった被告らには不法行為責任があるとした。なお，Ｙ１らがした，本件斜面地に最適な工事を施工しようとすると，１億円以上の費用と２年以上の長期間の調査が必要だが，これは経済的観点から事実上不可能との反論に対しては，本件売買契約当時，崖崩れの発生とそれによる住民の被害発生可能性が予見できたのであるから，本件土地・建物を一般私人に住居として売却する以上は，経済的観点を理由として，安全性確保措置を講ずる義務がないとは到底いえないとして，これを斥けた。

　この事件では，売却した土地と建物自体の危険ではなく，それを取り巻

く傾斜地が及ぼすかもしれない危険が問題なのであるが，生命・身体・財産の完全性保護を契約自由の原則に優先させるために，危険の発生可能性ある物の売主がその予防措置をしないままその物を売却する契約が，不法行為ともなりうることを示した判決とみることができよう。

 f　社会的接触が公園設置・管理者と来園者である場合
⑧福岡高判　平成12年8月30日（判タ1104号172頁）
　事実関係は判例集からは正確に把握できないが，Y1村が設置し，Y2財団法人が管理する渓流公園で，渓流で遊んでいたAに崖上から落下してきた枯れ木があたりAが死亡した事故で，相続人XがY1およびY2の安全配慮義務違反を理由に損害賠償を請求した事件である。
　裁判所は以下のように判断した。「（1）本件事故現場南側崖の上は急傾斜の原生林であり，植林徐外地となっていて，そこには朽ち木，枯れ木，岩石等が散在しており，（2）右崖は本件事故現場の幅5mの川の端から垂直に切り立っており，崖上から落下物があると川の中に落下する位置関係にあり，（3）本件事故現場のすぐ上流には観音滝があり，展望台が設けられていて，入園者のうち相当数が右展望台への経路として本件事故現場側の遊歩道を通行することは十分に予想され，（4）遊歩道から本件事故現場の渓流に入るのは容易であり，（5）本件公園は「渓流公園」と名付けられており，渓流（御側川）での水遊び，やまめのつかみ捕りが行われており，本件事故現場の渓流も公園利用者の利用に供されているといえるのであって，以上によれば，頻度は稀であるとしても，管理不可能な本件事故現場南側崖の上から，本件事故現場の渓流に落石，落木がある可能性は認められ，一方，公園化したことにより，相当数の公園利用者が本件事故現場の渓流に立ち入る可能性が増大し，その結果，落石，落木により本件事故現場において人身被害をもたらす危険は増大したのであるから，公園利用者の安全について配慮すべき義務がある本件公園の設置，管理者

は，本件事故現場について，落石，落木の可能性ある危険箇所として立て札を立てて注意を喚起したり，あるいは立入禁止にするなどの措置をとるべきであったといわざるをえない。したがって，本件事故現場についてこれらの措置をとっていなかったＹ１とＹ２には，本件事故について安全配慮義務違反の責任があるというべきである」。

この事件では，およそ契約関係を全く考えることができない。しかし，社会的接触関係の存在は否定できず，その具体的接触関係に応じた安全配慮義務を要求しており，適切な判決であろう。

以上の雇用関係以外の社会的接触に関する判決の検討からも，安全配慮義務が，社会的接触の具体的内容に応じて，契約上の義務とされたり，不法行為の前提となる義務とされ，またこの義務の内容も具体的に判断されているのを知ることができる。もちろんこの義務は，生命・身体・財産の完全性を保護するためのものであるから，実際に履行されることが望ましいはずであるが，これまでの判例の検討からは，損害賠償（填補賠償）責任の前提としてだけ判断されていた。しかし，社会的接触の具体的内容によっては，強制履行請求権が可能な義務や，わが国ではまだ明確に認められてないが，懲罰的損害賠償の前提としての義務を認めて，生命・身体・財産の完全性保護をさらに進める必要もあるのではないだろうか〈詳細は結語参照〉。

注
1) 最判昭和50年2月25日（民集29巻2号143頁）。安全配慮義務は，企業が従業員に対して法律関係の付随義務として当事者の一方又は双方が相手方に対して信義則上負う義務として一般的に認められる義務として学説では議論されていたが，最高裁判所において初めて確認されたのがこの判例である。
2) 厚生労相労働基準局長「労働契約法の施行について」基発第0123004号9頁。さ

らに，ここでは労働契約法5条の「その生命，身体等の安全」とは，「心身の健康も含まれるものであること」，労働契約法5条の「必要な配慮」とは，「一律に定まるものではなく，使用者に特定の措置を求めるものではないが，労働者の種類，労務内容，労務提供場所等の具体的な状況に応じて，必要な配慮をすることが求められるものであること」と解説される（厚生労相労働基準局長「労働契約法の施行について」基発第0123004号9頁）．
3) 土田道夫『労働契約法』14頁（有斐閣・2008年）．
4) 土田道夫『労働契約法』21頁（有斐閣・2008年）．
5) 土田道夫『労働契約法』25頁（有斐閣・2008年）．
6) 土田道夫『労働契約法』25頁（有斐閣・2008年）．
7) 企業の社会的責任（CSR）概念が，企業において公害，買占，売り惜しみ，物価高騰，消費者問題の解決のための対策ないしはレトリックとして，このような諸問題の解決のための法的アプローチとして無過失責任論，公害防止・買占禁止などの立法規定があることに鑑み，責任法との深い関連があることを示す論者もいる（森田章「米国における企業の社会的責任論の展開（一）」民商法雑誌70巻3号33頁（1974年），森田章「米国における企業の社会的責任論の展開（二）」民商法雑誌70巻4号66頁（1974年））．また，企業社会の変容と労働関係にかかる研究として田端博邦「企業社会の変容と労働関係―基本的な視点―」企業と法創造5頁（2006年），島田陽一「CSR（企業の社会的責任）と労働法学の課題に関する覚書」企業と法創造16頁，石田眞「コーポレート・ガバナンスと労働法」企業と法創造25頁，根本到「ドイツにおける「企業の社会的責任」と労働法」企業と法創造48頁がある．
8) 土田道夫『労働契約法』25頁（有斐閣・2008年）．
9) 末川博「雇用契約発展の史的考察（ギールケ『雇用契約の起源』に就て）」法学論叢5巻5号72頁．
10) 末川博「雇用契約発展の史的考察（ギールケ『雇用契約の起源』に就て）」法学論叢5巻5号72頁．
11) 末川博「雇用契約発展の史的考察（ギールケ『雇用契約の起源』に就て）」法学論叢5巻5号76頁．
12) 末川博「雇用契約発展の史的考察（ギールケ『雇用契約の起源』に就て）」法学論叢5巻5号76頁．
13) 末川博「雇用契約発展の史的考察（ギールケ『雇用契約の起源』に就て）」法学論叢5巻5号98頁．
14) 末川博「雇用契約発展の史的考察（ギールケ『雇用契約の起源』に就て）」法学論叢5巻5号75頁．
15) 末川博「雇用契約発展の史的考察（ギールケ『雇用契約の起源』に就て）」法学論叢5巻5号76頁．
16) 末川博「雇用契約発展の史的考察（ギールケ『雇用契約の起源』に就て）」法学

第 4 章　日本における安全配慮義務の生成と展開　245

論叢 5 巻 5 号 77 頁。
17) 末川博「雇用契約発展の史的考察（ギールケ『雇用契約の起源』に就て）」法学論叢 5 巻 5 号 81 頁。
18) BGB611（1）雇用契約によって，労務を約定した者は，約諾された労務の給付の，他方当事者は合意された報酬の支払いの義務を負う。BGB611（2）雇用契約の対象はあらゆる種類の労務でありうる。
19) ユンカー層の根拠地であるプロイセンなどの東部ドイツでは，労働力の多くを農業僕婢に依存しており，地方ごとに異なる伝統を残した僕婢条例があった。プロイセンでは 1846 年に僕婢手帳を導入したが，僕婢手帳には僕婢の氏名・生年月日・僕奴婢の身体的特徴が記載されていた。僕婢になるときに当該手帳は警察で交付され，僕婢契約を解除するたびに雇主は当該手帳に署名をし，それを警察が公認していた。このように，ドイツでは国家制度的に僕婢を管理しており，ドイツの産業は僕婢制度を前提とした雇用主の身分的拘束を前提とする雇用契約に依存していた。
20) 末川博「雇用契約発展の史的考察（ギールケ『雇用契約の起源』に就て）」法学論叢 5 巻 5 号 92 頁。
21) 末川博「雇用契約発展の史的考察（ギールケ『雇用契約の起源』に就て）」法学論叢 5 巻 5 号 93 頁。
22) ドイツ民法は 618 条において使用者に保護義務を，そして 617 条において使用者に身体への配慮義務を課す。
23) 末川博「雇用契約発展の史的考察（ギールケ『雇用契約の起源』に就て）」法学論叢 5 巻 5 号 91 頁。
24) 末川博『債権各論第二部』246 頁（岩波書店・1941 年）。
25) 鳩山教授もドイツ民法を参考に，「独逸民法ハ労務者ノ保護ノ政策上使用者ノ義務ニ付テ次ノ如キ特則ヲ設ク」として末川教授とほぼ同様の説明をなし，そして「独逸民法ノ社会政策規定ニ付イテ述ベタル所ハ大意ニ止マル。ソノ或ルモノハ我ガ国ニ於イテモ之ヲ認ムル必要アルベシ」とする。ただ，鳩山教授が前提としていたのも「当時の雇用契約を前提とした契約」すなわち身分的拘束を伴った契約である（鳩山秀夫『増訂日本債権法各論（下巻）』546 頁（1924 年））。
26) 川島武宜「契約不履行と不法行為との関係について―請求権競合論に関する一考察」法学協会雑誌 52 巻 154 頁（1934 年）（1934 年）。
27) 川島武宜「契約不履行と不法行為との関係について―請求権競合論に関する一考察」法学協会雑誌 52 巻 154 頁（1934 年）。
28) 我妻栄『債権各論中巻』587 頁（岩波書店・1962 年）。
29) 我妻栄『債権各論中巻』587 頁（岩波書店・1962 年）。
30) 我妻栄『債権各論中巻』587 頁（岩波書店・1962 年）。
31) 我妻栄『債権各論中巻』586 頁（岩波書店・1962 年）。
32) 白羽祐三『安全配慮義務の法理とその背景』6 頁（中央大学出版部・1994 年）。

33) 白羽裕三『安全配慮義務の法理とその背景』9頁（中央大学出版部・1994年）。
34) たしかに、文言上はそうであるが、前述したごとく当時のドイツにおける雇用契約の前提は僕婢制度を前提とした身分的拘束を伴う雇用形態であるのであるため、そこに付随する雇主の義務は僕婢制度を前提とした義務であることには変わらないと解する。
35) 平野裕之「契約責任の本質と限界－契約責任の拡大に関する批判的考察」法律論叢58巻4・5号608頁（1986年）。
36) 平野裕之「契約責任の本質と限界－契約責任の拡大に関する批判的考察」法律論叢58巻4・5号608頁（1986年）。
37) 平野裕之「契約責任の本質と限界－契約責任の拡大に関する批判的考察」法律論叢58巻4・5号609頁（1986年）。
38) 平野裕之「契約責任の本質と限界－契約責任の拡大に関する批判的考察」法律論叢58巻4・5号609頁（1986年）。
39) 平野裕之「契約責任の本質と限界－契約責任の拡大に関する批判的考察」法律論叢58巻4・5号609頁（1986年）。
40) 平野裕之「契約責任の本質と限界－契約責任の拡大に関する批判的考察」法律論叢58巻4・5号612頁（1986年）。
41) 平野裕之「契約責任の本質と限界－契約責任の拡大に関する批判的考察」法律論叢58巻4・5号610頁（1986年）。
42) 平野裕之「完全性利益の侵害と契約責任論―請求権競合論および不完全履行論をめぐって」法律論叢60巻1号98頁（1987年）。
43) 平野裕之「完全性利益の侵害と契約責任論―請求権競合論および不完全履行論をめぐって」法律論叢60巻1号94頁（1987年）。
44) 平野裕之「利益保障の二つの体系と契約責任論―契約責任の純正および責任競合否定論」法律論叢60巻2・3号522頁（1987年）。
45) 平野裕之「利益保障の二つの体系と契約責任論―契約責任の純正および責任競合否定論」法律論叢60巻2・3号538頁（1987年）。
46) 新美育文「安全配慮義務の存在意義」ジュリスト823号104頁（1984年）。
47) 新美育文「安全配慮義務の存在意義再論」法律論叢60巻4＝5併合583頁（1988年）。
48) 新美育文「安全配慮義務」新現代損害賠償法講座1　253頁（日本評論社・1997年）。
49) 新美育文「安全配慮義務」新現代損害賠償法講座1　254頁（日本評論社・1997年）。
50) 大久保邦彦「請求権競合」新現代損害賠償法講座1　219頁（日本評論社・1997年）。
51) 下森定「契約責任の再構成をめぐる覚書」Law School 27号8頁（1980年）。

52) 下森定「契約責任の再構成をめぐる覚書」Law School 27 号 11 頁（1980 年）。
53) 宮本健蔵『安全配慮義務と契約責任の拡張』2 頁（成文堂・1993 年）。
54) 宮本健蔵「安全配慮義務」現代判例民法学の課題 536 頁（法学書院・1988 年）。
55) 国井和郎「安全配慮義務違反の成立要件―契約責任と不法行為責任との比較」現代民事裁判の課題 7　175 頁（新日本法規出版・1989 年）。
56) 滝沢聿代「安全配慮義務の位置付け」現代社会と民法学の動向（上）307 頁（有斐閣・1992 年）。
57) 滝沢聿代「安全配慮義務の位置付け」現代社会と民法学の動向（上）306 頁（有斐閣・1992 年）。
58) 滝沢聿代「安全配慮義務の位置付け」現代社会と民法学の動向（上）307 頁（有斐閣・1992 年）。
59) 滝沢聿代「安全配慮義務の位置付け」現代社会と民法学の動向（上）307 頁（有斐閣・1992 年）。
60) 後藤勇「労働契約と安全配慮義務」Law School 27 号 43 頁（1980 年）。
61) 後藤勇「労働契約と安全配慮義務」Law School 27 号 44 頁（1980 年）。
62) 平井宜雄『債権総論』57 頁（弘文堂・1994 年）。
63) 平井宜雄『債権総論』57 頁（弘文堂・1994 年）。
64) 平井宜雄『債権総論』59 頁（弘文堂・1994 年）。
65) 円谷峻「製造物責任と安全配慮義務」Law School 27 号 34 頁（1980 年）。
66) 円谷峻「製造物責任と安全配慮義務」Law School 27 号 36 頁（1980 年）。
67) 吉村良一「契約責任と不法行為責任」法学教室 186 号 48 頁（1996 年）。
68) 吉村良一「契約責任と不法行為責任」法学教室 186 号 48 頁（1996 年）。
69) 吉村教授は，完全性利益を保護する義務を（1）一般的な安全義務，（2）社会的接触による安全義務，（3）契約関係に基づく安全義に分ける。そのうえで，（2）の社会的接触による安全義務を①契約に関連する安全義務と②契約に関連しない安全義務に分ける。また（3）の契約関係に基づく安全義務を①主たる給付義務，②従たる給付義務，③付随義務，④保護義務に分ける。このうち（1），（2）②を不法行為責任で処理し，（3）①②③を契約責任で処理するとする。そして（2）①，（3）④については，契約責任と不法行為責任が交錯する部分として，柔軟性ある解決を示唆している。（吉村良一「契約責任と不法行為責任」法学教室 186 号 47 頁（1996 年））。
70) 吉村良一『不法行為法』264 頁（2000 年）。さらに吉村良一教授は，この保護義務は給付義務とは関係なく契約関係を媒介として特別の関係に入った者同士に課される義務であるため，契約が成立する以前や契約の履行が終わった段階においても，契約が存続している場合に類似した特別な結合関係が存在すると見ることができるような場合には成立することがある。例えば，ある商品を買うために店の中にはいっていた客が商品を物色中に積んであった商品が倒れてけがをした場合，商店主はまだ売買契約は成立していないとしても，保護義務違反の責任を負うことがありうると述べる。

この考えは，ドイツにおける Verkehrspflicht の判例にも見受けられる。飲食店の滑りやすい床での転倒事例 BGH NJW, 1991, 921, デパートでのバナナの皮での転倒事例 BGHNZW 1962, 31。

71) 半田教授も，安全配慮義務による救済は不法行為法の不備を背景として契約責任の拡大現象として生じたことに鑑みて，一方の請求権に関する規定が合理的な範囲で他方の請求権が認められる場合にも類推適用されうるという（半田吉信「契約責任と不法行為責任の交錯」民事法理論の諸問題 410 頁（1993 年））。石田教授は，安全配慮義務違反という態様の違法行為は，不法行為と債務不履行のいずれの損害賠償請求権もその内容に差異はないことからみて，同一内容の請求権を発生させるが，このような請求権の発生領域を第三責任領域とする（石田穣「不法行為法の基礎理論」民法講義6　149 頁（1977 年））。

72)　内田貴『民法Ⅲ』126 頁（東京大学出版会・1996 年）。
73)　内田貴『民法Ⅲ』127 頁（東京大学出版会・1996 年）。
74)　内田貴『民法Ⅲ』127 頁（東京大学出版会・1996 年）。
75)　内田貴『民法Ⅲ』127 頁（東京大学出版会・1996 年）。
76)　内田貴『民法Ⅲ』127 頁（東京大学出版会・1996 年）。
77)　高橋眞『安全配慮義務の研究』143 頁（成文堂・1992 年）。
78)　高橋眞『安全配慮義務の研究』143 頁（成文堂・1992 年）。
79)　高橋眞『安全配慮義務の研究』153 頁（成文堂・1992 年）。
80)　高橋眞「安全配慮義務の性質論について」民事法理論の諸問題・下 275 頁（1995 年）。なお，労働契約法の制定により，安全配慮義務は労働契約法に規定される義務となった。労働契約法制定後の安全配慮義務について，土田教授は「労働契約における安全配慮義務は，その内容も保護義務より高度に解される。債権関係を支配する信義則に依れば，労働契約の他人決定性や「労務の管理支配性」によるまでもなく，相手方の生命・身体への侵害を回避すべき義務が当事者間に発生する。しかし，労働契約における安全配慮義務は，この保護義務よりも高度かつ広範な内容を有している」と述べる。そして，「売買契約等における保護義務が瑕疵のない正常な物や設備を提供し，せいぜいそれに関する情報を与えることに尽きるのに対し，安全配慮義務は，使用者により広範かつ積極的な作為義務を義務付けるものであり，保護義務一般の内容を超えている。その根拠は労働安全衛生法等の安全衛生法令が使用者に詳細な義務を課していることとともに，労働契約の特質（労働者が使用者の指揮命令下で労働し，それが労働者の生命・健康に対する危険を内在すること）に求められよう」と述べる。すなわち，労働契約により他人の労働力を使用する者は，労働契約法5条を根拠に作為義務を課されるとする。そして安全配慮義務の性質を「信義則上の保護義務を基礎としつつ，労働契約の特質によってより高度な義務に転化した義務ということができる」と説明している。

81)　本判決には多数の評釈があるが，ここでは筆者が参考としたものだけを以下に掲

げたい。柴田保幸「一 国の国家公務員に対する安全配慮義務の有無 二 国の安全配慮義務違背を理由とする国家公務員の国に対する損害賠償請求権の消滅時効期間」法曹時報28巻4号191頁、小神野利夫「信義則と権利濫用に関する最高裁判例総覧（1）」判例タイムス568号38頁、奥田昌道「国の安全配慮義務と消滅時効」ジュリスト615号57頁、吉政知広「公務員に対する国の安全配慮義務」別冊ジュリスト196号6頁、國井和郎「公務員に対する国の安全配慮義務」別冊ジュリスト176号14頁、國井和郎「公務員に対する国の安全配慮義務」別冊ジュリスト160号14頁、國井和郎「公務員に対する国の安全配慮義務」別冊ジュリスト137号12頁、國井和郎「公務員に対する国の安全配慮義務」別冊ジュリスト105号10頁、東条武治「判例批評 一 国の国家公務員に対する安全配慮義務の有無 二 国の安全配慮義務違背を理由とする国家公務員の国に対する損害賠償請求権の消滅時効期間」民商74巻1号73頁、川崎武夫「国家公務員の国に対する安全配慮義務違反に基づく損害賠償請求権の消滅時効」法律時報47巻9号164頁、下森定「殉職自衛官遺族の国に対する損害賠償請求権と消滅時効」法学セミナー241号12頁、宇都宮純一「国の国家公務員に対する安全配慮義務の有無」法学41巻2号214頁、坂本由喜子「国の国家公務員に対する安全配慮義務の有無」民事研修231号27頁。

82) 最高裁はこの判決の後、労働基準法その他の法令に定めた雇用契約上の安全保障義務についてではあるが、元請負人が下請負人の被用者に債務不履行責任を認めた原審判決の上告に対し、この義務の違反が債務不履行であることを前提に、そうであればこの損害賠償債務は期限の定めのない債務として412条3項により、債権者の請求を受けた時から履行遅滞になること、死亡した被用者の遺族は元請負人と雇用契約ないしはこれに準ずる法律関係がないから、元請負人の債務不履行により固有の慰謝料請求権を取得するものではないことを判示している（最判昭和55年12月18日（民集34巻7号888頁））。安全配慮義務についても参考になる判決である。

83) 本判決には多数の評釈等があるが、ここでは筆者が参考としたものだけを掲げたい。小神野利夫「信義則と権利濫用に関する最高裁判例総覧（1）」判例タイムズ568号40頁、小山昇「安全配慮義務にかかる立証」判例タイムズ463号45頁、萩沢清彦「国の国家公務員に対する安全配慮義務違反を理由とする損害賠償請求と主張・立証責任」ジュリスト776号140頁、野村豊弘「安全配慮義務違反と主張立証責任」ジュリスト758号144頁、吉井直昭「国の国家公務員に対する安全配慮義務違反を理由とする損害賠償請求と右義務違反の事実に関する主張・立証責任」ジュリスト741号92頁、後藤勇「国の安全配慮義務に関する主張・立証責任の分配」ジュリスト768号137頁、國井和郎「安全配慮義務違反の主張・立証責任」別冊ジュリスト78号14頁、星野英一「国の国家公務員に対する安全配慮義務違反の内容を特定する責任」法学教室20号101頁、竹下守夫「国の国家公務員に対する安全配慮義務違反を理由とする損害賠償請求と右義務違反の事実に関する主張・立証責任」民商法雑誌86巻4号81頁。

84) 本判決には多数の評釈等があるが，ここでは筆者が参考としたものだけを掲げたい。遠藤賢治「自衛隊の自動車の運転者が運転上の注意義務を怠ったことにより生じた同乗者の死亡事故と国の右同乗者に対する安全配慮義務違反の成否」法曹時報40巻6号101頁，小神野利夫「信義則と権利濫用に関する最高裁判例総覧（1）」判例タイムズ568号41頁，淡路剛久「自衛隊事故と安全配慮義務」判例タイムズ522号111頁，中嶋士元也「自衛隊幹部の自動車運転行為と国の安全配慮義務の範囲」ジュリスト827号90頁，遠藤賢治「自衛隊の自動車の運転者が運転上の注意義務を怠ったことにより生じた同乗者の死亡事故と国の右同乗者に対する安全配慮義務違反の成否」ジュリスト797号72頁，下森定「自衛隊員の運転による同乗者の死亡と国の安全配慮義務」ジュリスト815号79頁，國井和郎「安全配慮義務と履行補助者」別冊ジュリスト176号16頁，國井和郎「安全配慮義務と履行補助者」別冊ジュリスト160号16頁，國井和郎「安全配慮義務と履行補助者」別冊ジュリスト137号20頁，國井和郎「安全配慮義務の内容」別冊ジュリスト105号12頁，山本隆司「自衛隊員死亡事故における安全配慮義務と履行補助者の過失論」法律時報56巻5号152頁。

85) 淡路教授はこの点について，「道路交通法その他の法令に基づいて負う通常の注意義務は，運転者が個人的に，すなわち履行補助者たる資格とは無関係に負う義務であって，国自身の義務ではないということである。原判決が会計隊長の過失は同人が国の安全配慮義務に付き履行補助者の地位にあることは全く無関係の，すなわち同人が国の履行補助者として公務につき有していた前記管理権とは無関係の運転上の注意義務を怠った者によるものであると述べているのはまさにこのことを意味しているものと思われる。また最高裁が，安全配慮義務の履行補助者が右車両に自ら運転者として乗車する場合であっても，右履行補助者に運転者としての右のような運転上の注意義務違反があったからといって，国の安全配慮義務違反があったものということはできないとしているのも，同様の趣旨と理解することができよう」と述べている（淡路剛久「自衛隊事故と安全配慮義務」安全配慮義務法理の形成と展開350頁（日本評論社・1988年））。

86) 本判決には多数の評釈等があるが，ここでは筆者が参考としたものだけを掲げたい。國井和郎「第三者惹起事故と安全配慮義務」判例タイムズ529号196頁，和田肇「盗賊による殺害と使用者の安全配慮義務」ジュリスト852号224頁，塩崎勤「宿直勤務中の従業員が盗賊に殺害された事故につき会社に安全配慮義務の違背に基づく損害賠償責任があるとされた事例」ジュリスト820号71頁，山本隆司「宿直勤務中の従業員が盗賊に殺害された事故につき会社に安全配慮義務の違背に基づく損害賠償責任があるとされた事例」民商法雑誌93巻5号116頁，浦川道太郎「会社従業員の宿直中の強盗による殺害と会社の安全配慮義務違反」法学セミナー363号135頁。

87) 本判決には多数の評釈等があるが，ここでは筆者が参考としたものだけを掲げたい。宮本健蔵「銃器を奪取するため自衛官に変装して駐とん地の営門を通過した犯人が巡察中の自衛官を刺殺した事故につき国の安全配慮義務の不履行が認められた事

例」判例タイムズ 633 号 30 頁, 岩村正彦「陸上自衛隊駐とん地の動哨勤務者に対する国の安全配慮義務」ジュリスト 923 号 99 頁, 篠原勝美「陸上自衛隊駐とん地に制服等を着用し幹部自衛隊及びその随従者を装って侵入した過激派活動家により動哨勤務中の自衛官が刺殺された事故につき国に安全配慮義務の不履行に基づく損害賠償責任があるとされた事例」ジュリスト 891 号 100 頁, 宇賀克也「朝霞駐とん地自衛官殺害事件」ジュリスト 887 号 38 頁, 宮本健蔵「駐屯地内での自衛隊員殺害と安全配慮義務の不履行」民商法雑誌 96 巻 6 号 859 頁。

88) 本判決には多数の評釈等があるが, ここでは筆者が参考としたものだけを掲げたい。弥永真生「船舶運航受託者の船長に対する安全配慮義務」ジュリスト 1043 号 108 頁, 本田純一「運航受託者の船長に対する安全配慮義務違反が認められた事例」法学セミナー 441 号 136 頁。

89) 本判決には多数の評釈等があるが, ここでは筆者が参考としたものだけを掲げたい。松本久「騒音性難聴に罹患した下請労働者に対する元請企業の安全配慮義務が認められた事例」判例タイムズ 790 号 48 頁, 宮本健蔵「下請企業の労働者に対する元請企業の安全配慮義務」別冊ジュリスト 137 号 14 頁, 西村健一郎「元請企業につき下請企業の労働者に対する安全配慮義務が認められた事例」判例評論 396 号 21 頁, 和田肇「下請労働者に対する元請企業の安全配慮義務の有無」民商法雑誌 106 巻 2 号 113 頁, 北村栄一「三菱重工造船所事件」アーティクル 130 号 78 頁。

90) 本判決には多数の評釈等があるが, ここでは筆者が参考としたものだけを掲げたい。上條醇「高等学校の生徒が課外のクラブ活動としてのサッカーの試合中に落雷により負傷した事故について引率者兼監督の教諭に落雷事故発生の危険が迫っていることを予見すべき注意義務の違反があるとされた事例」判例タイムズ 1245 号 68 頁, 円谷峻「課外活動と安全配慮義務」法学雑誌 55 巻 3・4 号 256 頁, 田口文夫「クラブ活動中の生徒への落雷被災事故と引率者兼監督である担当教諭の注意義務等」専修法学論集 101 号 123 頁, 山崎曉彦「引率者兼監督の教諭には, 落雷事故について, 予見可能性があるか」東北法学 31 号 229 頁, 岩本尚禧「サッカーの試合中に発生した落雷事故について引率者兼監督の教諭に予見義務違反のあることが認められた事例」北大法学論集 58 巻 6 号 350 頁, 長尾英彦「落雷事故と損害賠償責任」中京法学 42 巻 1・2 号 1 頁。

結　語

　社会的分業が徹底している近代以降の市民社会にあって，事業をなすこと自体が不法であるとすることはできない。むしろ，西洋諸国やわが国で民法典が本格的に編纂された19世紀には，事業の発展を法的に促進させるために責任法を二分して，一方で契約責任については契約遵守の法的義務を厳格に課すことにより，事業者が確実な取引を期待できるようにし，他方では，事業者の自由な経済活動にできるだけ制約を課さないために，法的な制約としての義務（法的義務としての損害回避義務）を課すことなく，行為に道徳的非難可能性（故意・過失）がある場合にだけ，行為者は不法行為責任を負うとされたのである。しかし，その適法としなければならない事業から，その事業と様々な接触関係をもつ人々に，やはり多様な損害が生ずる現実に我々は直面することになったが，その多くは事業者が自己の事業について人の安全に注意を向けた措置を怠っていることによって生じていることが認識されてきた。

　ところで，この安全措置の不行使は，「不作為」に該当するが，道徳的非難可能性を根拠とする従来の不法行為理論では，「不作為（無為）」自体は他人になにも及ぼさないままでいることだから，道徳的非難可能性が「作為」よりも低いと評価され，このことの帰結として，事業をなすこと（作為）自体は適法とされる事業者は，特に法律が安全措置を命じているのでない限り，安全措置の不行使（不作為）について責任を負わなくて良いこ

とになろう。ドイツのライヒ裁判所が，20世紀初頭に遭遇した法的難問は，過失責任主義が事業の発展に対応した責任法をもたらさない現実から生じたことは明らかである。

ライヒ裁判所が，この現実に対して新たに用意したものこそ，「交通安全義務（社会生活上の義務）」であった。この義務によって，「作為」としての事業や活動（物の運用を含む）自体は適法とされる事業者や活動者に，その事業や活動に伴う危険が様々な仕方でそれらと社会生活関係を形成してくる他人に損害を生じさせないようにさせ，そのような安全措置の不行使（すなわち「不作為」）も，「作為」による加害と同じ価値評価に服させることとしたのである。そして，以後，ドイツでは，連邦裁判所がこのライヒ裁判所の判例を引き継ぎつつ，さらに事業者と被害者に契約関係がある場合や契約交渉段階関係がある場合に，不法行為的な社会生活上の義務だけでなく，契約的な社会生活上の義務も負うとして，社会的接触の度合に応じた解決を目指してきた。

ドイツ学説も当然ながらこの判例の進展に応えてきた。そして，学説も，それ自体は適法とされるべき事業や活動について，どうして社会生活上の義務という理論構成が必要かに関しても，極めて正確に理解していた。学説がこの点を明瞭化するために打ち立ててきた理論は，間接侵害のそれであった。この理論も，それ自体が他人に何もなさない「不作為（無為）」だけにとどまっていては，不法行為となる根拠を十分に説明できないところから，「不作為」による侵害は直接の加害ではない間接侵害としたうえで，不法の評価を受けるのは直接侵害でのごとく直接の加害ではなく，社会生活上の義務に違反する「不作為」が不法の評価を受けるとするものである。そして，この理論が，一方で事業や活動を適法としながら，他方では事業主や活動主が危険について野放図にさせないために最善の理論であることも，学説の強調するところであった。

ところで，社会生活上の義務に違反した「不作為」について，この価値

評価を「過失ある違法な侵害」（BGB823条1項）にみるのか，それとも保護法規違反と同様の価値評価（BGB823条2項）によるのかは，説が分かれていた。社会生活上の義務を法的義務とまでみるか，それとも客観的過失の前提となる義務とみるかの争いであり，過失責任の原則を修正しながらもなお維持するか，大幅な離脱を正面から認めるかかという大問題に連なるものであろう。

　わが国でも，過失責任主義に立脚して成立した民法の不法行為責任を，より強化する修正が進められてきた。そして，そのために，客観的過失の理論や損害回避義務の理論が登場することとなった。この修正が進められる中で，次第に契約責任と不法行為責任には本質的な差異があるのではなく，社会的接触の度合いや種類の違いから技術的に異なった規律となっているに過ぎないとする理解が，少なくとも請求権競合問題において広がって来ているように思われる。このような理解の高まりは，事業や活動がもつ危険から，それらに多様に接触する者の生命・身体・財産の完全性を，その多様さに配慮して保護する理論の確立に有利に働いたことは否定しえないであろう。

　さらに，わが国でも，事業や活動がそれらへの多様な接触者に生じさせる損害について，一方で事業や活動を適法としながら，他方でかかる損害について事業主体や活動主体に責任を負わせるためには，どうしてもこれらの者の「不作為」を「作為」による加害と同等な価値評価に服させる必要がでてきた。わが国の「不作為」に関する貴重な学説も，その方向ですすんできたといいうる。そして，「不作為」に関する学説の動向は，「不作為（無為）」について「作為」による加害と同等な価値評価をさせるものはなにかを考えさせることになったが，それはやはり「義務違反の不作為」であるほかはなかった。この理論的進展も，事業や活動がもつ危険から，それらに多様に接触する者の生命・身体・財産の完全性を，その多様さに応じた義務を考えて，それにより保護する理論の確立に有利に働いた。

最高裁の昭和50年2月25日の判決は，このような素地のうえに出現したといえるであろう。この判決によって，社会的接触関係に入った者の生命・健康等の安全を保護する，「信義則上負う付随義務」としての安全配慮義務が正式に認められた。そして，この国と公務員という社会的接触関係から生ずる安全配慮義務違反は，724条ではなく167条1項の時効にだけ服するとした。この判決が既に，社会的接触関係の度合や種類に目を向けているといえるであろう。また，その後の最高裁判決（前掲7）8）判決）では，直接の法律関係がなくても，指揮監督関係という社会的接触関係がある場合には，直接の法律関係により指揮監督関係を生じている場合と同様に，安全配慮義務を負うとされたのであるが，これは契約の存否や契約された内容にではなく，現実の社会的接触関係に応じて安全配慮義務を認めようとするものである。
　もう一つ付け加えれば，安全配慮義務違反が，契約責任ではなく不法行為責任を生じさせうることを否定する判示はみられないことがある。ともかくも，最高裁によってこうして確立されてきた判例は，下級審判決にも引き継がれている。
　わが国の学説では，この安全配慮義務違反が生じさせる責任の性質について，議論がなされてきた。わが国の最高裁判決が，契約関係あるいはそれに類似した関係がある事案について出されてきたことから，その契約に着目して契約責任ないしはそれに類似した責任とする説から，その反対に生命・身体・財産の完全性利益は契約の効力とは無関係に保護される静的利益なので不法行為責任とする説まで，多様に別れている。おそらく，この違いを生じさせているものは，契約法において生命・身体・財産の完全性利益の保護を論ずることは背理なのか，それとも契約自由といえどもかかる完全性保護の制約のもとでだけ，存在しうるものなのだから考えうるとするかについての，見解の違いから生じていると思われる。
　前述した最高裁判決は，安全配慮義務を「信義則上負う付随義務」と理

解し，この点で，契約締結上の過失と同じ根拠によっている。そして，この理解は，概ね下級審でも共有されている。しかし，契約自由の原則（特に契約締結の自由）との関係で，その保護には限りのある交渉破棄の損害と，最大限に尊重されるべき生命・身体・財産の完全性についての損害が，同じ根拠で説明されてよいのだろうか。これは，もし法的レベルの損害回避義務（道徳的非難可能性の前提ではなく）があるというためには，どこにその根拠を求めればよいかということに直結する問題である。学説では，はじめに述べたように，損害回避義務が次第に論じられてきているが，その根拠を今日の民法3条の権利能力平等の原則に求め，この条文が，各人に生命・身体・財産等の権利や法益を平等に享有することを認めている以上は，そこからの演繹として我々は他人がこれらの権利や法益の享有を侵害しない義務を負うっていることになるのではないか，そして，それは損害回避義務という内容となるとする説が登場している。説得力あるこの説からは，不法行為法は，この損害回避義務の限度で行動の自由をもつことになるが，契約の自由もこの限度で許されるというのが，論理一貫した理論であろう。危険を伴う契約関係において，誰が契約自由を守るためには，生命・身体・財産が侵害されない利益を，それに劣後させてよいというだろうか。むしろ，そのような危険を伴う契約にあっては，その社会的接触関係に応じた義務が，契約法に基づいて生ずるのであり，それを無視した契約内容は無効とすべきなのではないか。また，法解釈論としても，民法3条は，契約法にも不法行為法にも通用すべき規定と位置付けるのが自然である。

　ところで，客観的過失の前提としてか，法的義務の前提としてかはともかく，そのようにして損害回避義務をいうのであれば，屋上屋を架して安全配慮義務などという必要はないのではないかとの疑問がだされよう。これには，ドイツの間接侵害の理論が，最も適切な答えを与えるであろう。事業や活動に伴う危険の多くは，安全措置をしないという「不作為」による

のであるが,「不作為（無為）」は,他人にも何もしないのであるから,作為の場合と異なり直接の加害をいうことができないのであり,作為義務とその違反の認定とによる不法の価値評価がどうしても必要となる。この認定に当たっては,事業の内容,場所的関係,周囲の環境などや,なによりも被害者との社会的接触関係に基づいてすることが不可欠である。これは,間接侵害に特有な必要であるが,このことを認識させる道具として,安全配慮義務（ドイツの社会生活上の義務）の概念は必要であり,実際また,一般的な過失や損害回避義務だけでは,適法な事業や活動といえども,社会的接触者の安全に配慮しなければならないという,間接侵害でこそ必要とされる義務を,十分に普及させる力に欠けるであろう。この義務は,損害回避義務に含まれることは当然だが,しかし独自の役割をもつものとして発展させていくべきである。

　不法行為法に属する安全配慮義務の他に,契約法の属する安全配慮義務を考える利点として,従来は,立証責任の転換・履行補助者責任・時効がいわれてきた。しかし,これらは不法行為責任でも手当可能だから,契約法に属する安全配慮義務を考える必要はないともいわれる（例えばドイツのフォン・バール）。また,契約上の安全配慮義務を認めても,契約で合意された給付義務とは異なり,強制履行請求権はないから,やはり無意味であることもいわれる。しかし,人の生命・身体・財産の完全性利益の保護の必要が痛感されている今日にあって,そう考えるほかないのだろうか,むしろ,契約関係のような社会的接触関係が濃厚である場合などでは,具体的な安全措置について,強制履行請求権を認めることがあってよいのではないか。

　その他にも,安全配慮義務は,わが国でようやく研究され始めた懲罰的損害賠償について,その判断にも影響を与える義務とは考えられないかなどの検討も必要であろう。もちろん,安全配慮義務が負わされる要件などについては,より細かな考察が必要である。これらについては他日を期す

こととして，安全配慮義務が今日の社会でもつべき役割に関する検討はひとまず終えることとしたい。

あとがき

　本書は，わが国の裁判所で結実した安全配慮義務法理について，「事業者の間接侵害の解決法理」としての様相を見出し，独自の責任類型としての内実を探求するものである。

　本書は，平成23年9月30日に専修大学に提出し，平成24年3月22日に，博法甲第25号として，博士（法学）の学位を得た学位論文である「事業の発展に伴う責任法の変容——安全配慮義務理論の有用性に関する一考察」に必要最小限度の訂正を行い，平成24年度の専修大学課程博士論文刊行助成を受けて刊行されたものである。学位請求論文の要旨および審査報告は，専修大学法学会『専修法学論集』第115号（2012年7月）に掲載されている。

　本書を書きあげるにあたって，専修大学大学院法学研究科博士後期課程の指導教授である坂本武憲教授には，非常に長期間にわたってご指導いただいた。衷心より感謝申し上げる。また，本学位論文の審査にあたってくださった専修大学法学部教授庄菊博教授，専修大学法学部田口文夫教授にも，謹んでお礼申し上げる。

　なお，今後は，本書が提唱した理論に関して，一層の研究を深め，これからのあるべき事業者の責任法理論に関する明確な道筋を，社会に示すこ

とに精進していく所存である。

　本書の出版に際し，専修大学出版局の笹岡五郎氏および編集の労を取って頂いた海老原実氏に深く感謝申し上げる。

　最後に，私事になるが，本研究が成果をみるまで，筆者を最後まで信頼してくれた父に対して，ここに記して感謝の意を表したい。

2013年2月吉日

露木美幸

露木　美幸（つゆき　みゆき）

1971年　東京生まれ
2001年　専修大学大学院法学研究科修士課程修了　修士（法学）
2012年　専修大学大学院法学研究科博士後期課程修了　博士（法学）
現　在　拓殖大学政経学部講師

著　作
「民法上の一般的配慮義務としての安全配慮義務の生成と発展—不法行為責任・債務不履行責任・危険責任の基底概念たる民法上の一般的配慮義務の生成」『専修法研論集』47号，2010年。
「不作為不法行為の生成・展開と安全配慮義務—ドイツ判例法理Verkehrspflichtとの共通潮流の探求」『専修法研論集』49号，2011年。
など

事業の発展に伴う責任法の変容
—安全配慮義務理論の有用性に関する一考察—

2013年2月28日　第1刷

著　者　露木　美幸

発行者　渡辺　政春

発行所　専修大学出版局
　　　　〒101-0051 東京都千代田区神田神保町3-8
　　　　　　　　　㈱専大センチュリー内
　　　　電話　03-3263-4230㈹

印刷
製本　　電算印刷株式会社

Ⓒ Miyuki Tsuyuki 2013 Printed in Japan
ISBN 978-4-88125-275-8

◇専修大学出版局の本◇

グローバル企業のリスクマネジメント
――財務情報の利害調整及び情報提供機能の強化に関する考察
高野仁一著　　　　　　　　　　　　　　A5判　172頁　2310円

日本経済　その構造変化をとらえる
田中隆之編著　　　　　　　　　　　　　四六判　260頁　1680円

専修大学社会科学研究所　社会科学研究叢書15
東アジアにおける市民社会の形成
――人権・平和・共生
内藤光博編　　　　　　　　　　　　　　A5判　326頁　3990円

専修大学社会科学研究所　社会科学研究叢書14
変貌する現代国際経済
鈴木直次・野口　旭編　　　　　　　　　A5判　436頁　4620円

専修大学社会科学研究所　社会科学研究叢書13
中国社会の現状Ⅲ
柴田弘捷・大矢根淳編　　　　　　　　　A5判　292頁　3780円

市民のためのコミュニティ・ビジネス入門
――新たな生きがいプラットフォーム作り
徳田賢二・神原　理編　　　　　　　　　四六判　280頁　1680円

わが国自動車流通のダイナミクス
石川和男著　　　　　　　　　　　　　　A5判　400頁　4200円

多角化企業におけるアネルギーの管理に関する研究
村松広志著　　　　　　　　　　　　　　A5判　248頁　2940円

（価格は本体＋税5％）

◇専修大学出版局の本◇

中国刑法における犯罪概念と犯罪の構成
――日本刑法との比較を交えて
張　光雲著　　　　　　　　　　　　　　　　　A5判　244頁　2940円

増補改訂　米国の大統領と国政選挙
――「リベラル」と「コンサヴァティブ」の対立
藤本一美・濱賀祐子著　　　　　　　　　　　　A5判　310頁　2520円

リンドン・B・ジョンソン大統領と「偉大な社会」計画
――"ニューディール社会福祉体制"の確立と限界
末次俊之著　　　　　　　　　　　　　　　　　A5判　312頁　3990円

大逆事件と今村力三郎
訴訟記録・大逆事件　ダイジェスト版
専修大学今村法律研究室編　　　　　　　　　　A5判　356頁　2940円

今村懲戒事件（六）
今村力三郎訴訟記録41
専修大学今村法律研究室編　　　　　　　　　　A5判　316頁　3780円

日本の政治課題　2000-2010
藤本一美著　　　　　　　　　　　　　　　　　A5判　216頁　2310円

公務員制度と専門性――技術系行政官の日英比較
藤田由紀子著　　　　　　　　　　　　　　　　A5判　352頁　4410円

未遂処罰の理論的構造
森住信人著　　　　　　　　　　　　　　　　　A5判　232頁　3360円

少年の刑事責任――年齢と刑事責任能力の視点から
渡邊一弘著　　　　　　　　　　　　　　　　　A5判　282頁　3990円

（価格は本体＋税5％）